EU와 일본의 직불제 개혁

EU와 일본의 직불제 개혁

초판 인쇄 2022년 8월 25일
초판 발행 2022년 8월 30일

지은이 배민식 · 김태연
교정교열 정난진
펴낸이 이찬규
펴낸곳 북코리아
등록번호 제03-01240호
주소 13209 경기도 성남시 중원구 사기막골로 45번길 14
우림라이온스밸리2차 A동 1007호
전화 02-704-7840
팩스 02-704-7848
이메일 ibookorea@naver.com
홈페이지 www.북코리아.kr
ISBN 978-89-6324-881-3 93320

값 20,000원

EU와 일본의 직불제 개혁

배민식·김태연 지음

북코리아

들어가는 말

제2차 세계대전 이후 각국은 농가소득의 핵심이 되는 주요 농산물에 대해 시장가격지지를 중심으로 한 농업정책을 적극적으로 실시했다. 그런데 1970~1980년대 세계적인 농산물 공급과잉 사태가 심각해지면서 가격지지정책이 가지고 있는 무역왜곡, 재정부담 등의 문제점이 크게 부각되었다. 이에 주요 선진국들은 가격지지정책으로 인한 문제점을 해소하고, 농업환경 및 자원 보호 기능을 강화하는 정책을 추진하기 위해 농가의 소득을 직접보상하는 직접지불정책으로 농정을 전환하기 시작했다. 이후 선진국들은 지속적으로 새로운 지불제 도입 등 직불제를 확대했고, 그와 함께 효율적인 직불제 운영을 위한 개편 작업도 지속적으로 추진했다.

이와 같은 농정의 변화는 우리나라도 예외가 아니다. 1997년 처음 경영이양직불제를 도입한 이래 친환경농업직불제, 쌀소득보전(고정, 변동)직불제, 밭농업직불제 등 다양한 직불제를 지속적으로 개발·시행했다. 그리고 2020년 5월부터는 기존의 직불제를 전면 개편한 공익형 직불제를 본격 시행했다. 공익형 직불제 도입은 농가소득 안정과 농업환경 문제를 결합했다는 점에서 우리나라 농정을 새로운 방향으로 전환하는 중요한 의미를 갖는다고 말할 수 있다.

그러나 지난 20여 년간 우리나라에서 직불제가 도입되고 확대된 과정을 살펴보면, 장기적이고 종합적인 계획과 충분한 분석 하에 진행되지 못하고, 당시의 정치적 · 사회적 상황 등에 따라 단기간에 결정되어 도입 · 개편된 측면이 있어서 여러 가지 문제점이 나타나고 있다고 할 수 있다. 이런 문제는 공익형 직불제의 도입과정에서도 그대로 나타났고, 따라서 현재 개편된 공익형 직불제에 대해서도 직불제 체계 재정비, 관련 예산 확대, 직불금 지급대상 제한 철폐, 환경생태 보전을 위한 선택형 직불제 확대 등을 포함하는 개정 요구가 도입 초기부터 끊이지 않고 있다. 이런 상황을 고려하여 2022년 5월 현재 국회에는 공익형 직불제 개편을 위한 「농업 · 농촌 공익기능 증진 직접지불제도 운영에 관한 법률」 개정안이 다수 제출되어 있는 상황이다.

이 책에서는 우리나라의 직불제 문제를 살펴보는 데 있어 하나의 참고자료가 될 수 있도록 EU와 일본의 직불제를 주제로 했다. EU와 일본만을 분석대상으로 하고 있어 각국에서 다양한 형태로 실시되고 있는 직불제 사례를 전체적으로 이해하는 데는 한계가 있다. 그럼에도 EU는 선진적으로 직불제를 실시하고, 일본은 우리나라와 농업구조와 농업 · 농촌을 둘러싼 제반 상황이 유사하다는 점 등에서 EU와 일본의 사례를 살펴보는 것은 우리나라의 직불제 운영에 적지 않은 시사점을 줄 것으로 생각한다.

EU는 선진국 중에서도 앞선 시기부터 체계적으로 직불제 논의가 있었고, 이를 바탕으로 제도 도입을 추진했으며, 이후에도 꾸준히 개편작업을 실시하여 직불제를 강화했다. 특히 직불금 지급에 있어서 환경보전과 식품안전에 대한 사회적 요구를 반영하는 교차준수(cross-compliance) 규정 적용, 그리고 환경과 경관 보전 등 추가적 공익(public benefits)에 대한 지원 프로그램을 운영하는 등 농업과 환경과의 연계성을 중시하고 있는데, 이런 점은 우리나라의 공익형 직불제 개편 작업에 있어 충분히 참고해야 할 사항이라고 생각된다. 또한 2014년 EU 농정개혁 당시 농장면적에 기초한 소득지원을 기본직불제로 도입하고, 부가적으로 구체적 목적을 가진 추가 직불제를 도입한 과정 역시 눈여겨봐야 할 사항이다.

일본에서는 2000년 중산간지역 직접지불제가 도입된 이후 경영소득안정과 농업환경 보전 강화 등과 관련하여 여러 직불제를 도입했다. 물론 직불제의 전체적인 도입과정과 내용을 볼 때 EU에 비교할 수는 없지만, 일본 농업과 농촌의 특성에 맞추어 집락을 중시한 점과 가산제도를 통한 제도 보강과 추가 지원, 품질격차와 지급단가 연계, 직불제의 실시결과 평가 방법 등은 주목할 필요가 있는 내용들이다.

이 책은 총 3부 8장으로 구성되어 제1부는 농업의 공익적 가치와 직불제의 개념 등 이론적인 내용을, 그리고 제2부와 제3부는 EU와 일본의 직불제 사례를 살펴보았다. 특히 EU와 일본의 직불제 사례에 대해 많은 부분을 할애하여 제도의 주요 내용을 자세하게 다루었는데, 이는 우리나라 공익형 직불제의 운영에 참고자료를 제공하는 데 크게 염두에 둔 것이다.

부족한 점이 많이 있지만, 이 책이 직불제에 관심 있는 농업인과 관계 공무원, 연구자들에게 조금이나마 보탬이 될 수 있기를 바라는 바다.

어려운 코로나 시국에 기꺼이 출판을 맡아주신 북코리아의 이찬규 사장님과 문장 하나하나를 꼼꼼하게 살펴봐준 편집부 여러분에게 진심으로 감사드린다.

2022년 5월

배민식 · 김태연

목차

목차

II. EU 농정개혁과 직불제

III. 일본 농정개혁과 직불제

I
공익형 직불제의 의의와 과제

1장 서론

제2차 세계대전 이후 선진국들은 자국의 식량부족 문제를 해결하기 위해 농산물 생산량을 증대시키는 농업정책을 실시했다. 이를 통해 한편으로는 국내 생산을 증대시키는 다양한 지원정책을 시행하고, 다른 한편에서는 외국에서 싼 농산물이 수입되는 것을 제한하는 농업보호정책을 시행했다. 이러한 농업의 산업화 정책으로 당시 세계 제1위의 농산물 수입국이던 EU는 빠르게 식량 증산을 달성하여 1980년대 중반에는 이미 미국에 이어 세계 제2위의 농산물 수출국으로 성장했다.

선진국을 중심으로 전개된 이러한 농업의 산업화 정책과 국내 시장보호 정책은 곧바로 1980년대 중반에 세계적인 농산물 공급과잉 상태를 초래했다. 높은 국내 농산물 가격을 유지하면서도 농업 생산성 향상을 위한 각종 자본 투자에 대해 보조금을 지급하고, 농산물 수출에 대해서도 국제가격과의 격차를 고려하여 지원금을 지급하는 선진국의 농업보호 정책에 따라 농산물 생산량은 세계적으로 급격히 증가하게 되었으며, 이는 자연스럽게 선진국에서 농업보호를 위한 재정부담이 증가하는 결과를 초래하게 되었다. 이렇게 EU와 미국 등 선진국이 공통적으로 당면하게 된 농업재정부담을 완화하기 위해 시작한 국제협상이 우루과이라운드(UR) 협상이다.

UR 협상은 기본적으로 선진국에서 과잉 농산물을 해소하기 위한 목적으로 시작된 것이지만, 단순히 농산물 수입국의 시장개방만을 목적으로 한 것은 아니다. 선진국에서 농산물 과잉생산을 초래한 농업보조금 정책을 근본적으로 개혁하여 새로운 농업정책으로 전환하기 위한 의도로 시작된 것이라고 할 수 있다. 즉 한 국가만 농업보조금을 줄일 경우 국제 시장에서 손실을 보게 되기 때문에 생산량 증대를 초래하는 농업보조금 지원정책을 전 세계 모든 국가가 함께 축소하도록 하고, 그 대신 농촌 환경을 보전하고 농업의 다원적 가치를 제고하는 활동에 대한 보조금으로 농가소득을 유지하도록 하는 방향으로 농업정책을 개혁한다는 것이다.

이와 같이 UR 협상은 각국의 농산물 시장을 개방하는 조치와 함께 농업보조금 지급 근거를 농민의 환경보전 활동에 대한 보상으로 전환하는 농정개혁을 추구한 것이라고 할 수 있다. 따라서 EU를 비롯한 선진국들은 1993년 UR 협상 타결 이후 농업생산을 장려하는 보조금을 급격히 축소시키고, 농촌 환경을 보전하고 국민에게 공공재를 공급하는 농업 활동에 대한 지원금을 대폭 증대시키는 방향으로 농업정책을 개편하고 있다. 이것이 UR협정에 따른 전 세계적인 농정개혁 추진 방향이라고 할 수 있다. 이러한 농정개혁은 2000년대에 들어와서 선진국 농정의 일반적인 경향으로 정착되었다. 국가별로 약간의 차이는 있지만, 농업의 환경보전 기능을 강화시키는 방향으로 농정을 개혁하는 추세는 거의 모든 선진국 농정에서 나타나고 있다.

최근에는 UN에서 지속가능한 발전 목표(SDGs)를 제시했을 뿐만 아니라 전 세계적으로 기후변화 대응 필요성이 강조되면서 유럽, 일본, 중국을 비롯한 국가들이 2050년까지 탄소중립을 실현하겠다고 선언하고 있다. 이런 국제적인 추세에 발맞추어 우리나라에서도 2020년 12월에 2050년까지 탄소중립을 실현하겠다고 발표했다. 재생에너지, 생태계 보전, 수질 보전 등 주요 환경 관련 이슈들에 대한 국민의 관심이 상대적으로 낮은 우리나라에서는 다소 갑작스러운 변화라고 느낄 수도 있을 것 같다. 그러나 앞서 언급한 것처럼 EU에서는 바이오에너지 생산과 생물다양성 증대 및 토양과 수질오염 개선을 위한 농업의 역할에 대해 1980년대부터 정책적 대응이 시작되었다. 이후 2000년에 들어서면서부터는 EU 공동농업정책(이후 CAP: Common Agricultural Policy)이 '지속가능한 발전'을 농정 목표로 설정할 정도로 농업에서도 환경보전이 중심적인 이슈로 부상했다. 특히, 2014년 개혁에서는 농가의 '환경보전' 활동 수행 여부를 주요 농업보조금의 지급기준으로 도입(European Commission, 2013a)하는 것으로 발전했다. 즉 UR협정 이후 EU를 비롯한 선진국에서는 환경보전에 기여하는 농업을 장려하기 위한 농정개혁이 지속적으로 이루어졌고, 그 결과 현재 세계적인 이슈로 대두된 탄소중립 실현에 실질적으로 기여할 수 있는 농업으로 전환되었다고 평가할 수 있다.

이렇게 UR협정 이후 선진국 농정이 환경보전을 중심으로 전환하는 데 핵심적인 역할을 한 정책 수단이 '직접지불제(direct payment)'다. UR 협상 과정에서도 직접지불제는 직접소득지원(direct income support), 직접소득이전(direct income transfer), 디커플링(decoupling) 등 다양한 용어로 표현되면서 논쟁의 핵심적인 위치를 차지하고 있었다. 이러한 직불제 정책의 적용 근거로 논의되기 시작한 것이 이른바 농업의 다원적 기능(multifunctionality)과 공공재 공급 기능(provision of public goods)이다. 즉 농업의 다원적 기능과 공공재 공급 기능을 강화하기 위해 직불제 정책을 도입하는 것이고, 이런 직불제 정책이 농정개혁의 중추적인 수단이 되는 것이다.

이러한 국제적인 변화와 달리 우리나라에서는 UR 협상 과정에서 환경보전을 중심으로 한 농정으로의 전환이나 이를 위한 직불제의 유용성, 그리고 농업의 다원적 기능에 대한 논의가 본격적으로 이루어지지 못했다. 단지 국제적 논의 현황이나 선진국의 정책 사례로 보고된 것에 불과했다. 당시 우리나라는 선진국의 통상압력 때문에 불가피하게 농산물 시장을 개방하는 상황이었기 때문에 선진국이 취하는 정책을 적극적으로 도입하기보다는 시장개방에 따른 농가소득 감소에 대한 대응과 농가의 생존권 보장이 더 중요한 과제였다. 따라서 선진국의 농정개혁 상황을 정확하게 인식하기 어려운 상황이었다고 할 수 있다.

그렇지만 이제 전 세계적으로 기후위기 대응과 탄소중립 실현을 위한 행동이 요구되고 있는 현시점에서 환경보전을 중심으로 한 농정으로의 전환은 불가피한 상황이라고 할 수 있다. 즉, 향후 발생할 수 있는 농업정책에 대한 국제협상에서 불이익을 받지 않기 위해서는 어느 정도 선진국의 추세를 반영하는 농정개혁이 필요하다. 따라서 이미 국제적으로는 20여 년이 지난 논쟁이라고 하더라도 우리나라에서 향후 농정의 개혁 방향을 정립하기 위해서는 환경보전 농정과 직불제 그리고 농업의 다원적 기능에 대한 논의가 광범위하게 진행될 필요가 있다. 이 과정에서 농업과 농가를 효과적으로 보호하는 선진국의 방법을 잘 검토하여 우리 실정에 맞게 창조적으로 변형하는 농정개혁을 추진해야 한다. 특히, 농업생산을 통한 환경보전과 공공재 공급을 강화하는 정책은 그동안 우리나라에 거의 도입된 적이 없기 때문에 선진국에서의 논의와 정책 사례를 충분히 참고하는 것이 필요하다. 그래서 이 책에서는 우선 국제적으로 논의된 '농업의 다원적 기능'과 '공공재 공급 기능' 개념 외에 국내에서 주로 사용되고 있는 '농업의 공익적 기능' 개념에 대해 논의하고, 이후 직불제 개념과 선진국의 직불제 정책 추진 현황에 대해 살펴보고자 한다.

2장 농업의 공익적 가치 개념 정립

1. 기본 개념 정의

1990년대에 세계적으로 농업의 다원적 기능에 대한 개념이 논의되고, 우리나라에서도 이를 반영하여 '농업의 공익적 기능'에 대한 많은 주장이 제기되어왔으며, 이에 대한 많은 연구(유진채, 1999; 오세익 외, 2001; 신용광 외, 2004; 김광임, 2006; 김용렬 외, 2013; 공기서 외, 2013)가 있었다. 그러나 이러한 연구들은 공익적 가치를 경제적으로 평가하는 연구들이 대부분이었으며, '공익적 가치' 개념에 대한 근본적인 논의는 거의 이루어지지 못했다. 따라서 「농업·농촌 및 식품산업 기본법」에서 제시하고 있는 농업의 공익적 기능에 대한 정의도 제대로 논의를 거친 이론적 기반이나 현실적 여건을 고려한 것이라기보다는 기존의 상식적인 수준에서 논의되던 정의를 그대로 채용한 것이라고 할 수 있다. 따라서 '공익형 직불제'라는 명칭으로 새롭게 '공익'을 지향하는 농정을 시작하는 현시점에서는 농업과 농촌의 기능과 역할 변화를 반영하고, 또

장기적인 발전 전망을 고려하여 새롭게 정의할 필요가 있다. 이러한 필요성을 반영하여 '농업의 공익적 가치'와 관련된 개념으로 논의되고 있는 '다원적 기능'과 '공공재 공급 기능'이 어떻게 정의될 수 있는지 기존의 여러 문헌(김태곤 외, 2010; 김태연 외, 2017; 임정빈, 2017; 김태훈 외, 2018; 유찬희, 2018; OECD, 2001; Cahill, 2001; Van Huylenbroeck et al., 2007)에서 논의된 것을 통해 살펴보자.

먼저, 농업의 다원적 기능은 농업의 결합생산물 생산 기능과 이것이 외부효과나 공공재적 특성을 가진다는 것으로서(OECD, 2001; 유찬희, 2018) 농업생산과 함께 식량안보, 자연환경 및 경관 보전, 수자원 보호, 토양 유실과 홍수 방지, 생태계 보전, 농촌의 전통문화 보전 등의 효과가 동시에 나타난다는 것(FAO, 1999)을 의미한다. 그러나 농업생산은 위의 분야에 긍정적 기능을 하기도 하고, 오히려 해를 끼치는 부정적인 기능도 한다. 따라서 농정이 '다원적 가치'를 추구하는 것만으로는 농정의 목적이나 방향이 될 수 없고, 부정적 기능을 감소시키면서 공공재 공급을 증가시키는 효과를 추구해야 정책의 공공성이 달성될 수 있다.

다음으로, 농업의 공익적 기능은 농업의 다원적 기능 중에서 긍정적 효과를 발생하는 부분으로 간주할 수 있다. 그런데 농업 활동의 결과 직접 공익으로 간주되는 생산물이 있는 반면, 사적인 이익 증대를 통해 공익으로 변환되는 생산물이 있다. 농업생산의 본질적인 목적인 식량생산은 시장재화의 생산을 통해 사적 이익을 증대시키면서 그 결과로 식량의 안정적 공급 또는 식량안보 기능을 수행한다. 반면에, 농업생산의 결합생산물인 환경 및 경관 보전, 수자원 및 토양 보호, 생태계 보전, 전통문화 보전은 농업생산 방법의 영향으로 긍정적인 효과를 발생시키며, 사익을 증대시키지 않고 직접적으로 공익을 증가시키는 효과가 있다(OECD, 2001; Cahill, 2001; Van Huylenbroeck et al., 2007). 따라서 '공익적 기능'을 추구하는 농정은 시장기능을 통해 개인적 이익 증대로 귀결될 수 있는 부분에 대한 정책적 지원을 배제해야 한다. 그래야 정책의 공공성이 달성될 수 있다.

마지막으로, 농업의 공공재 공급 기능은 농업생산의 결과물이지만, 시장에서 거래되지 않는 비경합성과 비배제성을 갖는 재화와 서비스의 공급 기능이라고 할 수 있다(OECD, 2001). 즉 농업 활동으로 생산된 것이지만 국민에게 무료로 제공되는 재화와 서비스이고, 말 그대로 사익의 증가 없이 공공의 이익을 증대시키는 부분이다. 구체적으로 이야기하면, 농업의 본질적 기능인 식량생산은 제외하고 결합생산물로 간주되는 부분 중 부정적 외부효과를 감소시키거나 긍정적인 외부효과를 발생시키는 부분이라고 할 수 있다. 이와 같은 세 가지 개념에 대해 그동안 어떤 논의가 전개되었는지 좀 더 자세히 살펴보겠다.

2. 다원적 기능 개념의 전개 과정

농업생산은 자연조건과 자원을 활용해서 이루어지기 때문에 농산물 생산을 기본적인 목적으로 하더라도 생산과정에서 주변 환경자원의 변화가 동시에 나타난다. 가시적인 경관의 변화뿐만 아니라 토양의 생태계도 변화하고, 지하수 및 하천의 변화도 동반된다. 그리고 이것은 직접 먹을 수 있는 생산물일 뿐만 아니라 농촌지역에서 여러 가지로 활용할 수 있는 자원이 된다. 그래서 다른 산업과 달리 농업은 먹거리 외의 결합생산물을 동시에 생산하게 되고, 이것이 농업의 다원적 기능을 만들어낸다.

이러한 농업생산의 결합적 성격에 대해서는 경제학자인 앨프리드 마셜(Marshall, 1890)이 그의 저서 『경제학 원리(Principles of Economics)』에서 설명하고 있다. 마셜은 서로 분리해서 생산하기 어렵고, 동일한 생산과정을 거치면서 두 개 이상의 다른 생산물이 동시에 생산되는 것을 '결합생산(Joint Production)'이라는 개념으로 설명하면서 소고기와 가죽, 밀과 밀짚 등을 예로 들었다. 이러한 결합생산에 대한 이해가 농업의 다원적 기능(multifunctionality of agriculture)을 설명하는 데 중요한 역할을 한다. 즉, 농업 활동에 따른 농산물 생산과 비농산물 생산 간의 결합성 정도(degree of jointness)를 중심으로 다원적 가치의 실현 여부를 판단하는 것이다.

이렇게 학문적인 차원에서 다루어지던 농업의 다원적 기능 개념은 1980년대 중반 UR 협상 과정에서 '비교역적 관심사항(Non-Trade Concerns: NTC)'이라는 개념으로 처음 정책논의에 등장하게 되었다. 농업은 농산물 생산 외에 식량안보, 환경보전, 농촌사회 유지, 국토의 균형적 발전, 전통사회와 문화 보전 등 농산물 교역만으로는 달성할 수 없는 기능을 수행한다는 것이다. 즉 농산물 생산 외에 농업생산이 영향을 미치는 분야를 설명하기 위해 도입된 것이 '비교역적 관심사항(NTC)' 개념이고 이러한 분야를 지원하기 위해 농업정책이 필요하다는 주장으로 이어졌다.

NTC 개념은 UR 협상 과정에서 미국과 호주 등 농산물 수출 국가들이 농산물 시장 보호정책을 철폐해야 한다는 주장에 대해 유럽, 일본, 스위스 등 농산물 수입국들이 자국의 농업보호 정책을 지속하기 위한 논리로 도입되었다. 이에 대한 양 진영 국가들 간의 치열한 논쟁 끝에 UR 협정문 서문에 "식량안보 및 환경보호를 포함하는 비교역적 관심사항을 배려한다"라고 명시되었다.

'농업의 다원적 기능(multifunctional aspect of agriculture)'이라는 용어가 처음 등장한 것은 1992년 리우 선언(Rio Declaration)이다. 환경과 개발에 관한 27개 원칙을 천명한 리우 선언에서 지구환경 보전을 위한 실행계획으로 제시된 「의제 21(Agenda 21)」의 제14장 '지속가능한 농업과 농촌개발의 추진' 부분에 언급하고 있는데, "식량안보 및 지속가능한 개발과 관련해서 농업의 다원적 기능을 고려하여 농업정책을 재검토하고 통합적인 프로그램으로 개혁한다"라는 문장이다. 그러나 이 문서에서는 농업의 다원적 기능에 대한 구체적인 설명이 제시되지 않았으며, 이후 농업의 다원적 기능에 대한 세계적인 논의는 OECD와 FAO를 중심으로 진행되었다.

먼저, FAO는 1999년 "농업과 토지의 다원적 특성(The Multifunctional Character of Agriculture and Land)"이라는 주제의 콘퍼런스를 개최하고 '다원적 기능'이라는 개념을 자세히 검토했다(FAO, 1999). 여기서는 농업의 주요 기능을 식량안보, 환경적 기능, 경제적 기능, 사회적 기능의 네 가지로 구분하고, 식량안보를 포함해서 "농업과 관련된 환경적·경제적·사회적 기능 전체를 포괄하는 개념"으로 다원적 기능을 정의하고 있다. 특히, 식량안보가 단순히 식량자급이라는 개념으로 달성되는 것이 아니라 농업의 경제적 · 환경적 · 사회적 기능이 모두 결합되어야 달성될 수 있는 것으로 파악하고 있다.

OECD는 1998년 농업장관회의에서 다원적 기능의 개념을 정의하고, 이후 지속적인 연구를 통해 농업의 다원적 기능에 대한 개념을 정립했다. 1998년 OECD 농업장관회의에서는 "농업 활동은 식량과 식이섬유를 생산하는 본원적인 기능을 넘어서 경관을 조성하고, 토지 보전이나 재생 가능한 자연자원의 지속가능한 관리 및 생물다양성 보존 같은 환경적 혜택을 제공하며, 많은 농촌지역의 사회경제적 생존에 기여한다"라고 밝히고 있다. 즉, 농업생산 자체의 본질적인 기능인 식품과 식이섬유 생산 역할에 부가해서 또 다른 하나 이상의 기능을 수행할 때 '다원적'이라고 정의하는 것이다. 특히, OECD(2001: 13) 연구에서는 다원적 기능(multifunctionality)의 주요 요소로 "① 농업을 통해 다양한 상품(commodity)과 비상품 산출물(non-commodity output)이 결합생산(joint production)되고, ② 비상품 산출물에 대한 시장이 존재하지 않거나 제대로 기능하지 않는 외부효과(externality)나 공공재(public goods) 성격을 지니고 있는 것"이라고 정의했다. 즉, OECD(2001) 연구는 다원적 기능이 상품과 비상품 산출물의 결합성(jointness)과 외부성(externality) 및 공공재 성격을 동시에 갖고 있어야 함을 명확히 했다고 할 수 있다. 따라서 다원적 기능의 개념을 정책적으로 적용하는 데 있어서는 분야별 정책에서 농업생산의 결합성, 외부성, 공공재적 성격이 어떻게 작동하고 있는지를 판단하고 적용해야 한다.

이와 같은 다원적 기능 관련 개념의 전개 과정을 토대로 현재 우리나라에서 논의되고 있는 다원적 기능, 공익적 기능, 공공재 공급 기능이 개념적으로는 어떻게 구분되는지, 그리고 이를 정책적으로 도입하기 위해서는 어떤 판단기준이 개입되어야 하는지에 대해 살펴보도록 하겠다.

3. 농업의 공익적 기능과 결합생산의 관계

그동안 우리나라에서 농업의 공익적 가치와 유사한 개념으로 논의되고 있는 '농업의 다원적 가치'에 대한 세계적인 논의들은 농업의 다원적 가치가 농업생산의 결합생산물로 산출되는 것으로 인식하고 있다. 즉, 농업생산에 따른 비상품 생산물(non-commodity output)이 다원적 기능을 제고시키고 있다는 것이다. 그 예로 고용, 식량안보, 경관, 생물다양성, 환경의 질(토양, 대기, 물), 문화유적 등을 다루고 있다. 이들이 농업생산과 어떤 결합성(jointness)이 있는지를 살펴보면서 공익적 가치의 산출 여부를 좀 더 명확히 살펴보고자 한다(Van Huylenbroeck et al., 2007).

첫째, 비상품 생산물의 생산이 상품 생산량의 수준과 연계되는 경우는 대부분 부정적 외부성이 크게 나타나 공익성이 감소한다. 즉, 일반적인 방법으로 농산물 생산을 증가시킬수록 긍정적인 다원적 기능은 감소하고 역기능이 더 커진다. 단순히 외부 투입재나 화학 자재를 사용함에 따라 경관이나 환경자원을 훼손하는 것뿐만 아니라 농업 분야에서의 고용도 감소시키고 식량안보 측면에서도 부정적 효과가 나타나는 것이다. 말하자면, 생산을 증가시킬수록 첨단 시설과 기술을 필요로 하기 때문에 단순한 농업노동자 고용은 오히려 감소하는 결과가 초래되는 것이다. 또한, 특정 농산물의 국내 생산을 증가시키려고 할수록 기후변화나 국제 시장의 변화에 따라 새로운 생산품목으로의 이동이나 새로운 기술을 습득하는 것과 같이 신축적으로 대응할 수 있는 국내 농민들의 능력이 약화된다고 할 수 있다. 따라서 특정 품목 생산에 대한 의존성이 증가하면, 국내 식량안보도 약화되는 결과가 초래된다. 농업의 공익적 가치를 생산하는 '비상품 생산물'은 대부분의 경우 생산량 수준과는 매우 약한 연계 관계를 나타내는데, 이는 농업의 농산물 생산활동이 비상품 생산물(공익적 기능의 증대)을 얻는 데는 필요조건(necessary condition)이지만, 생산량의 많고 적음은 중요하지 않다는 것을 의미한다. 오히려 일정한 생산량 수준을 넘어서면, 비상품적 생산물(공익적 가치)은 감소하거나 소멸될 위험에 처하게 된다. 예를 들어 농민들이 새들의 산란기보다 더 일찍 목초지의 풀을 깎거나 수확하면, 농지의 새들은 위험에 처하게 된다. 또한, 높은 수확을 얻을 수 있는 품종만 재배하게 되면 유전적 다양성이 소멸하게 되는 것이다.

둘째, 비상품적 생산물(공익적 가치의 증가 여부)은 적용된 농법, 농장관리 시스템, 농업기술에 크게 영향을 받는다. 비상품 생산물이 농업생산의 결합생산물이기 때문에 나타나는 이러한 특징은 농민들의 경제적 조건에 따라 비상품 생산물의 생산량이 달라진다는 것을 의미한다. 대부분 농업생산 구조와 크게 연계되는데, 영농의 전문화와 규모화는 더 큰 물리적 시설을 필요로 하게 되고, 이것은 좀 더 현대적인 기술을 활용하기 위해 필요한 것이지만, 결과적으로 '다원성(multifunctionality)', 즉 비상품 생산물의 생산을 감소시키는 결과를 초래한다. 다시 말하면, 비상품 생산물과 농업생산의 결합성 수준은 대부분 지형, 토양의 질, 기후조건 등의 요소에 따라 다르게 나타나게 되는데, 이러한 요인들은 특정한 지역에서 농업생산의 경쟁력을 향상시키는 데는 장애가 되는 요소이지만, 공간적으로 차별적이고 특징적인 비상품 생산물을 만드는 데는 매우 중요한 영향을 미친다. 결국, 현대적인 농장관리 기법이나 기술들은 이러한 요인들을 감소시키는 데 영향을 준다.

셋째, 비상품 생산물은 비농업 활동에 의해서도 공급이 가능하다는 것을 인식하는 게 필요하다. 이론적으로 비상품 생산물의 공급이 농산물 생산활동과의 연계가 끊어지는 경우, 즉 농산물이 상품으로서 더 이상 팔리지 않는다고 하더라도 비상품 생산을 위한 농업생산 활동은 지속적으로 유지할 수 있는데, 이것은 비상품 생산물이 판매량과 연계되지 않는다는 것을 의미한다. 그러나 현실적으로 이렇게 상업적인 영농과 분리해서 비상품 생산물을 생산하는 것은 사회적으로 매우 많은 비용을 수반하게 된다. 따라서 이런 경우에는 전통적인 영농방법을 보전하는 것이 더 효과적이라고 할 수 있다. 즉, 문화적 가치가 높은 유산을 보전하거나 다른 사회적 가치를 보전하거나, 또는 농업생태 경관 보전이 필요한 지역에서 영농활동을 유지함으로써 높은 생태적인 가치를 보전하는 데는 전통적인 영농방법을 유지하도록 지원하는 것이 효과적인 방안이 될 수 있다는 것이다. 결국, 비상품 생산물이 영농활동에 의존하는 부분이 크고 또 이를 위해 집약적 영농이 줄어들어야 한다면, 상업적인 영농을 유지하는 것은 가장 경제적인 해결방안이고 이를 적용하기 위해서는 집약적 영농을 줄이는 농민들에게 인센티브를 제공하는 것이 가장 효과적인 수단이라고 할 수 있다.

넷째, 비상품 생산물 간에도 상충 관계가 나타날 수 있다. 가장 대표적인 사례가 일자리나 농촌의 지속적 유지 같은 사회적 기능과 농업의 환경적 기능이 서로 충돌하는 것이다. 환경을 보전하는 비상품적 생산물을 생산하는 과정에서 대부분의 경우 일반 농산물의 생산량이 감소하게 되는데, 이에 대한 적절한 보상이 주어지지 않는다면, 결과적으로 농업생산의 경쟁력을 약화시키기 때문에 농업생산에서의 고용이 감소하게 된다. 또 다른 경우에는 비상품 생산물을 생산하는 기능 간에도 상호 경쟁이 나타나는데, 예를 들면 초지의 새와 생물다양성을 보전하는 것은 모두 비상품 생산물이지만 서로 다른 농법의 적용을 필요로 하는 활동이다.

마지막으로 어느 정도 상품가격이 하락하면 비상품 생산물 공급에서 시장실패가 나타나는지를 인식하는 것이 필요하다. 만약, 소고기 가격의 하락에 따른 긍정적인 영향을 살펴보면, 좀 더 비싸고 고급스러운 소고기 생산 시스템이 발전하는 것이고, 이는 결과적으로 초지의 새들이나 농지의 식물들에게도 좋은 결과가 될 것이다. 그러나 부정적인 효과를 살펴보면, 가격 하락은 농민들에게 비용을 절약하는 영농시스템의 도입을 유발하게 되고, 결국 비상품 생산물의 공급을 감소시키는 결과를 초래하게 될 것이다. 따라서 비상품 생산물의 공급이 감소하게 되는 가격 수준이 어느 정도인지를 인식해야 이에 대한 적절한 정책을 시행할 수 있다.

이상에서 살펴본 바와 같이, 농업이 어떤 공익적 가치를 제공하는지에 대한 판단은 상품 생산과 비상품 생산의 결합성을 고려하여 이루어져야 한다. 한 걸음 더 나아가, 상품과 비상품 생산물을 분리해서 생산하는 것이 기술적으로 가능하다고 하더라도 여기에서는 규모의 경제를 고려해야 한다(Cahill, 2001). 즉, 여러 생산물을 결합생산하는 것은 상품과 비상품 생산물을 별도로 분리해서 생산하는 것보다 경제적으로 저렴하다. 따라서 결합성이 존재한다면, 어떤 영농 시스템과 기술을 적용하는 것이 유리한지 검토해야 한다.

4. 공익적 가치에 대한 논의

다원적 기능의 개념을 정책에 적용하기 위해서는 비상품 생산물의 공익성을 추가로 판단해야 할 필요가 있다. 즉, 정부가 정책적으로 개입해야 하는 타당한 이유가 있는지를 점검해야 한다. 시장기능의 원활한 작동이나 이를 위한 법적인 규제만으로 비상품 생산물의 공급이나 소비가 원활하게 이루어진다면, 정부의 개입은 오히려 '정부 실패(Government Failure)'를 초래하게 될 것이다. 따라서 정부가 농업의 비상품 생산물의 공급을 유도하는 것이 해당 생산물 공급에서의 시장실패(Market Failure)를 수정하고 부정적 외부성(Negative Externalities)을 감소시키며, 긍정적 외부성(Positive Externalities)을 증가시키는 데 기여하고 있는지를 면밀히 검토할 필요가 있다.

농업의 다원적 기능을 구성하는 이러한 농업의 비상품 생산물이 국민에게나 국가에 유용한 '공익(public interest)'인지를 판단하기 위해서는 몇 가지 개념적 검토가 필요하다. 이를 위해 먼저, 국내의 법적·제도적 논의를 살펴보고, 이후 EU에서 논의된 다원적 기능의 공익성 개념에 대해 살펴보도록 하겠다.

1) 국내의 공익 개념에 대한 논의

(1) 법학에서의 공익 개념

현대사회에서 공익은 입법, 사법, 행정에서 고려되는 중요한 개념이다. 단지 사익과 공익을 구분하는 기준뿐만 아니라 공익의 존재 자체를 어떻게 인식할 것인지, 그 실행권한이 누구에게 있는지, 그 성과는 어떻게 평가할 것인지에 대한 다양한 주장이 존재한다(엄순영, 2016). 즉 공익 개념 자체가 추상적·일반적·보편적 성격을 갖고 있기 때문에 구체적 상황에서 공익이 무엇인지를 명확히 밝히는 것이 공법학적 측면에서의 과제다.

독일, 일본, 우리나라에서의 공익 개념은 "공동체 또는 그 구성원 전체의 공동이익"이라고 하여 그 의미가 추상적이지만, 영미법계에서의 공익은 매우 실제적 과제를 전제로 한 것이고, 문제해결을 위한 과제 그 자체로 제시된 것이다. 결국, 현재 법치주의, 민주주의 국가에서 공익 개념은 입법, 사법, 행정을 통해 실현되고 구체화되며 논증되어야 하는 개념이다. 현행 우리나라 헌법에서 공익으로 간주되고 있는 규정을 살펴보면 다음과 같다.

- "국민의 권리와 의무"(제2장 이하의 기본권 규정)
- "공중도덕이나 사회윤리"(제21조)
- "공공필요"(제23조 제2항, 제3항)
- "환경보전"(제35조)
- "국가안전보장, 질서유지 또는 공공복리"(제37조 제2항)
- "국가의 독립, 영토의 보전, 국가의 계속성, 헌법수호"(제66조 제2항)
- "공공의 안녕질서의 유지"(제77조 제1항)
- "국토의 효율적이고 균형있는 이용, 개발, 보전"(제122조)
- "국민경제상 긴절한 필요"(제126조)
- "국민경제의 발전"(제127조 제1항)

이러한 법적 규정을 토대로 '농업의 공익적 가치' 주장의 근거를 어디에서 찾아야 하는지 판단할 필요가 있다. 이런 측면에서 공공필요, 환경보전, 국토의 효율적이고 균형 있는 이용·개발·보전이라는 근거를 활용하는 것이 바람직하다고 판단된다.

(2) 행정학에서의 공익 개념

행정학에서도 기본적으로 '공익'을 "행정이념의 최고 가치이며 행정인의 활동에 관한 최고의 규범적 기준"(이계만·안병철, 2011: 4)이라고 설정하고 있지만, 그 개념에 대해서는 다음과 같은 네 가지 관점을 제시하고 있다.

첫째, 공익을 '전체 효용의 극대화'라는 관점에서 보는 것으로 이는 개개인의 이익을 모두 합하면 공동체 전체의 이익이 되고, 이것을 극대화하는 것이 공익이라는 입장이다.

둘째, 공익을 '사회 전체에 바람직하거나 올바르게 추론되는 가치의 실현'이라고 보는 관점이다. 개별 구성원의 실제 가치관의 내용과 상관없이 사회가 지향해야 할 궁극목표 또는 '최고선'이 곧 공익이라는 것이며, 사회와 국가의 모든 가치를 포괄하는 절대적인 선의 가치가 있다고 가정하는 것이다. 말하자면, 자유, 평등 같은 사회적 가치를 공익으로 보는 것이다.

셋째, 공익을 '부분적이며 특수한 이익과 대조되는 사회 구성원 간에 보편적으로 공유되는 공동의 이익'이라고 보는 관점이다. 예를 들면, 원활한 대중교통체계, 위생적인 식수 공급, 양질의 교육 서비스와 같이 사회나 국가 구성원 모두의 공동이익으로 간주될 수 있는 것을 공익으로 보는 것이다. 즉, 단순한 개인의 집합체 이상의 단체로서 국가와 사회가 추구해야 할 가치를 공익의 원천으로 보는 것이다.

넷째, 공익을 그 내용보다는 형성되는 과정이나 절차에 중점을 두는 관점으로 이익집단 간의 타협 또는 절차를 거친 결과를 공익으로 보는 견해다.

이러한 네 가지 관점을 고려한 공익 개념의 구성요소로 〈표 2-1〉과 같은 기준을 제시할 수 있다.

〈표 2-1〉 공익 개념의 준거틀

개념 요소	세부 내용
공공재 생산 및 공급	• **공공재 생산** • 공공시설물의 설치 및 건설
이익보장	• 정책 및 제도 관련 **특정 대상집단의 이익 보호**
재산권 제약	• 공공시설 설치를 위한 개인 및 집단의 토지수용 • 공유물에 대한 개인 및 집단의 행위제한
공동체 다수의 이익	• **불특정 다수의 이익 보호**
보편적 가치	• 공공안녕 질서, **환경보존**, **재해방지**, **선량풍속 유지**
사회적 약자 보호	• 어린이, 장애인, 노령층, 저소득층 등의 보호
개인 권리 보호	• 사생활, 개인정보 보호 등
공정성	• 사회 구성원 이익의 균형적 반영
공개성	• 정책 및 제도 관련 의사결정과정 공개 및 방법

출처: 이계만·안병철, 2011, 9쪽.

〈표 2-1〉에서 보는 것처럼 우리나라의 법학이나 행정학에서 논의하고 있는 공익의 일반적인 개념은 "특정한 행위가 명백하게 국가와 사회의 공공선(지향하는 목표 또는 보편적인 이익)에 기여하는 것"이라고 할 수 있다. 이를 농업 분야와 관련해서 보면, 앞서 논의한 농업의 다원적 기능, 즉 농산물 생산의 결합생산물로서 나타나는 비상품적 생산물의 공급을 강화하는 활동을 공익이라고 할 수 있다. 결국, 긍정적 외부성을 갖고 있는 공공재 공급 기능이라고 할 수 있다. 이를 좀 더 명확하게 서술하면 '농업생산을 통한 공공재 생산 및 공급', '농업생산의 지속성을 보장하기 위한 농민의 이익 보호', '농업생산의 지속에 따른 사회와 국가의 이익과 혜택', '농업생산을 통한 환경보존, 재해방지, 전통문화의

유지 보전' 등이 공익에 해당한다고 할 수 있다.

2) EU의 공익적 가치 관련 개념체계 논의

제2차 세계대전 이후 농업보호정책의 선두주자였던 EU에서도 UR 협상 이후 가속화되는 농산물 시장개방에 대응하기 위한 농정개혁과정에서 농업의 지속가능성을 지원하고 강화하기 위한 정책적 논리로서 농업의 공익적 가치에 대한 논의를 진행했다. 이러한 EU에서의 논의를 살펴보자.[1]

EU의 농업정책도 경제정책 및 사회정책의 일환이라는 측면에서 '공공의 번영(public prosperity)'과 '지속가능한 발전(sustainable development)'에 공헌해야 한다는 목적을 제시하고 있다. '공공의 번영'이란 "사람들이 다양한 목적에서 희소성이 있는 많은 자원을 소비함으로써 얻을 수 있는 전반적인 혜택"이라고 정의하고 있다. 따라서 '공공의 번영'은 시장에서 거래 가능한 재화와 서비스로만 측정할 수 없으며, 공간과 환경의 질이라는 측면에서 생활환경(living environment) 같은 '가치 있는 희소자원(invaluable scarce resource)'도 고려해야 한다고 밝히고 있다.

한편, '지속가능한 발전'은 공공의 번영을 확산하기 위한 방안으로 고려하고 있으며, 농업 분야와 관련해서는 ① 환경생태(planet)로서 환경오염 저감, 자연보전, 동물복지, 수자원 관리 분야, ② 사회(people)

---

1 EU의 공익적 가치 관련 개념 논의는 네덜란드 '경제사회협의회(SER)'에서 발행한 자료(SER, 2008)를 중심으로 정리한 것이다.

분야에서는 노동조건, 임금소득, 기술의 발전, ③ 경제(profit) 분야에서는 환경과 사회를 유지하기 위해 경제적 이익이 필요하다는 것으로 실제 사업의 지속성을 판단하는 기반으로 간주하고 있다. 이와 같은 두 가지 사회적인 목적을 달성하기 위해 농업이 지향하는 것을 '농업의 공익적 가치'라고 설정하고, 이를 정책적으로 다루기 위해 다음과 같은 세부적인 개념에 대한 논의를 진행했다.

첫째, 사회적 가치(social values)와 공적 가치(public values)의 개념 구분이다. '사회적 가치'의 개념은 사람들이 자신들에게 중요하다고 생각하는 것에 가치를 부여한 것이기 때문에 실제 소비자, 투표자, 시민 등이 자기 입장에 따라 상이한 가치를 부여하게 된다는 것이다. 따라서 '사회적 가치'의 개념에서는 다양한 개별 주체들의 가치들이 서로 공존하는 상황을 표현하는 것이며, 이 중에는 서로 경합적인 관계에 있는 가치들도 존재하게 된다. 그러므로 법적인 기준을 제시하고 이를 준수하는 틀 내에서 개인 간의 경합적인 관계로 해결할 수 있는 가치를 '민간 가치(private value)'로 구분하고, 그 외에 법적인 보호와 지원이 필요한 가치를 '공적 가치(public value)'로 구분하고 있다. 이러한 '공적 가치'는 대다수 사람에게 중요하다고 간주되는 것으로 최소한 국민의 다수가 정부 정책에 의해 유지되어야 한다고 믿는 가치다.

둘째, 공익(public interests)과 공공서비스(public services) 개념의 구분이다. '공익'은 "'공적 가치' 중에서 정부가 정책적으로 개입하여 최종적으로 해당 기능의 공급을 책임지는 부분"이라고 정의하고 있다. 그러나 실제로 사회적으로 중요하다고 하더라도 그 모든 것에 정부가 개입하는 것은 아니며, 정부가 모든 공적 가치에 책임을 지고 있는 것도 아니다. 예를 들면, 정부는 일반적으로 농산물을 공급하는 기능에 대해 특정한 법규에 의해 시장이 자율적으로 작동하도록 내버려둔다. 따라서 '공익'이 무엇인지에 대한 결정은 정치적(정책적) 결정이지만, 이 과정에서 '외부성(externalities: 긍정, 부정 모두 포함)'이라는 개념을 적용하여 판단해야 한다. 이는 외부성에 의해 시장교란이 발생하기 때문인데, 특정한 가치결정에 참여하지 않은 사람들이 영향을 받거나, 사회적 가치가 적절하게 보호되지 못할 뿐만 아니라 특정한 규정이 없으면 남용되거나 무임승차 문제가 발생하기 때문이다. 특히, 부정적 외부성(외부 불경제성)은 미래세대에게 손실을 끼치는 영향을 주거나 이웃 나라나 지역에 악영향을 주기 때문이다.

한편 '공공서비스'는 "특정한 형태의 '공익'을 달성하는 활동"이라고 정의할 수 있는데, 정부의 개입이나 집단적 규제가 없다면 전혀

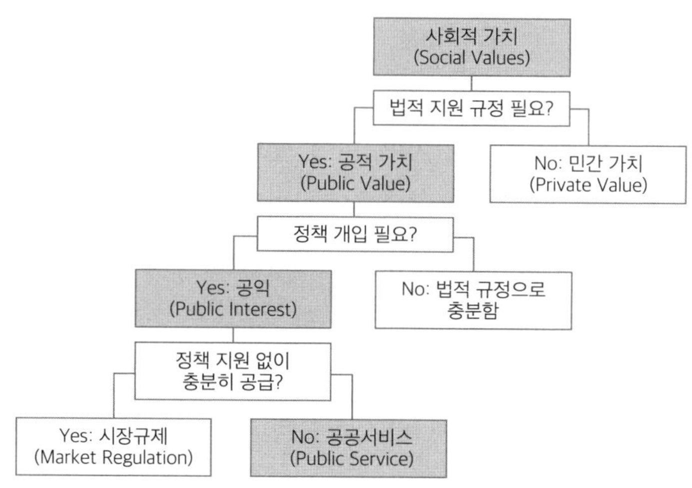

〈그림 2-1〉 유럽의 공익적 가치 관련 개념도

출처: SER, 2008, p. 15.

공급되지 못하거나 또는 사회적으로 만족스러울 만큼 공급되지 못하는 서비스라고 할 수 있다. 농업 활동에 의한 공공서비스는 대표적으로 자연(nature), 경관(landscape), 수자원 관리(water management) 등과 관련된 (준)공유자산[(semi-)collective goods] 등을 들 수 있는데, 이러한 공공서비스는 두 가지 형태로 구분할 수 있다. 첫째, 공급자의 추가적인 노력이 필요하거나 또는 해당 활동에 대한 명확한 규제가 적용되어야 달성할 수 있는 서비스가 있다. 둘째, 시장에서 판매되는 상품의 생산과정에서 자동으로 생산되는 서비스로 구분할 수 있다. 농업활동을 통한 '공공서비스'의 원활한 공급을 위해 '공익적 가치' 중 시장기능을 통해 달성할 수 있는 부분과 정책적 지원을 통해 달성할 수 있는 부분을 명확히 구분하여 시행할 필요가 있다.

이와 같이 EU에서는 농정 개입의 근거로서 '농업의 공공서비스 기능 강화'라는 개념을 제시하고, 이를 기반으로 적극적인 정책 개입과 시장규제라는 두 가지 농정수단을 적절히 활용하고 있다고 할 수 있다. 무엇보다 농정에서 가장 중요한 것은 기본적인 정책수단으로 시장 메커니즘을 활용하는 것이며, 이에 필요한 제도적 조치를 취하는 것이다. 농업의 '공익적 기능' 중에서 이러한 시장조치가 적용되는 영역은 농산물 생산 및 고용, 식량안보, 식품 안전과 인간 및 동물 건강, 농촌 활성화 등이라고 할 수 있다.

그리고 시장실패가 나타나는 영역에 대해서는 '공익적 기능'을 강화하기 위한 방안으로 공공서비스 공급을 위한 정책을 적극적으로 추진하는 것이다. 부정적 외부성에 대처하기 위해서는 '오염자 지불의 원칙'(또는 사용자 지불의 원칙)을 엄격하게 적용하고 있다. 긍정적 외부성 또는 공공재 공급과 관련해서는 사회적으로 충분한 재화와 서비스를 공급할 수 있도록 추가적인 지불금을 제공하는 방법을 적용하고 있다. 이들 분야에 해당하는 기능은 동물복지, 환경 및 기후변화 대응, 자연 및 생물다양성, 경관 및 여가를 위한 자연환경보전, 수자원 관리 등이다. 다만, 이러한 공공재 공급 과정에서 정책적 개입으로 너무 큰 비용을 소모하게 되는 '정부실패' 발생 여부에 유의할 필요가 있다. 그렇기 때문에 EU에서도 농업정책의 역할과 기능으로 '공공서비스 공급 기능의 강화'를 설정하고 있다고 볼 수 있으며, 이는 개념적으로 농업생산과정에서 발생하는 부정적인 외부성을 감소시키고 긍정적 외부성을 확대하는 것, 즉 공공재(public goods) 공급의 강화라고 판단할 수 있다.

3) 공익적 가치 개념 적용

앞서 논의한 EU의 공익적 가치 개념체계에 관한 논의는 우리나라에서 현재 논의되고 있는 '다원적 기능', '공익적 기능', '공공재 공급 기능'의 개념을 좀 더 명확하게 구분하는 데 활용될 수 있다. 다음 그림에서 볼 수 있는 것처럼 '다원적 기능'은 농업의 기능 중에서 본질적인 농산물 생산 기능을 제외한 비상품 생산물 생산 기능이라고 구분할 수 있다. 이렇게 되면 "농업생산과정에서 결합생산에 의해 직접적 또는 간접적으로 발생하는 모든 긍정적·부정적 기능"을 다원적 기능으로 정의할 수 있다. 이러한 비상품 생산물에 대해서는 1차적으로 즉각적인 교환을 위한 시장이 존재하지 않는다고 할 수 있다.

'공익적 기능'은 "다원적 기능을 발생시키는 비상품 생산물 중에서 법적인 규제가 없으면 부정적인 효과를 발생하는 부분을 제외하고, 일정한 법적인 규제가 적용되면 긍정적인 효과를 발생시킬 수 있는 서비스"로 정의할 수 있다. 이런 정의를 적용하여 법적인 규제에 의해 농업생산과정에서 발생하는 부정적인 효과가 감소된다면, 이것도 농업생산의 공익적 기능을 강화하는 것으로 간주할 수 있다.

'공공재 공급 기능'은 "공익적 기능을 발휘하는 비상품 생산물 중에서 국민 또는 사회가 원하는 적정한 수준의 공급을 유지하기 위해 정부의 정책적 지원이 필요한 서비스"라고 정의할 수 있다. 즉 가격 변화 같은 시장기능의 작동에 의해 유지될 수 있는 서비스는 제외하고, 정부의 정책적인 지원이 없으면 충분히 공급되기 어려운 서비스가 '공공재 공급 기능'에 포함되는 활동이라고 할 수 있다.

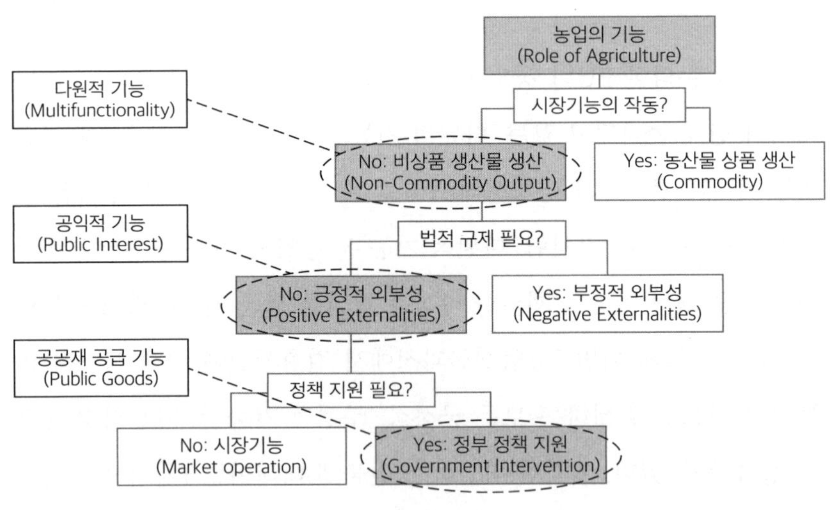

〈그림 2-2〉 우리나라의 공익적 가치 관련 개념도

5. 농업의 공익적 가치와 정책 개입 필요성 검토

농업생산과정에서 발생하는 공익적 기능 중에서 정부 정책이 적절히 개입되어야 그 기능이 유지될 수 있는 것을 '공공재' 개념으로 구분했다. 그렇다면, 농업의 다원적 기능 또는 공익적 기능이라고 간주되는 활동에 대해 정부 정책이 어떻게 적용되고 있는지를 살펴봐야 어떤 정책이 공공재로서 성립 가능한 정책인지를 판단할 수 있을 것이다. 그 내용에 대해 여러 연구(OECD, 2001; van Huylenbroeck et al., 2007; SER, 2008)를 참고로 분야별로 살펴보자.

1) 식량안보

다원적 기능 중에서 그동안 가장 많은 논란이 있었던 기능이 식량안보(food security)다. 주로 한 국가에서 필요로 하는 식량을 국내 생산을 통해 조달하는 것으로 인식되는 식량안보 기능은 식량 수출국과 수입국 간에 서로 정치적인 의도로 그 개념을 정의하고 적용하면서 많은 논란을 불러일으켰던 분야다. 명백한 것은 일정 기간에 생산된 농산물 중 소비되지 못한 부분은 수출하거나 보관하거나 폐기해야 하는데, 이는 비용증가와 가격하락을 동반하게 된다는 것이고, 농민(또는 정부)의 비용증가와 소득감소를 초래하기 때문에 농업과 농민의 생존에도 도움이 되지 않는다는 것이다. 또한 식량안보를 단순히 특정 생산물의 국내 생산을 증가시키는 식량자급률로 인식하는 것은 시대착오적인 인식이다.

실제 국제적인 논의에서 식량안보는 '정상적인 상황'에서는 주로 국내 생산물과 수입농산물을 시장에서 거래하도록 함으로써 보장된다고 인식하고 있다. 그러나 만약 전 세계적으로 극단적으로 낮은 농산물 가격이 장기간 지속됨으로써 국내의 많은 농가가 파산하는 위급한 상황이 전개된다면, 이는 '위기 상황'으로 간주되어 국내 농업생산을 보호하는 조치를 취할 수 있고, WTO 규정도 허용하고 있다. 그러므로 식량안보는 농업의 다원적 기능이기는 하지만, '정상적인 상황'에서 정부가 생산량을 제고하거나 생산된 생산물을 처리하는 등의 정책개입이 필요한 분야는 아니다. 다만, 농산물의 국내 생산 수준을 일정하게 유지하기 위해 농지 보전, 농민의 유지, 농업기술의 발전, 수출입 정책의 관리 등 꾸준한 정책적 관심이 필요한 분야다.

다른 한편, '식량안보' 또는 '식량의 안정적 공급'을 위해 국내 생산량을 증가시키는 것을 정책적 목표로 설정하게 되면, 이는 농약이나 화학비료 같은 외부 투입재를 다량으로 사용하여 생태계와 환경자원을 훼손하거나 또는 효율적 생산과 규모화를 위해 농지를 확대하는 과정에서 지역의 다양한 물리적·문화적·역사적 자원을 훼손해도 정당한 공익추구 농업 활동으로 간주하게 되는 모순에 직면하게 된다. 즉, 농산물의 국내 생산을 최대한 달성하기 위해 다른 공공재적 가치를 크게 훼손하는 상황이 발생하게 된다는 것이다. 앞에서도 언급한 것처럼 상품생산 수준과 연계되는 공익적 가치는 부정적 외부효과를 크게 높이는데, '식량안보'라는 공익적 기능을 증가시키기 위해서는 농산물의 상품생산 수준을 높여야 하기 때문에 이는 부정적 외부효과를 크게 높이는 것으로 귀결된다.

따라서 농업의 공익적 가치를 제고하기 위한 직불제에서는 '식량 안보'를 정책개입이 필요한 공익에서 제외하는 것이 필요하다. '식량 안보' 개념을 통해 달성하고자 하는 농가의 경영 안정성이나 소득 향상의 목표는 다른 수단을 통해 달성될 수 있도록 정책을 편성하여 해결해야 한다.

2) 식품 안전성

일반인들은 식품 안전성에 대해 스스로 조정하고 결정할 능력이 없기 때문에 정부의 역할이 매우 중요하다. 따라서 식품 안전성을 유지할 수 있는 최소한의 규정을 제시하는 것과 이러한 규정의 준수 여부를 감시·감독하는 것이 필요하다고 할 수 있다. 그러나 적절한 규정을 제시하고 감독하는 것은 오히려 농민이나 식품업자들이 자신들의 상품에 대한 평판을 높이는 결과를 초래할 수 있다. 즉, 시장에서의 이익을 높이기 위해 농민이나 식품업자들이 좀 더 높은 수준의 식품 안전성을 자발적으로 실천하는 것도 고려해야 한다. 이와 같이 식품 안전성을 유지하기 위한 행동이 시장에서 참여자들에게 긍정적인 결과를 주기 때문에 식품 안전성 관련 정책을 시행하면서 정부가 농민이나 식품업자에게 추가로 보조금을 지급할 필요는 없다.

3) 동물복지

동물복지는 일반대중의 여론과 소비자 행위 간에 불일치가 나타나는 부분이다. 일반대중은 동물복지 규정을 통해 잠재적인 혜택을 얻을 수 있지만, 소비자로서는 비싼 축산물 가격을 지불해야 하는 상황에 직면하게 된다. 따라서 이 문제를 동시에 해결할 수 있는 정책은 없으며, 단지 누구에게 비용을 전가하느냐의 문제로 귀결된다. 실제로 동물복지 기준이 전체 축산농가에 적용되면 전체적으로 축산업 생산 규모가 축소되는 현상을 초래하게 될 수도 있다. 따라서 동물복지를 시행할 수 있는 가장 적절한 해결 방법은 일반대중과 소비자 행위 간의 인식격차를 줄임으로써 동물복지가 적용된 생산을 확대하고, 이에 대한 적절한 가격을 지불한다는 소비자의 인식을 정립해야 한다. 결과적으로 동물복지의 가치를 제고하기 위해 정부가 정책적으로 축산업자에게 추가로 보조금을 지급할 필요는 없다.

4) 자연 및 생물다양성 보전

농업 활동은 야생생물의 생존에 긍정적 영향과 부정적 영향을 동시에 미친다. 자연환경 복원이나 유지에 긍정적인 영향을 미치는 농업 활동에 대해서는 추가적인 보상이 지급되어야 한다. 이것은 시장실패에 대한 대응책이므로 농업 활동에 대한 직불금 이외의 사안으로 다루어져야 한다. 한편, 자연환경과 생물다양성에 부정적인 영향을 미치는 농업 활동은 제도적인 규제를 통해 그 행위를 억제해야 한다.

이러한 자연 및 생물다양성 보전 활동에 대한 추가적인 보상 수준은 대체로 정책적인 고려를 통해 결정된다. 자연환경 복원이나 유지 활동에 추가적인 노력이나 비용이 들지 않으면 이에 대해서는 추가적인 보상을 할 필요가 없지만, 실제로 어떤 규제를 어떤 수준에서 할지에 대해서는 이를 명확하게 나눌 수 있는 기준이 존재하지 않기 때문에 정책담당자들의 인식 정도에 따라 결정되는 것이 일반적이다.

5) 경관 및 환경보전

농업 활동을 통해 지역경관을 유지하는 것이 필요한 지역이나 조건불리지역과 같이 영농활동 조건이 매우 열악한 지역에서 농업 활동을 지속적으로 유지하기 위해서는 장기적인 보상금을 지급할 수 있다. 이는 이미 EU에서 조건불리지역 지불금 제도로 시행되어온 정책이다. 그러나 최근 EU에서는 조건불리지역 지불금 제도를 폐지하는 대신 이들 지역에 농업환경 프로그램을 적용하여 단순히 농축산물 생산활동을 유지하는 것보다는 다양한 환경자원 보전 활동을 장려하는 방향으로 개편했다. 따라서 최근 이에 대한 보상금은 산책로 개설, 묘목식재 등과 같이 추가적인 환경보전 활동에 대한 지급으로 변경되었다. 그러므로 농촌지역에서의 경관 및 환경보전이 단순히 농산물 생산활동을 강화하는 것으로 이루어질 수 있는지, 아니면 별도의 환경보전 활동에 대한 지원을 통해 이루어질 수 있는지를 정책적으로 판단하는 것이 중요하다.

6) 환경 및 기후변화

농업은 환경 및 기후변화에 긍정적인 영향과 부정적인 영향을 동시에 미치는데, 주로 자연환경을 활용해서 농산물을 생산하는 활동에 대해서는 환경에 미치는 영향을 고려하여 일정한 규제를 적용하고 별도의 보상금을 지급하지는 않는다. 다만, 탄소배출을 저감하기 위해 추가적인 비용이나 활동이 소요되는 경우는 보상금을 지급할 필요가 있고, 이와 반대로 일정한 기준을 넘어서서 인산염 등을 배출하는 행위에 대해서는 벌금을 부과하는 것도 필요하다.

7) 농촌의 삶의 질 개선

농촌경제에서 농업생산이 차지하는 비중이 지속적으로 감소하고 있는 상황에서 농업생산을 장려함으로써 농촌의 삶의 질을 개선하거나 인구감소를 방지하는 조치를 취하는 것은 바람직하지 않다. 즉, 비효율적인 농업생산을 정책적으로 지원하는 것은 현실적으로도 논리적으로도 타당하지 않다. 이들에 대해서는 오히려 농촌개발정책을 통해 경제활동을 다각화하도록 유도하는 것이 필요하다.

6. 우리나라 '농업의 공익적 가치' 관련 법적 개념 검토

1) 「농업·농촌 및 식품산업 기본법」에서의 공익기능 개념 검토

「농업 · 농촌 및 식품산업 기본법」에서는 다음 〈표 2-2〉에서 보는 것처럼 여섯 가지 분야를 농업과 농촌의 공익기능으로 규정하고 있다.

〈표 2-2〉 「농업 · 농촌 및 식품산업 기본법」 제3조(정의) 제9항

9. "농업 · 농촌의 공익기능"이란 농업 · 농촌이 가지는 다음 각 목의 어느 하나에 해당하는 기능을 말한다.
   가. 식량의 안정적 공급
   나. 국토환경 및 자연경관의 보전
   다. 수자원의 형성과 함양
   라. 토양유실 및 홍수의 방지
   마. 생태계의 보전
   바. 농촌사회의 고유한 전통과 문화의 보전

그런데 우리나라는 지금까지 주로 외국의 연구에서 사용하는 농업의 공익적 가치 관련 개념을 그대로 도입하는 데 중점을 두어왔기 때문에 우리나라 실정에 맞는 농업과 농촌의 공익이 무엇인지, 그리고 이를 강화하기 위해 정책적으로 어떤 개입을 해야 하는지에 대한 논의가 거의 이루어지지 못했다. 따라서 「농업 · 농촌 및 식품산업 기본법」에서 제시하고 있는 여섯 가지 공익기능도 이것들이 농업의 어떤 활동에 의해 강화될 수 있는지, 농촌의 공익기능은 어떻게 강화하는 것인지를 구체적으로 밝히지 못하고 있다. 즉 우리나라 농업의 특수성을 고려

했을 때, 농업생산과 공익기능 간에 어떤 연관 관계가 형성되어 있는지 제대로 인식하지 못하는 상황이라고 할 수 있고, 이런 상황에서 제시된 공익기능의 개념은 매우 추상적이고 모호하다고 할 수 있다.

〈표 2-3〉「농업·농촌 및 식품산업 기본법」 제6절

제6절 농업·농촌의 공익기능 증진 〈개정 2015.6.22.〉

제44조(농촌의 자연환경 및 경관 보전) 국가와 지방자치단체는 농촌의 자연환경을 보전하고 농촌 경관 및 농업 생태계 보전 등에 필요한 정책을 세우고 시행하여야 한다. 〈개정 2015.6.22.〉

[제목개정 2015.6.22.]

제45조(전통 농경 문화의 계승 등) 국가와 지방자치단체는 전통 농경 문화, 농경 유물, 전통 농법, 재래종의 가축·농작물 및 농촌 공동체를 유지·계승시켜 나가고 그와 관련된 농업 박물관·관람 시설물 등의 전시, 교육, 홍보 등에 필요한 정책을 세우고 시행하여야 한다. 〈개정 2015.6.22.〉

[제목개정 2015.6.22.]

제46조(농업·농촌의 공익기능 연구·홍보 등) ① 국가와 지방자치단체는 농업·농촌의 공익기능을 최대한 증진하고 국민들이 이를 누릴 수 있도록 하기 위한 연구, 조사, 교육 및 홍보 등에 필요한 정책을 세우고 시행하여야 한다. 〈개정 2015.6.22.〉

② 국가와 지방자치단체는 농업·농촌의 공익기능을 증진하기 위하여 농업인·농업 관련 단체 등을 지원하는 정책을 세우고 시행할 수 있다. 〈개정 2015.6.22.〉

③ 국가와 지방자치단체는 제1항 및 제45조에 따른 정책을 효율적으로 시행하기 위하여 필요한 사무를 대통령령으로 정하는 자에게 위탁하고 필요한 지원을 할 수 있다.

[제목개정 2015.6.22.]

제47조(지구온난화 방지 등) ① 국가와 지방자치단체는 농업·농촌이 지구온난화 방지 및 기후변화 완화 등의 공익기능을 수행할 수 있도록 지구온실가스 감축 등에 필요한 정책을 세우고 시행하여야 한다. 〈개정 2015.6.22.〉

② 국가와 지방자치단체는 바이오에너지에 이용되는 농작물 및 산림자원을 생산·공급하기 위하여 필요한 정책을 세우고 시행하여야 한다. 〈개정 2015.6. 22.〉

제47조의2(기후변화에 따른 농업·농촌 영향 및 취약성 평가) ① 농림축산식품부장관은 농업·농촌의 지속가능한 발전을 위하여 지구온난화 등 기후변화가 농업·농촌에 미치는 영향과 기후변화에 따른 취약성을 5년마다 조사·평가(이하 "기후영향

평가등"이라 한다)하여 그 결과를 공표하고 정책수립의 기초자료로 활용하여야 한다. <개정 2015.6.22.>
② 농림축산식품부장관은 기후영향평가등에 필요한 기초자료 확보 및 통계의 작성을 위하여 실태조사를 실시할 수 있다. <개정 2015.6.22.>
③ 농림축산식품부장관은 관계 중앙행정기관의 장, 지방자치단체의 장 및 농업·농촌 관련 기관이나 단체의 장에게 기후영향평가등에 필요한 자료의 제공 또는 제2항에 따른 실태조사의 협조를 요청할 수 있다. 이 경우 자료제공 또는 실태조사 협조를 요청받은 관계 중앙행정기관의 장 등은 특별한 사유가 없으면 이에 협조하여야 한다. <개정 2015.6.22.>
④ 기후영향평가등과 실태조사의 구체적인 내용 및 방법 등에 필요한 사항은 농림축산식품부령으로 정한다. <개정 2015.6.22.>
⑤ 농림축산식품부장관은 제1항부터 제3항까지에 따른 정책을 효율적으로 추진하기 위하여 기후영향평가등 관련 사항에 관한 권한 또는 업무를 대통령령으로 정하는 자에게 위임 또는 위탁할 수 있다. <신설 2015.6.22.>

특히, 〈표 2-3〉에서 볼 수 있는 바와 같이 「농업·농촌 및 식품산업 기본법」의 제6절 "농업·농촌의 공익기능 증진"에 관한 내용에서는 '식량의 안정적 공급'이라는 용어조차 사용하지 않고 있다. 즉 '식량의 안정적 공급'이라는 것이 제3조 제9항의 규정에서는 가장 먼저 제시될 정도로 중요한 기능으로 간주하고 있음에도 제6절에서는 그 용어를 사용하지 않고 있고, 또한 이를 달성하기 위해 어떤 활동을 해야 하는지에 대해서도 설명하거나 제시하지 않고 있다. 이는 우리나라 정부와 학계 그리고 농업 현장에서도 농업과 농촌의 공익기능에 관한 관심과 인식이 매우 낮다는 것을 방증한다고 볼 수 있다.

결국, 「농업·농촌 및 식품산업 기본법」에서 제시하고 있는 공익기능은 농업생산 및 농촌의 다양한 활동에 대한 심도 깊은 연구가 이루어지지 않은 상태에서 제시된 개념이라고 할 수 있다. 따라서 이를 토대로 우리나라 농업생산 활동의 공익기능을 정의하면, 향후 농업정책에 대한 비판적 논리에 대응하기 어렵게 된다.

2) 우리나라 농정에서의 공익 개념 적용 방향에 관한 제언

이상의 논의를 통해 농업의 공익적 가치와 관련해서는 다음과 같은 결론을 도출할 수 있다. 우선, 다원적 기능의 개념 적용과 관련해서는 농업의 다원적 기능이 긍정적 영향과 부정적 영향을 모두 포함하고 있음을 명심할 필요가 있다. 농업의 다원적 기능에 대해서는 어떤 농법과 농장관리 기법 또는 기술이 적용되느냐에 따라 긍정적인 영향을 가져올 수도 있고, 부정적인 효과를 초래할 수도 있다. 따라서 이 개념에 대해 몇몇 연구자가 제시하는 것처럼 부정적인 효과를 제외하고 긍정적인 효과만 발생시키는 기능을 다원적 기능으로 정의하는 것은 논리적으로 불합리하다. 즉, 다원적 기능을 농정의 목적 또는 농업의 역할로 도입하려고 할 경우에는 다원적 기능의 긍정적인 측면을 설명하는 별도의 용어를 사용하는 것이 바람직하다.

그러므로 다원적 기능의 긍정적인 효과를 설명하는 용어로 '공익적 기능'이라는 개념을 사용할 필요가 있다. 이 경우에도 시장기능을 통해 달성될 수 있는 부분을 제외하고 정책적 개입을 통해 그 기능을 강화시킬 '공공재 공급 기능'으로 한정하여 그 가치를 설정하는 것이 바람직하다. 결국, 공익적 기능의 개념을 농정 전반에 사용하려고 한다면, 그 개념을 "농업 활동을 통해 국민에게 제공할 수 있는 공공서비스(public services) 또는 공공재(public goods)"의 영역에 한정하는 것이 바람직하다.

그리고 농업의 공익적 기능에 관한 규정을 포함하고 있는 「농업·농촌 및 식품산업 기본법」을 수정할 필요가 있다. 이 경우 현재 규정에서 제시되고 있는 공익기능 중에서 '시장상품을 공급하는 식량의 공급기능'을 제외하고 '자연, 환경, 생태계, 국토 보전 및 역사와 문화자원 보전'으로 수정하는 것이 바람직하다. 식량의 안정적 공급 기능을 공익으로 설정하는 것은 오히려 다른 비상품 생산물의 생산을 제약하는 활동을 정책적으로 지원해서 공익 간의 충돌을 초래할 우려가 크고, 농민들에게 향후 농업 활동의 추진 방향에 대한 혼란을 초래할 우려가 있다.

7. 맺음말

지금까지 현행 직불제를 공익형 직불제로 개편하는 것과 관련해서 논의되어야 할 주요 사안에 대해 검토했다. 이를 종합적으로 정리하면 다음과 같다.

첫째, 공익형 직불제의 목적을 명확히 설정하는 것이 필요하다. 이 과정에서 정책 수단으로서의 '직불제'는 예산에서 농민들의 소득을 지원해주는 것이기 때문에 소득증대가 정책 목적이 되는 것은 불합리한 설정이라는 것을 인식해야 한다. 따라서 농민들에게 소득을 지원해

주면서 달성해야 할 농정의 목적과 방향이 무엇인지 명확히 천명해야 농민의 주체적인 참여를 이끌어낼 수 있고, 직불제에 대한 비농업 부처의 이해와 국민적 동의를 얻을 수 있다.

둘째, '농업의 공익적 가치' 개념의 재설정이 필요하다. 이와 관련해서는 기존 농정에서 핵심적인 우리 농업의 가치라고 판단했던 '식량의 안정적 공급'과 '식량안보'가 정부의 정책적 활동에 의해 이루어지는 것이지 농민들에게 상업적인 농산물 생산활동 자체를 '공익'으로 인식하도록 유도하는 것은 잘못된 것임을 인정하는 것이 필요하다. 1990년대 농산물 시장개방 이후 우리나라 농업보호 정책의 근간이었던 '식량안보' 개념을 공익적 가치에서 제외하는 것은 많은 농민과 정책 담당자 그리고 일부 연구자들의 고정관념 때문에 쉽지 않은 사안이다. 그러나 변화된 농업과 농촌의 현실을 고려해서 새로운 농정 방향을 설정하는 현시점에서는 기존의 관행과 관념에서 탈피한 이론적 논리에 근거하여 대다수가 동의할 수 있는 원칙적인 농정 개념을 설정하는 것이 필요하다.

3장 직접지불제의 기본 개념

1. 직접지불제의 기원

1) 복지정책의 직접지불제

직접지불제(direct payment: 직불제)는 말 그대로 정부가 재정에서 정책 대상자에게 직접 현금을 지급하여 지원하는 정책을 의미한다. 국가가 빈곤한 사람들에게 직접 현금이나 현물 또는 바우처를 지급하여 소득을 보조하는 정책은 이미 복지정책에서 오래전부터 시행하던 정책이기 때문에 직불제 자체는 전혀 새로운 정책수단이 아니다. 복지정책에서 사용하는 직불제는 16세기 영국에서 처음으로 등장한 빈민구제법에서 그 기원을 찾을 수 있다.

물론, 정부가 국민으로부터 거둬들인 세금을 특정인에게 아무런 대가 없이 현금으로 지급하는 것을 국민이 쉽게 동의하기는 어려웠을 것이다. 그러나 자연재해에 따른 이재민의 발생, 자본주의의 발전에 따른 인플레이션과 실업의 증가, 대규모 부랑인의 증가 등이 나타나면서 이에 대응할 정책방안이 필요했다. 초기에는 교회 등의 종교단체에서 자선 봉사활동의 일환으로 빈곤계층을 돌보았지만, 점차 국가가 그 기능을 대신하면서 공공부조제도와 사회보장정책으로 발전하게 된 것이라고 할 수 있다.

이렇게 복지정책에서의 직불제는 기본적으로 빈곤한 사람들에게 일정한 수준의 소득을 보조해줌으로써 이들의 생계와 생활을 안정시켜 경제발전과 사회안정을 도모하기 위해 도입된 것이라고 할 수 있다. 그러나 농업 분야에서 1960년대부터 유럽을 중심으로 논의된 직불제는 직접적으로 정부 재정에서 정책 대상자에게 현금으로 지급한다는 표면적인 모습만 동일할 뿐 실제적인 정책 추진 과정에서 설정한 목적과 방법 및 지급기준이 복지정책과는 근본적으로 다르다고 할 수 있다.

2) 농업 분야 직불제 논의의 기원

농업 분야에서의 직불제는 영국의 내시(Nash, 1961, 1965)가 처음으로 제기한 정책이다. 당시 농업 분야에 많은 문제를 발생시키고 있는 시장가격지지 정책을 폐지하고 대안적인 농가소득 지원방안으로 직불제 도입을 주장했다. 내시(1965)는 정부가 농산물의 시장가격을 왜곡시키는 정책을 중지하고 정상적인 시장 상황에서 농장이 운영되어야 함을 주장했다. 그는 농업보호정책을 폐지할 경우 초기에 농업이 피해를 입을 수 있다는 것을 인정하면서 그 해결방안으로 생산과 관련된 결정에 영향을 미치지 않거나 농업에서 은퇴하여 새로운 직업을 찾는 데 대해 보조금을 지불하는 것을 제안했다. 농업보호 시스템의 폐기에 따른 가장 간단한 보상 방법은 현재 농업에 종사하는 모든 사람 또는 보상이 필요한 사람들에게 무조건적인 직접 지불을 하는 것이라고 주장하고, 그 금액은 농업보호정책하에서 얻은 수입과 자유시장 가격 시스템 아래에서 얻을 수 있는 수입의 차이를 참조하여 계산하면 된다고 했다. 그리고 그 금액을 농업에 종사하는 동안 평생연금(또는 현재 가치를 반영한 일시불)으로 지급하되 그 후손에게 승계되지 않도록 해야 한다고 했다. 이러한 내시(1965) 주장의 배경에는 농업의 발전을 위해서는 소규모 농가의 탈농과 대규모 농가로의 생산 집중을 유도하는 농업구조조정이 진행되어야 하는데, 이를 달성하기 위해서는 농산물 가격지지정책을 폐지하는 것이 필요하고, 그 대안으로 농정전환에 대한 보상으로 농가소득을 지원하는 것이 효율적이라는 생각에 바탕을 두고 있다.

이러한 내시의 주장은 이후 유럽지역에서 농업정책의 개혁 필요성이 제기될 때마다 주요 개혁방안으로 제시되었으며, 많은 학자들이 이를 실제 정책에 적용할 수 있는 다양한 방법을 제시했다. 이들의 주요 내용을 살펴보면, 직불제 정책을 도입하는 데 가장 먼저 고려해야 할 원칙으로 농산물에 대한 추가 생산 의욕을 자극하지 말아야 한다는 것(Marsh, 1970; Josling, 1974; Koster & Tangermann, 1977; Pribe, 1980; Bergmann, 1980; Marsh, 1981; Harris et al., 1983)이다. 직불제는 기존의 시장가격 지지정책에 따른 농산물 과잉공급 상황을 해소하려고 하는 것이기 때문에 농산물의 추가 생산 없이 농민들의 소득을 안정시키는 효과를 얻는 데 중점을 두어야 한다.

따라서 농민들에게 직불금을 통해 충분한 소득을 보장해야 한다는 주장이지만, 학자들 간에 다른 의견도 나타나고 있다. 우선, 농민들이 합리적인 삶의 수준을 유지할 수 있도록 지속적으로 지급되어야 한다는 주장(Marsh, 1970, 1981; Josling, 1974; Bergmann, 1980)이 제시되고 있으며, 이러한 충분한 소득보장 없이 시장지지가격을 낮추거나 철회하는 것은 현실적으로 불가능하다(Pribe, 1980; Harris et al., 1983)는 주장도 제기되었다.

또한 직불금 지급액의 수준과 관련해서도 한 국가의 전체적인 평균 산출량보다 낮은 보상금액을 지급하고 농장 크기에 반비례하는 역진제를 적용(Uri, 1970)해야 한다는 주장도 있지만, 대체적인 의견은 현재 생산량이나 미래의 고용과 무관한 수준에서 결정(Koster & Tangermann, 1977; Bergmann, 1980; Pribe, 1980)되어야 한다는 것이고, 대안적으로 과거의 생산량을 기준으로 도입할 것(Bergmann, 1980)을 권고한 의견도 있었다. 그리고 대체로 직불금 승계에 대해서는 금지해야 한다는 주장에 동의하고 있다.

한편, 직불금 지급 근거와 관련해서는 여러 주장이 제시되고 있다. 우선 브랜도(Brandow, 1977)는 '직접지불금'을 "농민들에게 주는 모든 종류의 직접적이고 명백한 지불금"이라고 정의하면서, 가격이나 농가의 총수입을 근거로 소득을 보조하는 '가격보조 지불(supplemental payments)'과 경작이나 생산물 생산 관련 행위에 일정한 제한과 조건을 부과하는 '이행 지불(compliance payments)'의 두 가지로 구분하고 있다.

또한 마시(Marsh, 1981)는 농산물 가격 하락에 따른 농업수입의 감소인지, 전반적인 농촌경제의 하락에 따른 농가수입의 감소인지를 명확히 구별해야 한다고 주장하면서, 농산물 시장변화나 정책변화의 영향에 따라 일시적으로 소득이 감소하는 농업수입 감소의 경우에는 농민들이 상황변화에 적응하게 되면 점차 지원을 줄이거나 폐지하는 방향으로 시행되어야 한다고 주장했다. 그러나 농촌경제의 전반적인 변화에 영향을 미치는 탈농가, 고령농, 소규모 농가, 조건불리지역 농가에 대해서는 영구적으로 직불금을 지급하면서 연금과 유사한 효과가 나타나도록 할 필요가 있다고 주장하고 있다.

이러한 농업 분야 직불금 도입 필요성과 방법에 대한 초기 논의에 대해 해리스 외(Harris et al., 1983)는 소득보상 없이 농산물 지지가격을 낮추는 것은 불가능하다고 결론지으면서 향후 직불금 도입을 위해서는 지불 대상을 어떻게 정의할 것인지, 소득 손실을 어떻게 측정할 것인지, 얼마 동안 지불을 지속할 것인지, 물가상승률을 어떻게 적용할 것인지, 각 개인별 연간 지불 한도를 어떻게 할 것인지 등의 과제를 해결해야 한다고 지적하고 있다.

이러한 초기 논의는 1980년대 중반 이후 진행된 세계적인 농산물 무역 협상에 그대로 반영되었다. 1986년 UR 협상이 시작되면서 선진국 간에는 자국 농업을 지속적으로 보호하는 방안에 대해 국제적인 인정을 얻기 위한 치열한 논쟁이 전개되었다. 이 과정에서 대부분의 선진국이 직불제를 핵심적인 정책 수단으로 활용하는 정책개혁안을 제시했다. 특히, OECD를 중심으로 직불제의 이론적 근거와 현실적 적용 방안에 대한 문헌들이 출간되면서 EU에서는 이를 자국 농업 실정에 맞게 변형한 농업정책 개혁안을 발표하고 이를 UR 협상에 활용했다. 이를 통해 농업 분야에 직불제를 적용하는 방안에 대한 국제적인 관심과 논의가 시작되었다고 할 수 있다. 따라서 UR 협상 과정에서 논의되었던 직불제의 주요 내용을 검토하여 직불제의 정책적 활용 가능성에 대해 살펴보도록 하겠다.

2. 직불제에 대한 국제적 논의 검토

1) OECD의 논의

직불제에 대한 국제적 논의에 시동을 건 것은 OECD다. OECD는 1987년 각료이사회에서 농정개혁에 대한 원칙을 합의하고 직불제를 "공공재정으로 특정 농가집단 또는 특정 농가에 대해 제공하는 모든 명백한 화폐상의 이전소득으로서 과거나 현재, 미래의 생산량 및 생산요소와 연계되지 않으며 보조금의 사용목적에 대한 어떠한 조건이나 규정이 없는 보조금"(OECD, 1990)이라고 정의했다. 이러한 OECD 정의에 따르면, 간접적이고 그 혜택이 집단적으로 이루어지는 보조는 직불제에서 제외된다. 예를 들어 연구 및 검사 기능의 확대 등을 위한 지원, 농업·농촌의 정비를 위한 지원은 직불제로 볼 수 없다. 이러한 OECD의 정의는 생산과 무역에 영향을 미치지 않는다는 '디커플링(decoupling)' 개념을 충실히 반영하고 있다.

그런데 OECD는 '순수한' 직접소득지지와 '경제적으로 덜 왜곡된' 직접소득지지를 구분하고 환경, 구조조정 등의 목적과 결합하여 농민이나 농가에 지급하는 지불금을 직접소득지지로 간주한다. 즉 소득지지와 관련된 '순수한' 직접소득지지와 '경제적 왜곡이 적은' 구조조정, 공공재적 성격과 관련된 직접소득지지를 모두 직불제의 개념에 포함한 것이다. 이것은 자원의 효율적인 배분, 농업의 시장지향성 개선, 점진적인 보조금의 감축목표를 달성하기 위해 직접소득지불 정책이 각국의 이해와 입장을 고려하여 유연성을 가지고 실시되도록 할 필요가 있었기 때문이다. 이에 따라 OECD에서는 경제적 왜곡의 최소화라는 기준에 근거하여 직불제의 적용 범위를 구조조정, 소득 안정화, 최저소득지지, 공공재 지원이라는 네 영역으로 제시했다(김태연, 1994).

이러한 OECD의 개념을 좀 더 자세히 살펴보면, 첫째, 농업구조조정을 위한 지불은 특정 수준 이하의 농가를 최소 기간 내에 농업생산에서 철수하도록 유도하는 정책이다. 이를 적용하기 위해서는 농민에 대한 비농업 분야 직업교육 및 토지의 환경친화적인 운영 계획 등을 수립하도록 지원하는 조치가 병행되어야 한다.

둘째, 소득 안정화를 위한 지불은 기상 및 시장 조건의 변동에 따라 발생하는 농업소득의 변동을 완화하고 시장 조정과정에 적응하도록 하기 위해 지원하는 정책이다. 이 지불금은 생산·가격·생산비에 연계되지 않도록 해야 하고, 지역이나 국가의 평균 소득이 아니라 개별 농업의 실제 소득변화를 근거로 지급해야 하며, 농가의 소득 감소액을 완전히 보상해서는 안 되고 농민도 일부 부담하도록 해야 한다.

셋째, 최저소득지지를 위한 지불은 농가의 최저 가계수입을 보장하기 위해 적용하는 정책이다. 이 지불금은 농업생산과 무관한 기준으로 지급되어야 하며, 지역사회에서 해당 농가의 최저수입을 측정할 수 있는 다른 기준을 적용해야 한다. 예를 들면, 농가의 총수입에서 농업소득이 일정 수준 이하로 감소했을 경우 이 부분을 보충해주는 지원을 시행하는 것이다.

넷째, 농가의 공공재 공급 활동에 대한 보상으로 지불금을 지급하는 것으로 농업생산 과정에서 환경보전 활동을 수행함에 따라 발생하는 비용이나 손실을 보상하고 공공재 공급을 증가시키는 효과에 대해 보상하는 것이다. 이 지불금은 환경 및 자연보호 활동, 농촌 전원의 유지 및 강화, 농약이나 제초제의 오염 감소, 유기농업으로의 전환 등 구체적으로 특정한 공공재 생산에 노력하는 농민에게 지급하며, 가능하다면 제공되는 공공재의 가치평가에 근거하여 지급한다. OECD에서는 이 정책의 효과적인 시행을 위해 환경오염을 초래하거나 공공재를 파괴하는 행위에 대한 규제조치나 벌금부과정책의 병행을 권고하고 있다.

2) UR 협상에서의 논의

OECD가 제시한 개념을 바탕으로 실제로 이를 농업정책에 반영하기 위한 작업은 UR 협상 과정에서 나타났다. UR 협상에서 '직불제'는 각국의 서로 다른 이해와 입장이 협상을 통해 반영되면서 개념 확장이 불가피할 수밖에 없었다. 따라서 직불제 관련 용어를 사용하는 데 있어서 OECD가 사용한 '직접소득지불(direct income payment)'보다 포괄적인 '직접지불(direct payment)'이라는 용어를 선택한 것으로 보인다(김태연, 1994). UR 협상에서는 OECD의 '순수한' 직접소득지지 정책으로

'생산중립적 소득지지(decoupled income support)' 정책을 도입(UR 협상문 부속서 2)했으며, '경제적 왜곡을 적게 하는' 직접소득지지 정책으로는 구조조정과 공공재 공급에 대한 정책들이 좀 더 세분화되어 추가되었다. 이에 따라 '생산제한조건 직접지불'[2]이 도입되었다.

UR 협정문에서는 생산자에 대한 직접지불(direct payment to producer)의 기준을 부속서 2의 제1항 일반기준과 제6항부터 제13항까지의 개별기준[3]을 충족해야 한다고 명시하고 있다. UR 협정문에서는 직접지불제를 "무역 왜곡 효과나 생산에 미치는 영향이 없거나 최소 수준이어야 하며, 정부의 징수감면액을 포함하여 공공재정에 의해 지불되는 보조금으로서 생산자에 대한 가격지지 효과가 없는 보조금(한국농촌경제연구원, 1994, 「우루과이라운드 농업협정문 해설」)"이라고 정의하고 있다.

이에 따라 UR 협정문에서 감축 대상에서 제외되는 직불제로는 첫째, 생산중립적 소득지지(decoupled income support), 둘째, 소득보험 및 소득안정화 시책, 셋째, 재해복구 및 구호 지원, 넷째, 은퇴/탈농 지원, 다섯째, 휴경 보상, 여섯째, 투자보조를 통한 구조조정 지원, 일곱째, 환경보전 관련 지원, 여덟째, 낙후지역개발 지원, 아홉째, 생산제한조건 직접지불, 마지막으로 개도국 농업투자까지 총 10가지가 선정되었다.

그리고 직접지불정책은 아니지만 연구, 조사, 교육, 검사 등의 정부 서비스와 식량안보 목적의 공공비축, 국내 식량원조 분야를 보조금 지급이 가능한 허용대상 정책으로 분류했다. 여기서 '허용대상'이라는 용어가 의미하는 것은 총보호측정치(Aggregate Measurement of Support: AMS)에

2 '블루박스(blue box)'라고 불리는 UR 협상문 제6조 제5항을 가리킨다.

3 '그린박스(green box)'라고 불리는 부속서 2의 제1항부터 제13항

서 상기 부분의 계산을 제외한다는 것을 의미한다.

3) OECD와 UR 협상 논의의 영향

1993년 UR 협상이 타결되면서 직접소득정책의 내용에 EU에서 1992년 도입한 보상지불(Compensatory Allowance)정책이 포함되면서 당초 OECD에서 제시했던 직접소득지지정책의 개념이 좀 더 확장되었다. EU의 소득손실분에 대한 보상정책은 "고정된 면적과 단수, 기준 생산 수준의 85% 이하에 대한 보상, 축산물의 경우 고정된 마리 수에 대한 보조"(한국농촌경제연구원, 1994)를 포함하는 것이었다. 이러한 EU의 소득보조정책이 감축대상 보조금에서 제외됨으로써 UR에서 도입한 직접지불정책은 생산량이나 생산요소로부터 완전히 분리된 직접소득지지 정책이라고 보기 어렵게 되었다. 결국 초기 UR에서 논의된 직접지불 정책의 개념이었던 던켈 초안은 OECD 개념과 기본적으로 동일한 정의를 내포하고 있었지만, 각국 간의 협의과정에서 그 개념이 확대되었다. 그러므로 직접지불제에 대한 명확한 개념은 UR보다는 OECD의 개념이 더 유용성이 있다고 판단된다.[4]

---

4 본문에서 소개한 두 가지 개념 외에 1988년 5월 「17개국 전문가 298인의 세계농업무역 개혁안」에 포함된 직접소득보조는 주로 무역 왜곡 효과 유무를 기준으로 정책을 분류해서 직접소득 보조조치를 논의하고 있다. 失口芳生, 1992, 8-10쪽.

〈표 3-1〉 OECD와 UR 협상의 직불제 정의 비교

구분	OECD	UR
조건	경제적 왜곡 없거나 최소화	무역 왜곡 효과 없거나 최소화
재원	공공재정	공공재정(징수감면액 포함)
집행방식	명백한 이전소득으로서 직접지불	직접지불 또는 지불적 방식 (실제 수입증가를 가져오는 보조)
대상	특정 농가집단이나 개별 농가	개별 생산자
디커플링	생산량, 생산요소 연계 유무	생산자에 대한 가격지지 효과 유무
사용처	자유로움	-

출처: 신원상, 2018.

이러한 OECD와 UR 협상에서의 직불제 관련 내용을 좀 더 자세히 살펴보면, UR 협상에서 직접지불을 시행할 수 있는 조건은 '무역 왜곡 효과나 생산에 미치는 영향이 없거나 최소 수준'인 경우다. 이때 '공공재정에 의해 지불되는 보조금'을 줄 수 있는데, 여기에는 '정부의 징수감면액이 포함'된다. 이렇게 지급되는 보조금은 '생산자에 대한 가격지지 효과'가 없어야 한다. 반면 OECD에서 직접지불을 시행할 수 있는 조건은 '경제적 왜곡이 최소화'되는 경우다. 이때 '공공재정에서 지급되는 보조금'이라는 점은 UR 협상과 같지만, 여기에는 '정부의 징수감면액'이 포함되지 않는다. 이렇게 지급되는 보조금은 '특정 농가 집단 또는 특정 농가에 대해 제공하는 모든 명백한 화폐상의 이전소득'이어야 하며, '과거 · 현재 · 미래의 생산과 연계되지 않는' 것으로 그 사용 목적에 대한 '조건이나 규정'이 없어야 한다.

UR 협상에서 사용된 '무역 왜곡 최소화'와 OECD의 '경제적 왜

곡 최소화'라는 개념은 직불제의 적용 범위에 큰 차이를 초래한다. UR 협상의 배경이 된 공정하고 시장지향적인 농업 시스템, 자원의 효율적 배분, 국제무역 왜곡 효과 제거는 결국 경제적 왜곡의 최소화라는 의미로 볼 수 있다. 그런데 UR의 정의에 따르면, 무역 왜곡 효과를 발생시키지 않는(최소화하는) 경우, 직불제 시행이 가능하기 때문에 무역 왜곡 효과가 없다면 직불제를 시행할 수 있다. 그러나 OECD의 정의에 따르면, 경제적 왜곡을 발생시키지 않는(최소화하는) 경우는 생산, 소비, 무역, 자원배분 등 경제 전반을 포괄하는 것이기 때문에 직불제 시행의 조건이 UR에 비해 매우 엄격해진다.

또한, 직불제에 대해 UR 협상과 OECD 모두 공공재정을 통해 보조금이 지급되어야 한다는 것은 같지만 UR은 정부의 징수감면액을 포함하는 반면, OECD는 그렇지 않다. 이 차이가 의미하는 바는 UR 협정문에서 농자재에 대한 부가세 면제, 정책자금의 2차 보전을 직접지불금으로 구분하고 있는 데 반해, OECD 정의에서는 이것이 직접지불금에 포함되지 못한다는 것이다.

또, UR 협정문에서 직불금은 생산자에 대한 가격지지 효과가 없어야 한다고 되어 있는데, 이것은 공급량과 수요량의 변화가 반영된 시장가격에 초점을 맞춘 것이다. 그러나 OECD는 직불금이 과거·현재·미래의 생산량이나 생산요소와 연계되지 않아야 한다고 규정하고 있기 때문에 직불금으로 공급량 증가 효과가 없어야 함을 강조한 것이다.

한편, OECD는 직불금 지급 대상을 '특정 농가 집단'이나 '농가'라고 명시하여 직접적으로 공공재정에서 생산자에게 소득이 이전되는 것을 강조하고, 사용 목적에 대한 조건을 제한하지 말아야 한다고 강조하고 있다. 반면 UR 협정문에서는 직불금의 지급 대상을 특정하지 않고 '생산자'로 지칭하고, 사용 목적에 대한 별도의 규정은 OECD 규정과 마찬가지로 적용하지 않았다. 그럼에도 둘 간의 차이를 보면 UR 협정문에서는 '농어민자녀학자금지원' 같은 복지증진시책은 직불제로 볼 수 있지만(직접적인 혜택을 받게 되므로), OECD 정의에 따르면 직불제에 해당하지 않게 된다. 결과적으로 양자의 개념 중 어떤 정의를 채택하느냐에 따라 국가 예산에서 직불금으로 구분되는 예산 항목이 달라진다는 것이다.

3. 직불제 시행 시 고려할 사항

1) 직불제 실시 기준

직불제는 정책목적을 달성할 수 있는 생산자에게 직접적으로 소득을 지급함으로써 세부적인 정책목표를 효과적으로 달성할 수 있다는 것이 가장 큰 장점이다. 즉 직불제를 채용함으로써 단순히 농민의 소득을 지원하는 것 외에 환경, 지역개발, 자연재해 예방 등 다양한 지급조건을 도입함으로써 농업생산 자체뿐만 아니라 농촌지역의 전반적인 발전을 지원하는 정책을 효과적으로 수행할 수 있다는 것이다. 따라서 직불제는 다양한 분야에 특정한(targeted), 그리고 신축적인(flexible)

지원을 할 수 있기 때문에 정책수단으로서의 유용성이 있다고 할 수 있다. 따라서 정책의 목표와 대상을 명확히 한다면 매우 효과적으로 정책목표를 달성할 수단이 될 수 있다(김태연, 2016).

이런 장점을 극대화시키기 위해서는 무엇보다 자원배분 과정에서 경제적 왜곡이 초래되지 않도록 하고, 효율적 배분이 이루어지도록 하는 것이 중요하다. 농업보호를 위해 어떠한 정책수단을 사용하건 간에 보조수준이 높을수록 농업 부문에 더 많은 자원이 할당·관리되는 것은 당연한 현상이다. 즉, 특정 요소에 대한 보조의 증가는 그 요소의 생산량을 증가시키게 된다. 반면, 특정 품목의 지지가격상승은 그 품목의 생산량 증가를 유도하지만, 한편으로 소비감소를 초래하게 된다. 따라서 농업 분야에서 효율적인 자원배분을 이루고 경제적 왜곡을 최소화하는 정책은 농업보호 수준의 감소와 특정한 상품 및 투입재에 대한 지지수준을 낮춤으로써 농민들이 시장지향적인 생산을 수행하도록 유도하는 것을 지향해야 한다. 그러므로 경제적 왜곡을 최소화하고 전체 경제에 대해 이익을 발생시키는 직접직불제는 그 실시 기준과 목적을 명확히 함으로써 이루어질 수 있다. 따라서 직불제를 실시하는 과정에서 고려해야 할 사항들을 살펴보면 〈표 3-2〉와 같다.[5]

5 후술하는 직접소득보조조치의 실시기준은 OECD(1990: 48-50)와 김태연(1994)을 참고했다.

〈표 3-2〉 직불제 적용을 위한 요건

적용 요건	실시 기준	내용
금액	지급 근거	• 생산량, 생산요소의 단위를 어느 수준까지 보상할 것인가? • 생산물의 가격, 생산비를 어느 수준까지 보상할 것인가? • 상품이나 생산요소의 보상적용 범위 • 보상의 계산은 과거, 현재, 미래 중 어느 기간을 기준으로 할 것인가? • 이러한 기준 요소들을 완전히 배제하거나, 부분적으로 도입하거나, 완전히 도입하는 것 중 어느 것을 선택할 것인가?
대상	수혜 자격	• 명칭을 기준으로 정의 • 소득을 기준으로 정의 • 지역을 기준으로 정의 • 자원의 보존, 저투입 영농방법 수행 등 특정한 조건을 설정하고 이에 적합한 조치를 취하는 사람 기준
기간	지급 기간	• 실시 목적에 따라 달라짐 • 자연재해: 발생 시의 일정 기간 • 구조조정: 일정 기간 연차적 축소 지급 • 특정 자원 이용: 영구적 또는 장기간
방법	지급 방식	• 일시불 • 정기분할지급 • 사전지급, 사후지급 • 실시 목적에 따라 다르게 결정해야 함
	자원이용 조건	• 자원의 대체적 이용에 관해 규정하지 않고 현재 농업생산에서 토지, 노동력, 가축 등의 자원을 영구적 또는 일시적으로 격리하는 경우 비농업적 자원이용에 대한 추가보상 결합 가능 • 자원의 대체적 이용에 관해 규정하고, 자원을 일시적 또는 영구적으로 격리하는 경우 • 저집약적 또는 친환경 영농방법 등의 경우
조정	조정 및 통제	• 잘못된 수혜자 선정 • 손실분 초과 보상 • 기타 정책목표 달성에 부정적 영향을 미치는 경우

출처: 김태연, 1994에서 재정리.

첫째, 직불금 지급의 근거다. 이것은 〈표 3-2〉에서 보는 것처럼 다섯 가지 사항을 고려해야 한다. 이 사항은 직불제 분류에서 중요한 요소다. OECD에서 규정하는 직불제의 개념은 '생산량이나 생산요소에 연관되지 않는' 보조금이다. 따라서 이것이 직불금 지급기준으로 고려되고 있다는 것은 기본적으로 '순수한' 의미의 직접소득지지를 고민하는 상태라고 보기 어렵다. 다만, 직불제의 한 형태로서 제기되었던 생산할당 소득보상제도에는 적용될 수 있다. 생산할당 소득보상제도와 관련해서 보상의 근거가 되는 생산량의 비율이 적으면 보상받는 부분 외의 생산량에 대해서는 시장가격이 적용되기 때문에 생산유발 효과를 내지 못하고 시장 상황이 생산에 좀 더 많은 영향을 미치게 된다. 따라서 시장지향적인 생산과 자원의 효율적인 배분이 달성될 가능성이 커지는 것이고, 그렇기 때문에 경제적 왜곡을 최소화하는 보조조치라고 할 수 있다.

둘째, 직불금 수혜자의 자격 기준에 관한 것이다. 시장가격지지정책과 달리 직불제는 농민에게 직접 소득을 현금으로 지급하는 것이기 때문에 보상받는 농민의 자격을 명확히 하는 것이 매우 중요하다. 수혜자격에 관해서는 〈표 3-2〉에서 보는 바와 같이 네 가지 기준을 고려할 수 있는데, ① 명칭 기준 정의의 경우에는 세제상 또는 통계상의 농민이거나 농업소득이 농가 총소득의 전부를 차지하는 전업농을 대상으로 하는 두 가지 방법이 있다. ② 소득 기준 정의의 경우에는 전체 또는 특정 지역에서 농민이나 생산자 단체의 평균적인 소득과 비교해서 일정 수준 이하에 있는 사람을 대상으로 하는 것이다. ③ 지역 기준을 적용하는 경우에는 특정 지역의 모든 농민을 대상자로 선정하는 것이다. ④ 마지막으로, 농촌 자원의 보존, 저투입 영농방법의 수행, 농업생산 포기 등 특정한 조건을 설정하고 이에 적합한 활동을 수행하는 사람을 대상으로 하는 것이다. 이러한 네 가지 기준을 적용하는 데 있어서 현재 또는 과거의 농업생산 기간이 고려될 수 있지만, 특정 품목을 직불금 지급의 기준으로 설정하면 안 된다.

이러한 직불금 수급자 자격기준의 설정은 농민과 비농민을 구분하는 명확한 정의가 없기 때문에 매우 복잡한 부분이라고 할 수 있다. 첫 번째와 두 번째 기준과 관련해서 많은 국가에서 농민들이 대부분 겸업 활동을 수행하고 있기 때문에 전업농만을 기준으로 한다면 농촌 지역에서 농가 간 소득격차가 더욱 커지는 문제가 발생한다. 한편, 경우에 따라서는 농가의 농업소득이 낮더라도 자산을 많이 소유할 수 있기 때문에 그 기준설정은 더욱 복잡하고 어렵다고 할 수 있다. 또한 세 번째 기준은 특정 지역 내에서 농민이나 농가가 서로 매우 차별적인 소득 상황에 처해있다면 직불제를 적용하지 말아야 하며, 만약 도입된다면 실패할 위험이 매우 크다고 볼 수 있다. 따라서 직불금 수급자 자격기준 설정에서는 한 가지 기준만이 아니라 직불제의 실시목적에 맞도록 지역의 특수한 조건이나 입지, 소득수준, 이행조건 등을 결합하면 많은 농민을 포함할 수 있고, 파생되는 위험을 줄일 수 있으며, 정책목적을 효과적으로 달성할 수도 있다.

셋째, 직불제는 농업의 다양한 가치를 보호하기 위해 자원의 특정한 이용조건을 부과할 필요가 있다. 이것은 대체로 다음의 세 가지로 구성된다. ① 직불금이 자원의 이용에 관한 규정 없이 현재 농업생산에서 토지, 노동력, 가축 등을 영구적 또는 일시적으로 격리하는 것을 조건으로 부과하는 경우이며, 여기에는 자원의 비농업적 이용에 대한 추가보상이 결합될 수 있다. ② 직불금이 농업생산에 이용되던 자원의 대체적 이용에 관한 규정을 부여하고 자원의 영구적 또는 일시적 격리를 조건으로 부과하는 경우다. ③ 위 두 번째 기준의 하위규정으로 저투입 또는 환경친화적 영농방법 등에 대해 직불금을 지급하는 것이다. 이러한 세 가지 기준 중에서 첫 번째 것은 또 다른 농업 활동을 발생시키지 않는 '순수한' 직불제이지만, 두 번째는 어느 한 품목의 생산을 다른 품목으로 전환시키는 것이기 때문에 명백히 생산량 증가와 연계된다. 그러나 세 번째 기준은 농업생산에 이용되던 자원을 환경보호와 지역 경관 보존이라는 농업의 비경제적 가치를 증가시키는 것으로 전환하는 것이기 때문에 공공재 공급 기능을 강화하는 직불제라고 할 수 있다.

넷째, 직불금 지급 기간에 관한 사항이다. 이것은 직불제를 실시하는 목적에 따라 달라질 수 있다. 자연재해에 대한 구호가 목적이라면 재해가 발생했을 때 피해를 입은 농가에 대해 일정 기간 지급하는 것이다. 또한, 농업구조조정을 수행하는 것이 목적이라면 일정한 기간 동안 연차적인 감액 지급을 함으로써 농민들이 시장 상황에 따라 적절한 영농계획을 수립하도록 지원하는 것이다. 직불금 지급이 자원이용의 특정한 형태와 결합된다면 영구지급이나 장기간 지급을 적용하여 농업생산에 활용되었던 자원이 오랜 기간 동안 비농업 활동에 이용되도록 유도할 수 있다. 즉, 직불제의 목적에 부합하는 적절한 기간의 선정은 농민의 기대감과 생산 결정, 자원이용 형태에 영향을 주어 농정개혁을 좀 더 수월하게 수행할 수 있도록 해야 한다.

다섯째, 직불금 지급방식의 문제다. 직불금 지급에는 일시불과 정기분할 지급의 두 가지 방식이 고려되고, 또 사전지급이나 사후지급 형태를 결정해야 한다. 이러한 직불금 지급방식에 관한 문제는 지급 기간과 마찬가지로 정책의 목적과 지급조건에 따라 다르게 결정되어야 한다. 만약, 직불금 지급조건이 환경보호나 조기은퇴일 경우에는 장기간 또는 영구적인 정액보조를 통해 그 목적을 달성할 수 있다. 그러나 재해보상인 경우는 손실 부분에 대한 일시 지급을 통해 농업인들이 자신의 생산기반을 정비할 수 있도록 해야 한다.

여섯째, 직불금 정책의 조정 및 통제에 관한 사항이다. 직불제가 생산자 가격지지를 위한 부정한 수단이 되거나 오히려 농정개혁을 방해하는 조치로 이용되지 않도록 해야 한다. 즉, 잘못된 수혜자의 선정으로 자산이 많은 사람에게 직불금이 지급되어 오히려 농가 간 소득격차를 더욱 확대하거나 또는 자연재해에 대한 보상이 손실분을 초과하여 지급됨으로써 우연적인 재해로 인해 부의 증가를 초래하게 해서는 안 된다.

직불제를 실시하기 위해서는 최소한 이러한 여섯 가지 사항을 반드시 고려해야 한다. 직불제를 통해 달성할 수 있는 정책목표들은 매우 다양하기 때문에 정책을 통해 달성하려는 목표를 명확히 설정한 후 그에 따른 실시 기준을 정하고, 행정적인 이행과정에서 엄격한 조정과 통제를 실행했을 때 직불제의 효과가 제고될 것이다.

2) 직불제 적용범위와 효과

직불제의 개념과 목적이 국가나 기관에 따라 차이가 있음은 앞에서 살펴본 바와 같다. 이러한 다양한 개념과 목적은 직불제가 적용될 수 있는 범위 설정에서도 차이를 가져온다. 이론적인 측면에서 볼 때, 직불제의 목적은 생산의 시장지향성 확립, 자원의 효율적 배분, 국제무역 왜곡의 최소화 등의 세 가지로 요약할 수 있다. 이것들은 상호연관되는 측면을 가지고 있지만, 전반적인 경제적 효율성 증대라는 관점에서 볼 때 세 가지 목적의 공통된 특성은 경제적 왜곡을 최소화하는 방안으로 직불제를 고려하고 있다는 것이다.

그러므로 일반적으로 자원의 효율적인 배분을 달성하고 농업의 시장지향성 개선과 일치된 점진적이고 균형적인 보조금 감축이라는 배경하에서 경제적 왜곡을 최소화할 수 있는 직불제의 범주를 설정하고 실시 기준을 적용함으로써 직불제의 효과를 살펴보는 것이 적절하다고 판단된다.

앞에서 살펴본 직불제 실시 기준에서 고려해야 할 사항을 보면, 경제적 왜곡을 최소화하는 조치라고 생각할 수 있는 것은 구조조정을 위한 지원, 소득 안정화를 위한 지원, 최소소득지지를 위한 지원, 그리고 농업의 공공재적 성격을 강화하기 위한 지원 등이다. 이 네 가지 정책범주는 각각 독립적으로 실시할 수도 있고 연계하여 실시할 수도 있지만, 각각의 정책은 서로 다른 목적으로 도입되고 또 제각기 다른 특성들을 갖고 있다. 따라서 네 가지 정책에서 직불제가 어떻게 결합되고 어떤 효과를 갖는지 살펴보자.[6]

첫째, 농업구조조정을 위한 직불제다. 이것은 시장가격지지정책에 의해 농업 부문에 과다하게 배분된 자원을 시장 상황을 반영하여 재분배하려는 목적에서 도입되는 것이다. 즉, 현재 또는 미래의 농업생산에 할당될 자원을 격리시켜 대안적인 영농활동에 이들 자원을 배분하려는 것이다. 따라서 이러한 목적을 달성하기 위한 직불제는 다음과 같은 사항을 고려해야 한다. ① 직불금은 가능한 한 최소 기간 내에 농업생산에서 자원을 격리시키는 것을 기준으로 삼아야 한다. ② 수혜자격이 있는 농민은 이전부터 영농활동을 수행해온 농민이어야 한다. ③ 직불금은 비농업 분야 직업교육을 받는 농민이나 환경보호 및 전원 유지 등의 목적으로 토지를 이용하는 사람에게 지급되어야 한다. ④ 직불금은 일시불 또는 일정 기간 동안 연금 방식으로 지급이 가능하지만, 연금의 경우는 은퇴나 생산량 증가와 연관되지 않는 대안적인 영농활동을 조건으로 해야 한다. ⑤ 자격 있는 농민의 자발적인 참여를 원칙으로 한다. 이러한 규정들을 통해 농민의 이농과 전직을 촉진함으로써 구조개선을 도모한다. 그러나 구조개선의 목적이 농산물 생산량 증가가 아니라 생산성 증대를 통해 생산비용을 낮추는 것에 두어져야 한다. 또한 ③에서 보는 바와 같이 자원의 대안적인 이용 등 요소사용에 대한 부가 조건이 부과될 수도 있다. 그러므로 구조조정을 촉진하기 위한 직불제는 농업생산의 시장지향성 강화와 농업의 비경제적 가치 증대라는 두 가지 측면을 동시에 고려하면서 시행되어야 한다.

둘째, 소득 안정화를 위한 직불제다. 이는 가격 및 시장조건의 변

---

6 후술하는 정책범주와 효과에 대해서는 OECD(1990: 50-53)와 失口芳生(1992; 10-11) 및 김태연(1994)을 참고했다.

동이나 자연재해 등에 의해 발생하는 농가소득의 변동을 줄이기 위해 사용된다. 이 정책을 시행하기 위해서는 ① 직불금이 특정 품목의 생산량, 가격, 생산비에 연계되지 않아야 하며, ② 직불금이 지역 또는 국가적 평균보다는 개별 농가의 연간 순소득 변화에 근거해야 한다. ③ 직불금이 농가 순소득의 감소분을 완전히 보상해서는 안 되며, ④ 점차적인 안정을 보장할 수 있는 수준에서 지급되어야 하고, 직불금 수혜 농민이 정확하고 실질적인 근거를 제시함으로써 직불금 수혜 결과에 대한 투명성을 보장해야 하며, ⑤ 자격 있는 농민의 자발적인 참여를 원칙으로 해야 한다.

이러한 소득 안정화를 위한 직불금은 자연재해에 의한 경우는 농가의 연간 순소득을 기준으로 보상을 시행할 수 있다. 그러나 가격이나 시장조건의 변동에 의한 지급기준 설정에서는 좀 더 엄격한 적용과 관리가 필요하다. 즉, 시장가격지지 수준의 급격한 감소에 따라 발생하는 손실에 대해 소득 안정화 직불금을 시행할 경우, 농가가 생산한 생산량이나 품목이 아니라 그 농가의 현재까지 소득변화를 기준으로 해서 소득 감소분의 일정 비율을 지원하는 것이다. 이렇게 해야 품목과 상관없이 농가소득을 보전해줄 수 있다. 다만, 여기서도 장기적인 시장 상황이 농민의 생산 및 투자 조정의 방향과 속도를 결정하도록 하기 위해서는 직불금의 점차적인 감액 지급이 이루어져야 한다. 결국, 소득 안정화 직불금을 통해 시장 상황 변동에 따른 농가소득의 불안정성을 해소하고, 장기적으로 농민들의 시장지향적인 생산 능력을 제고하는 것이다. 또한, 품목 중립적인 지원을 통해 품목 간 자원배분의 왜곡을 피할 수 있다.

셋째, 최저소득 보장을 위한 직불제다. 이것은 농가가 지역 또는 국가적인 수준에서 일정 수준 이상의 생활수준을 유지하도록 하기 위함이다. 이 정책을 시행하기 위해서는 ① 직불금이 농업생산과 무관해야 하며, ② 직불금 지급기준이 농업 산출물이나 투입재와 연관되면 안 되고, ③ 다른 지역과 비교해서 결정된 기준에 따라 직불금 지급 대상 농민이 결정되며, ④ 직불금은 농가소득이 일정 수준 이하로 하락했을 때 지급되고, ⑤ 자격 있는 모든 농민의 자발적인 참여를 원칙으로 한다.

이러한 최저소득 보장 직불제는 농업정책이라기보다는 사회정책으로 분류될 수도 있다. 그러나 한 국가나 지역에서 빈곤계층은 농업생산자를 포함하는 경우가 일반적이므로 농업정책과 관련 부문의 정책을 결합해서 실시되어야 한다. 최저소득보장은 말 그대로 농가의 최저생계비 수준의 수입을 보장하는 것이지만, 직불금 지급의 조건으로 지역 경관의 유지 활동, 환경보호 활동 등이 포함될 수 있다. 즉, 빈곤지역에서의 최저소득보장 직불제를 통해 지역 인구의 과소화를 막고, 지역 경관을 보전하는 역할을 하도록 한다.

넷째, 농업의 공공재 공급 기능을 강화하기 위한 활동에 직불금을 지급하는 것이다. 이것은 농업생산 비용의 감소나 이익의 증가를 초래하지 않는 농업의 외부성, 즉 농업의 비경제적 가치를 증가시키려는 목적에서 도입된다. 이를 시행하기 위해서는 ① 환경 및 자연보호, 전원 보존, 농약 및 제초제 오염을 감소시키는 영농활동 등을 수행하는 농민에게 직불금이 지급되어야 하고, ② 직불금이 특정 품목의 생산량에 근거해서는 안 되며, ③ 공급된 공공재의 가치평가에 근거해야 한다. 그리고 ④ 자격 있는 농민의 자발적인 참여를 원칙으로 해야 한다.

이러한 농업의 공공재적 성격을 강화하기 위한 직불제는 환경에 부정적인 영향을 미치는 활동에 대한 규제나 세금 부과 등을 병행하여 실시해야 효과를 높일 수 있다. 농업생산은 환경보전 역할 못지않게 환경에 악영향을 주는 행위를 수반하기 때문에 외부불경제를 막을 수 있는 조치도 도입되어야 한다. 이러한 환경보전과 지역 경관 유지에 대한 직불금 지급은 대부분의 선진국에서 사용하고 있는 직불금 정책이며, UR 협정문뿐만 아니라 OECD 문헌에서도 명백하게 '디커플링'되는 정책으로 규정하고 있기 때문에 적극적으로 확대하고 강화하는 것이 필요하다.

이상에서 논의한 네 가지 정책 범주는 설정한 목적에 따라 직불금 지급요건을 명확히 함으로써 농업생산의 시장지향성과 자원의 효율적인 배분을 달성할 수 있도록 한다. 또한 이 정책에 참여하는 것은 농민 전체에 개방되어있기 때문에 직불금이 특정 농가만 지원하는 선별성이 제거된다. 즉 직불금의 점진적인 삭감이 농업생산의 포기나 비농업적인 이용으로의 전환을 가속화하지만, 다른 한편으로는 직불금 지급을 통해 농업생산의 지속을 장려하기도 한다. 그러므로 기존의 농업정책에서 나타난 농민에 대한 선별적인 지원 성격이 이들 정책 범주에서는 배제된다.

네 가지 정책 범주의 직불제는 결국 농업의 다원적 기능과 역할을 강화하면서도 그 조치로 인한 경제적 왜곡을 최소화하는 효과를 거두도록 하는 것이다. 즉, 직불제는 농업자원의 효율적인 배분과 시장지향적인 생산을 장려함으로써 더욱 근대화된 생산방법을 채용하도록 촉진하면서도 환경보전과 경관 유지, 최소 인구 유지 등 농업의 비경제적 가치를 보호하는 역할도 한다. 다만, 이러한 직불제 실시에서 좀 더 중요하게 강조되는 것은 이 조치가 생산량의 증가나 생산자 가격지지를 위한 부정한 수단으로 사용될 가능성이 항시 존재한다는 것이다. 이를 방지하기 위해서는 농민이 직불금 지급에 따른 이행조건을 정확하게 수행하고 있다는 투명성과 이에 대한 지속적이고 엄격한 통제와 조정이 필요하다.

II

EU 농정개혁과 직불제

4장 2014년 EU 농정개혁과 직불제

1. EU 농정 개요

1957년 로마조약을 근거로 출범한 EU의 농업정책은 1950년대 중반부터 시작된 유럽 내 여러 국가 간의 치열한 논쟁을 통해 1962년 '공동농업정책(Common Agricultural Policy: CAP)'이라는 이름으로 정식 출범했다. 이후 CAP의 체계 정비와 내용 수립을 위해 많은 논의가 전개되면서 변화가 있었다.[7] 이런 와중에 CAP의 획기적인 변화를 초래한 가장 큰 변화는 1980년대 중반부터 나타나기 시작했다. 즉, 세계적으로 농산물 가격이 하락하면서 선진국에서 농업보호에 따른 재정부담이 커지게 되었다. 이에 따라 다양한 정책적 대응 방안이 논의되기 시작했고, 이것이 국제적인 협상으로 나타난 게 1986년 우루과이라운드다.

---

7 이와 관련해서는 김태연(1994), 김태연·최재훈(2020) 참조.

1986년부터 전 세계를 통상 협상에 대한 관심으로 몰아넣은 UR 협상이 1993년 타결되면서 농업 분야에서도 세계적인 농산물 무역의 자유화가 현실화되었다. 이런 상황에서 CAP는 EU 지역 내 여러 회원국의 다양한 요구를 수용하면서도 외부 변화에 능동적으로 대처할 수 있는 정책적 방안을 제시하면서 세계적인 농업정책을 선도하는 모델로 부상하게 되었다. 특히, 28개로 늘어난 회원국의 서로 다른 사회경제적 요구와 가치를 반영하여 정책변화를 시도하고 이를 회원국에 설득하는 과정에서 CAP 정책의 변화 필요성에 대한 다양한 이론적·경험적 근거를 제시하게 되었다.

이러한 EU 농정의 변화는 다른 한편으로 유럽 국가의 대부분이 회원국으로 참여하고 있는 OECD에서 시행하고 있는 다양한 연구와 결합하면서 국제 농업 분야 협상에서 주요 의제로 제시되고 있다. 따라서 EU 농업정책의 최근 변화 상황과 그 배경을 파악하는 것은 농업 분야의 세계적인 변화 상황을 토대로 우리나라 농업 문제를 새롭게 인식하는 데 매우 중요하다고 할 수 있으며, 이는 자연스럽게 국제적인 농업협상에 대비하는 것이라고 할 수 있다.

EU는 1988년부터 5~6년 간격으로 분야별 정책과 예산 지출 계획을 수립하여 시행하고 있다. 그동안 다섯 차례의 정책 기간이 수행되었으며, 2013년 말에 2014년부터 2020년까지 수행할 CAP 농업정책을 발표(European Commission, 2013a)했다. 이를 CAP의 '2014~2020년 농정개혁 방안'이라고 부른다. 2014년 농정개혁 방안의 특징은 EU 공동농업정책의 존재 이유와 그 역할에 대한 광범위한 논의가 전개되었다는 것이다. 그에 따라 EU 농업, 농촌, 식품을 포괄하는 정책들이 크게 개혁

되었고, 그중에서도 그동안 많은 요구가 있었음에도 도입하지 않았던 청년농 지원을 주요 정책으로 새롭게 도입한 것이 큰 변화라고 할 수 있다. 여기에 2014년 개혁 논의의 핵심 주제가 '환경보전(greening)'이라고 할 정도로 농업생산 과정에서 수행할 수 있는 환경 및 생태계 보전 활동에 대한 지원정책이 대폭 확대되었다. 그리고 이러한 정책을 수행하는 핵심적인 방법이 '직접지불제(direct payment)'이기 때문에 직불제 개편이 2014년 개혁의 매우 중요한 부분이라고 할 수 있다. 따라서 2014년 농정개혁에 대해 직불제를 중심으로 살펴보도록 하겠다.

2. 2014년 개혁의 개요

CAP 2014년 개혁안은 유럽에서 직불제와 농촌개발 정책에 관한 다양한 논의를 수렴하여 채택된 것이다. 2009년부터 EU에서는 여러 가지 경로로 2014년 CAP 농정개혁의 방향과 내용에 대한 제안이 제시되었다. 특히, 2014년부터는 2004년 이후 가입한 동유럽 국가들에도 그동안 유보되었던 CAP 직불금이 다른 회원국과 동일한 조건으로 지급하기로 한 시기이기 때문에 직불금 정책의 개혁이 매우 중요한 주제였다. 이러한 문제를 다루기 위해 우선 CAP 농정의 그동안 성과에 대한 평가를 통해 유럽 농업경제학자들이 농정개혁의 방향과 내용을 제시하는 연구(Nowicki et al., 2009)를 발표했다. 그리고 EU 농업집행위원회에서도 CAP의 개혁방안에 대한 의견서(European Commission, 2009)를 발표했다. 이와 함께 다양한 직불제 개혁을 요구하는 연구문헌이 발표(European Commission, 2010, 2011; Tangermann, 2011)되면서 EU 내에서 많은 논의가 전개되었다.

이러한 과정을 통해 2014년부터 2020년까지 7년간 EU 농업정책을 추진하는 방안으로 채택된 2014년 CAP 개혁안은 EU 농업이 당면한 경제적·환경적·지역적 측면의 문제해결에 역점을 두어야 한다고 천명하고, CAP는 유럽의 농민들이 이런 문제를 잘 해결할 수 있도록 지원하는 것이라고 그 위상을 정립했다(European Commission, 2013). 2014년 개혁에서 CAP가 설정한 정책목표는 i) 안정적인 농업생산, ii) 자연자원의 지속가능한 관리와 기후변화 대응, iii) 균형적인 지역발전의 세 가지다. 이들 각각의 목표에 대응하기 위한 세부적인 정책 방안이 서로 연계되어 운영되도록 하는 것이 개혁의 가장 큰 특징이다.

EU에서 농업경쟁력을 강화하기 위해 가장 핵심적으로 고려한 것은 정책효과를 높일 수 있도록 지원 대상을 명확하게 설정하고 지원하는 것인데, 이는 크게 세 가지 흐름으로 진행되었다. 첫째는 생산 쿼터 등 기존의 생산을 제약했던 각종 규제를 완화하는 것으로, 이는 농민들이 세계적인 시장 상황에 조응해서 생산을 결정할 수 있도록 하기 위함이다. 둘째는 생산자 조합의 형성 및 운영을 지원하는 것으로 이는 농가 간 협력을 통해 생산 비용을 낮추고, 신뢰도를 높일 뿐만 아니라 1차 가공을 통해 경쟁력을 향상할 수 있기 때문이라고 밝히고 있다. 따라서 생산자 단체를 형성하도록 지원하고, 또 이들이 적극적으로 로컬푸드체인(Short Supply Chain, 근거리 유통망)을 확보할 수 있도록 지원한다. 셋째는 시장의 위기 상황에 대응할 수 있도록 긴급지원 예비자금을 마련하고 각종 위험관리 수단을 확대하는 것이다. 4억 유로의 자금을 마련하여 시장위기 상황에 긴급자금을 지원할 수 있도록 준비했고, 농민의 위험관리를 강화하기 위해 농업재해보험을 확대 시행하고, 자조금 형성을 지원함으로써 농가의 소득안정을 도모하고자 했다.

3. 직불제 개혁의 목적

CAP가 2020년을 목표로 설정하고 제출한 제안서(European Commission, 2010)에 대한 광범위한 논의 결과 채택한 것이 CAP의 2014년 개혁법안이다. 그중 직불제 개편을 위한 법안은 EU 규정 1307/2013(European Commission, 2013)이다. 이 법안의 서문에는 직불제 개혁의 주요 목적을 크게 다음과 같이 세 가지로 제시하고 있다.

1) 직불금의 형평성 개선

이 법안에서는 CAP 개혁의 주요 목적 중 하나로 직불금의 농가 간, 지역 간 형평성 개선이 필요하다고 지적하고 있다. 규정 1307/2013의 서문에는 그동안 직불금이 소수의 대규모 수혜자들에게 더 많이 분배되었음을 인정하고, 이러한 대규모 수혜자들에게 편중되는 현상을 개선해야 한다고 주장하고 있다. 규모의 경제 효과로 인해 대규모 농가는 적은 수준의 지원을 받아도 정책 및 시장변화에 쉽게 적응할 능력이 있다고 간주한다. 따라서 연간 15만 유로를 직불금의 상한으로 설정했다.

이와 함께 회원국 간 직불금의 형평성을 개선하는 조치가 필요하다는 주장도 제기되었다. 이는 토지 사용을 기준으로 직불금을 지급하고 있었기 때문에 기존 회원국의 직불금 수급액이 커지고 신규 회원국의 수급액은 줄어드는 현상이 발생하면서 회원국 간 불평등이 나타난다는 지적에 따른 것이다. 따라서 EU의 직불금 평균 금액을 중심으로 적게 받는 회원국과 많이 받는 회원국 간의 격차를 줄이기 위해 개혁법안에서는 2020년까지 평균의 90% 이하 직불금을 받는 국가와 평균보다 많이 받는 국가에 대해 각각 그 격차를 1/3로 줄이려고 계획했다.

2) 직불금의 행정비용 절감

2014년 CAP 개혁의 또 다른 중요한 목적은 직불금 지급에 따른 행정비용을 줄이는 것이다. EU 규정 1307/2013의 서문에서 제시한 내용에 따르면 직불제를 시행하는 회원국에서는 소규모 겸업농가에도 직불금을 지급해야 하는데, 이는 이들 농민이 농촌지역 활성화에 직접적으로 이바지하기 때문이라고 밝히고 있다. 그러나 동시에 이러한 소규모 농가 지원은 농업 활동이 별로 많지 않은 농민이나 법인에 직불금을 지급하는 것으로 되어서는 안 된다고 지적하고 있다. 이는 직불제가 비농업적인 활동을 지원하기보다는 농업생산에 대한 지원에 집중(targeted)하는 정책이기 때문이라고 밝히고 있다. 이와 함께 아무런 농업 활동을 하지 않아도 자연적으로 농산물 재배에 적합한 농지 상태가 유지되는 농지에 대해서도 직불금을 지급하지 않도록 하고 있는데, 이는 추가적인 농지보전 노력이 투여되지 않으면 직불금도 지급하지 않도록 하는 것이라고 할 수 있다.

이처럼 농업 활동이 미미한 소규모 농가에 대한 직불금 지급을 금지하기 위해 도입된 것이 '활동농민(active farmer)' 규정이다. 이 규정에 따르면, 연간 직불금을 100유로 미만으로 신청하거나 농가의 직불금 신청 면적이 1ha 미만인 경우에는 직불금을 지급하지 않도록 했다. 이는 극히 규모가 작은 농민들에게 직불금을 지급하기 위해 소요되는 과도한 행정비용을 절약하기 위해서다. 다만, 회원국들 간에 농업구조가 서로 다르기 때문에 활동농민의 기준에 대해 EU에서는 최소한의 기준만 제시하고, 그 외의 기준은 회원국별로 자국의 상황을 고려하여 도입하도록 자율권을 부여했다.

3) 환경보전 기능 강화

2014년 CAP 개혁의 가장 중요한 목적 중의 하나는 '환경보전(greening)'을 직불금의 의무조항으로 도입하여 농민들의 환경보전 활동을 강화하는 것이다. 따라서 EU 규정 1307/2013의 서문에서 기본직불금의 교차준수의무(cross-compliance)를 강화하고, 추가 직불금을 도입하여 환경 및 기후변화에 대한 농민의 의무 활동을 명확히 제시해야 한다고 밝히고 있다. 또한, 이러한 의무 활동은 단순한 활동을 모든 농가에게 일반적으로 적용되는 형태로 운영되어야 하고, 또 준수의무를 부과하여 연간 지속되는 활동에 대해서는 특정 농가에 대해 적용하는 형태로 이루어져야 한다고 적시하고 있다. 그리고 기본직불금 외의 추가 직불금의 대가로 수행하는 환경보전 활동은 반드시 농업 활동과 연계되고, 기본직불금에서 제시하는 교차준수의무 활동 수준을 넘는 활동이어야 한다고 제시하고 있다.

4. 직불제의 구조

1) 직불금의 종류

2014년 개정된 EU의 직불금은 총 10가지로 구성되어 있는데, 이 중 모든 회원국이 의무적으로 도입해야 하는 시책 세 가지와 회원국이 자율적으로 도입 여부를 결정할 수 있는 시책 일곱 가지로 구성되어 있다. 의무시책은 기본직불제(basic payment scheme), 기후와 환경에 이바지하는 농법을 도입하는 농민에 대한 직불금(payment for agricultural practices beneficial for the climate and the environment: 일명 녹색직불금[8]), 그리고 청년농직불금(payment for young farmers commencing their agricultural activity)의 세 가지다.

8 EU 규정 1307/2013에서는 '녹색지불(green payment)'이라는 용어를 사용하지 않는다.

회원국에서 자율적으로 선택해서 도입할 수 있는 선택시책은 ① 회원국 자체의 과도기적 농민지원시책에 따른 직불금(single area payment scheme), ② 재분배직불금(redistributive payment), ③ 자연조건 심각지역 직불금(payment for areas with natural constraints), ④ 생산연계지원시책(voluntary coupled support), ⑤ 면화 특정 직불금(crop-specific payment for cotton), ⑥ 소농지원시책(small farmers scheme), ⑦ 불가리아, 크로아티아, 루마니아의 직불금 보완시책(provisions applying to Bulgaria, Croatia and Romania) 등이다. 이 중 과도기적 조치와 면화 특정 직불금, 그리고 불가리아 등의 국가에 한정된 직불금을 제외하면 이번 개혁으로 새롭게 개편된 직불금은 다음 〈표 4-1〉에서 보는 바와 같이 총 일곱 가지라고 할 수 있다.

〈표 4-1〉 2014년 개혁에서 CAP 직접지불제도의 구조

<table>
<tr><td rowspan="5">교차준수의무 (Cross Compliance)</td><td>생산연계 지원제도**
(Coupled Support)</td><td>자연조건 심각지역 지원제도**
(Natural Constrain Support)</td><td rowspan="5">소농지원제도** (Small Farmer Scheme)</td></tr>
<tr><td colspan="2">재분배직불금(Redistributive Payment)**</td></tr>
<tr><td colspan="2">청년농 지원제도(Young Farmers Scheme)*</td></tr>
<tr><td colspan="2">녹색직불금(Green Payment)*</td></tr>
<tr><td colspan="2">기본직불금(Basic Payment Scheme)*</td></tr>
</table>

주: * 의무시행제도(모든 회원국이 시행해야 하는 정책)
** 선택시행제도(회원국이 원할 경우 시행하는 정책)
출처: European Commission, 2013b, p. 8.

이를 좀 더 살펴보면, 먼저 환경적 측면에서 저투입 농법과 환경을 고려하면서 농업 활동을 수행해야 하는 교차준수의무 규정이 모든 직불금 지급의 전제조건으로 도입되었다. 따라서 농민들이 기본직불

금(Basic Payment)을 받고자 한다면, 농약이나 화학비료의 사용량을 일정 수준 이하로 줄이는 것뿐만 아니라 농업과 관련된 환경보전 활동 및 가축 관리 활동을 수행해야 한다.

여기에 또 다른 의무 활동으로 도입된 것이 녹색직불금(Green Payment)이다. 이것은 농업 생산과정에서 지역 생태계를 고려한 활동을 수행하도록 유도하기 위해 도입된 것으로 기본직불금을 받는 모든 농민이 추가로 준수해야 하는 의무규정이다. 즉 둘 중 하나의 직불금만 받는 것은 불가능하고, 두 가지 직불금을 연계해서 수령하도록 함으로써 2014년 농정개혁과 직불금의 '환경보전 지향성'을 강화하는 것이라고 할 수 있다.

이러한 두 가지 직불금을 받을 수 있는 자격을 갖춘 농민 중에서 40세 이하이면서 처음으로 농업을 시작하는 사람들에게는 '청년농 지원제도(Young Farmer Scheme)'에 따른 직불금이 지원된다. 이 제도는 그동안 CAP의 제2축 정책인 농촌개발정책의 일환으로 일부 국가에서 시행할 수 있도록 허가하던 정책을 이번 2014년 개혁을 통해 CAP가 전격적으로 제1축 정책으로 도입하여 모든 회원국에 의무적으로 시행하도록 한 것이다.[9] 즉, 농업구조와 농촌지역의 장기적인 발전을 위해 청년농의 유입이 필요하고 이들의 농촌 정착을 지원하는 것이 필요하다는 공감대가 형성되었다고 할 수 있다.

---

9 CAP 정책은 2000년부터 제1축의 시장정책과 두 축의 농촌개발정책으로 구분하여 시행하고 있다. 그중 제1축 정책은 직불제를 포함하여 구성되어 있으며, EU의 모든 회원국이 일반적으로 적용하여 시행되도록 하고 있다. 반면, 두 축 정책은 여러 가지 정책을 다양하게 제시하여 각 회원국이 자국의 지리적·지역적·사회경제적 특성에 따라 희망할 경우 도입하여 시행할 수 있도록 자율적인 권한을 부여하고 있다. 따라서 그동안 청년농 지원제도는 프랑스와 독일을 비롯한 몇몇 국가에서 자체적으로 시행한 정책이다.

한편, 이번 2014년 개혁에서는 회원국이 원하면 선택적으로 시행할 수 있는 직불금으로 재분배직불금, 자연조건 심각지역 직불금, 생산연계지원직불금, 소농직불금의 네 가지를 도입했다. 이것은 대체로 직불금의 지역 간, 농가 간 격차를 줄이기 위한 목적에서 도입된 것으로 EU 농업의 구조적인 문제에 대처하기 위한 정책이라고 할 수 있다.

EU의 직불금이 주로 면적기준으로 지급되고 있기 때문에 대체로 대규모 농가에 많이 배분되고 중소규모 농가에는 적게 지급되는 결과가 나타남에 따라 중소농가의 소득을 추가로 증가시키기 위한 방안으로 도입된 것이 재분배직불금(Redistributive Payment)이다. 이것은 기본직불금에 부가해서 총 30ha까지 추가로 직불금을 지급하는 것으로 중소규모 농가들의 소득을 안정시켜서 지역적·환경적 측면에서 농업의 지속가능성을 높이려는 것이다. 다만, 이는 희망하는 회원국이 자국에 배정된 전체 직불금 예산 내에서 시행하는 선택적인 제도이므로 대규모 농가에게 일정한 피해를 미치는 정책이라고 할 수 있다.

또한 단지 영농여건만이 아니라 전체적으로 조건이 좋지 않은 지역에서 농업생산을 하는 농민들을 지원하기 위한 정책으로 도입한 것이 '자연조건 심각지역 지원(Natural Constraint Support)을 위한 직불금'이다. 이는 과거 조건불리지역에 대한 지원금 제도를 개정한 것인데, 이런 지역의 농가를 지원하는 별도의 프로그램이 농촌개발정책을 통해서도 실시되고 있기 때문에 이 조치는 자연조건 심각지역에서 농업 활동을 수행하는 것이 해당 지역의 생존과 유지에 매우 중요하다는 EU의 인식을 반영한 결과라고 할 수 있다. 특히, 현재 EU 전체에서 조건불리지역이 전체 EU 농경지 면적의 54% 이상을 차지하고 있기 때문에 이 직불금이 농가소득에서 차지하는 비중을 무시하기 어렵다는 현실적인 고려도 반영되어 있다고 할 수 있다.

다음으로 특정 품목의 지속적인 생산을 장려하기 위해 도입된 것이 '생산연계 지원제도(Coupled Support)'다. CAP는 2006년 단일지불제도를 도입하면서 직불금의 생산연계성을 폐지하는 정책을 취했지만, 2014년 개혁에서는 특별히 경쟁력이 낮고 취약한 부문이더라도 특정 지역에서 해당 품목의 생산이 유지될 필요가 있을 경우 그 품목 생산을 장려하기 위한 제도를 도입했다.

또한 2014년 개혁에서 새롭게 도입된 정책으로 '소농지원제도(Small Farmer Scheme)'가 있다. 이는 소액의 직불금을 신청한 농가들을 신청과정에서 구분하거나 교차준수의무를 포함한 여러 가지 활동을 점검하는 데 소요되는 행정적인 비용을 절감하기 위해 도입한 것이다. 따라서 이 제도에 따른 소규모 농가들은 직불금 수령의 대가로 환경보전 활동을 수행해야 하는 의무가 면제된다.

이번 개혁과정에서 각 회원국에 할당된 회원국별 직불금 연간 상한액은 〈표 4-2〉에서 보는 바와 같다. 연간 국가별 상한액은 다음과 같은 종류별 비중에 대한 규정[10]에 따라 지출되어야 한다. 먼저 직불금 상한액은 해당 회원국의 농민들에게 배분된 모든 직불금 수급권(payment entitlement)의 총액을 의미하며, 이는 국가적 예비비(National Reserve)나 지역적 예비비(Regional Reserve)의 총액을 포함한다. 총 직불금 예산의 세부 사업별 적용 비율을 살펴보면, 재분배직불금은 국가별 상한액

10 EU 규정 1307/2013의 해당 직불금의 총 국가별 상한액에서의 비중 규정에 따른 것이다.

〈표 4-2〉 직불금의 국가별 연간 상한액

(단위: 천 EUR)

국가	2015	2016	2017	2018	2019 이후
벨기에	536,076	528,124	520,170	512,718	505,266
불가리아	721,251	792,449	793,226	794,759	796,292
체코	874,484	873,671	872,830	872,819	872,809
덴마크	916,580	907,108	897,625	889,004	880,384
독일	5,144,264	5,110,446	5,076,522	5,047,458	5,018,395
에스토니아	121,870	133,701	145,504	157,435	169,366
아일랜드	1,215,003	1,213,470	1,211,899	1,211,482	1,211,066
그리스	2,039,122	2,015,116	1,991,083	1,969,129	1,947,177
스페인	4,842,658	4,851,682	4,866,665	4,880,049	4,893,433
프랑스	7,553,677	7,521,123	7,488,380	7,462,790	7,437,200
크로아티아	130,550	149,200	186,500	223,800	261,100
이탈리아	3,902,039	3,850,805	3,799,540	3,751,937	3,704,337
사이프러스	50,784	50,225	49,666	49,155	48,643
라트비아	195,649	222,363	249,020	275,887	302,754
리투아니아	417,890	442,510	467,070	492,049	517,028
룩셈부르크	33,603	33,545	33,486	33,459	33,431
헝가리	1,271,593	1,270,410	1,269,187	1,269,172	1,269,158
몰타	5,127	5,015	4,904	4,797	4,689
네덜란드	780,815	768,340	755,862	744,116	732,370
오스트리아	693,065	692,421	691,754	691,746	691,738
폴란드	2 987,267	3 004,501	3,021,602	3,041,560	3,061,518
포르투갈	565,816	573,954	582,057	590,706	599,355
루마니아	1 629,889	1,813,795	1,842,446	1,872,821	1,903,195
슬로베니아	137,987	136,997	136,003	135,141	134,278
슬로바키아	380,680	383,938	387,177	390,781	394,385
핀란드	523,333	523,422	523,493	524,062	524,631
스웨덴	696,890	697,295	697,678	698,723	699,768
영국	3,555,915	3,563,262	3,570,477	3,581,080	3,591,683

출처: European Commission, 2013e, EU 규정 1307/2013, 부록 2, p. 655.

의 30% 이내에서 사용하고, 기후 및 환경보전 활동 직불금(녹색직불금)은 총 상한액의 30%를 사용한다.[11] 또한, 자연조건 심각지역 직불금은 5% 이내, 청년농직불금은 2% 이내, 생산연계 직불금은 8% 이내에서 사용하도록 규정하고 있다. 그리고 이에 대해서는 총 국가별 상한액의 3% 이내에서 조정할 수 있다.

2) 직불제 규정의 주요 개념

(1) 활동농민(active farmer) 규정(제9조)

활동농민 규정은 두 가지 경우로 구분할 수 있다. 첫째, 비농업 활동에 대해서는 직불금을 지급하지 않는다는 규정이다. 규정 1307/2014의 제9조 제1항은 "자연적으로 작물 재배나 경운에 적합한 상태가 유지되는 토지가 대부분인 농지를 소유하고 있으면서 최소한의 농업 활동을 수행하지 않는 사람(법인, 자연인, 그룹)에게는 직불금 지급을 금지한다"라고 규정하고 있다. 즉, 농지를 관리하기 위해 농업적인 활동이 수행되지 않으면 직불금을 지급하지 않는다는 것이다.

그러나 농가의 비농업 활동이 농가의 소득 다양화와 농촌지역 경제의 활성화에 이바지하고 있다는 것을 고려해서 농가에서 비농업적 활동에 사용하고 있는 농지라고 하더라도 제9조 제2항에 적시된 비농업 활동(공항, 철도 관련 서비스, 수로 작업, 부동산 서비스, 영구적인 스포츠와 여가와 관련

---

11 녹색직불금의 예산액에 대해서는 30% 이내가 아니라 정확하게 그 비율만큼 사용할 것을 규정하고 있다.

된 활동)에 해당하지 않을 경우는 농업 활동에 활용되는 것으로 간주하여 직불금을 지급할 수 있도록 하고 있다.

둘째, 해당 농지에서 농업 활동이 수행된다고 하더라도 일정 규모에 미달하면 직불금 대상에서 제외된다는 것이다. 제9조 제2항의 규정에 따르면, 활동농민으로 인정받기 위해서는 ① 연간 직불금 수령액이 비농업 활동으로 얻은 총 수입액의 5% 이상을 차지해야 하며, ② 농업 활동이 농가에서 중요한 활동으로 간주되어야 하고, ③ 사업의 중요 목적에 현재의 농업 활동이 포함되어 있어야 한다. 여기서 농업 활동

영국의 활동농민 정의(사례)

영국에서 활동농민의 정의는 기본직불금으로 5천 유로(4,261파운드) 이상의 금액을 신청한 경우가 해당된다. 그리고 이들의 토지는 공항, 철도서비스, 물 관련 활동, 부동산 사업, 스포츠와 레저 활동 등의 비농업적 활동에 해당 토지가 활용되지 않아야 한다는 규정이 있다. 즉, 토지로 비농업적인 활동을 중심적으로 수행하면 활동농민으로 적용받지 못한다.

그러나 이러한 다섯 가지 비농업 활동을 하더라도 다음과 같은 재고 사항(readminission criteria)에 해당하면 활동농민이라고 할 수 있는데, a) 36ha 이상의 자격이 되는 면적을 가진 경우, b) 최근 3년간 농민의 연간 총수입의 40%가 농업수입인 경우, c) 기본직불금 신청액이 최근 3년간 해당 농민의 총 비농업수입의 최소 5% 이상인 경우다.

이와 함께 36ha 이상의 농지를 갖고 있으면 자동으로 활동농민으로 간주되고 추가적인 증명이 필요 없는데, 이것은 총수입에 대한 증명으로 '회계사인증서(Accountant Certificate)'를 받아서 RPA에 제출하면 된다.

출처: Rural Payment Agency, 2017.

이 농가나 사업에 중요한지 아닌지에 관한 결정은 회원국에서 자국의 특성을 고려하여 구체적인 목록을 제시해서 규정하도록 하고 있다.

다만, 여기서 예외가 되는 경우는 제9조 제4항의 규정에 따라 이전 연도 직불금 신청액이 최고 5천 유로를 넘지 않으면 활동농민에 대한 증명절차를 적용하지 않고 있다. 이는 소농직불금의 대상이 되는 농가를 염두에 둔 것으로 소농직불금 대상자의 농업 활동이 미치는 효과나 영향을 고려하지 않는다는 것이다. 즉, 이미 소규모이기 때문에 별도의 증명절차를 거치지 않아도 해당 농지에서의 활동이 농가와 사업체에 중요한 활동이라고 간주할 수 있기 때문이라고 할 수도 있다.

(2) 최하 직불금 수준 및 감액 수준 규정

규정 1307/2013의 제10조에 농민에게 지급하는 최소 직불금 수준을 설정했다. 이는 소액의 직불금 지급에 따른 행정비용을 절약하기 위함이다. 이에 대해 해당 규정은 두 가지를 제시하고 있다. ① 총 직불금 신청액이나 수령 예정액이 100유로 이하인 경우, ② 직불금 신청 대상 농지의 면적이 1ha 이하인 경우다.

제11조에서는 고액 직불금 수령자에 대해 일정액을 초과하는 부분에 대해 지급금액을 삭감하여 지급하는 것을 규정하고 있다. 직불금 수령 총액이 15만 유로를 넘는 부분에 대해 최소 5%를 삭감하여 지급한다. 다만, 이 경우 해당 농가에서 지출한 고용노동비, 세금, 사회보장비 등은 총액에서 제한다. 또한, 회원국이 연간 국가별 직불금 상한액의 5% 이상을 재분배직불금으로 사용하는 경우에는 이 조항을 적용하지 않는다.

한편, 제14조에서는 제1축 정책 예산에서 제2축 정책인 농촌개발 정책으로의 예산전용을 가능하게 규정했다. 즉, 최고 15% 이내에서 직불제 예산을 EAFRD 예산으로 전용할 수 있다는 것이다. 이는 기존에 보조금 조정제(Modulation)로 적용했던 것이며, 2014년 개혁에서 좀 더 명확히 한 것은 제1축 정책인 직불금 예산에 추가 배분하는 것은 불허하고 직불금 예산을 농촌개발정책 예산으로 전용한 것은 허가하고 있다는 것이다.

5. 세부 직불제 규정

1) 기본직불금(규정 1307/2013의 제22조~제40조)

모든 회원국에서 시행해야 하는 직불금이며, 해당 국가에 할당된 국가별 상한액은 농학적 및 사회경제적 특성, 지역농업의 잠재성 및 해당 국가의 제도적·행정적 구조 등을 기준으로 구분하여 적용한다(제23조 제1항). 지역적 상한은 해당 지역의 농업 성격과 환경 기준 목적을 어느 정도 달성했는지에 따라 매년 조정될 수 있으며(제23조 제3항), 이를 위해 해당 지역 직불금 수급권의 단가를 증가 또는 감소시킬 수 있다(제23조 제4항).

직불금 수급권의 단가는 국가별 또는 지역별 할당액을 해당 지역 농지면적으로 나눈 것이고, 직불금 수급권 수는 2014년 농민들이 신청한 농지면적(ha)이다. 직불금 수급권은 동일 지역 내에서만 양도할 수 있지만, 상속의 경우는 예외로 하고 있다. 이와 함께 국가별 상한액의 3% 이내에서 국가 또는 지역 예비비를 설정할 수 있는데, 이는 특별한 경우나 특정한 별도의 목적에 사용하기 위한 것이다.

한편, 회원국은 소규모 겸업농민에게도 직불금을 지급해야 하는데, 이는 이들 농민이 농촌지역 활성화에 직접적으로 이바지하기 때문이라고 밝히고 있다(European Commission, 2013e: 612). 그러나 그렇다고 하더라도 이러한 소규모 농민 지원 규정이 농업 활동을 미미하게 수행하고 있는 농민이나 법인에 직불금을 지급해서는 안 된다고 지적하고 있다. 이는 직불제가 비농업적인 활동보다는 좀 더 농업생산에 집중(targeted)하는 정책이기 때문이라고 밝히고 있다.

또한, 최소한의 농업 활동을 하지 않아도 자연적으로 경운이나 재배에 적합한 농지 상태를 유지할 수 있는 농지를 가진 농민이나 법인에도 직불금을 지급하지 않도록 규정하고 있는데, 이는 추가적인 농지 보전 노력이 투여되지 않으면 직불금도 지급하지 않는다는 것이다.[12] 그러나 농촌 활성화에 이바지하는 겸업농민(part-time farmer)[13]에게는 직불금을 지급해야 한다고 규정하고 있다(제32조 제3항).

12 이것은 농지 관리를 위한 '최소 활동(Minimum Activity)'에 관한 규정으로 EU 규정 1307/2013의 서문(10)과 제4조 제1항, 제2항에 규정되어 있다.

13 '겸업농(part-time farmer)'이라는 용어는 EU 규정 1307/2013의 서문(10)에서만 사용되고 있으며, 이후에는 '농가의 비농업 활동(non-agricultural activities)'이라는 용어로 표현되고 있다.

영국의 기본직불금 계산 사례(2016)

어떤 농가가 50 Non-SDA 직불금 수급권을 갖고 이 중 45 지불금 수급권만 신청했으며, 20 SDA 황무지 지불금 수급권도 갖고 있고 이를 모두 신청했다고 가정하면, 이 경우 2016년도의 실제 가치를 적용하여 계산하면 다음과 같다.

Non-SDA: 45 × €175.27 = €7,887.15
SDA 황무지: 20 × €45.97 = €919.40
총 지급금액 = €8,806.55

따라서 이 농가의 평균 직불금 수급권 가치는 다음과 같다.

€8,806.55 / 65 직불금 수급권 = €135.48

〈영국의 지역별 기본직불금 수급권의 가치(사례)〉

지역	2018	2017	2016
비조건불리지역(Non-SDA)	€181.39	€180.46	€175.27
조건불리지역(Upland SDA)	€180.00	€178.90	€174.01
조건불리지역 황무지 (Upland SDA moorland)	€49.09	€49.63	€45.97

주: 환율은 €1 = £0.89281
출처: https://www.gov.uk/government/news/rpa-confirms-bps-2018-entitlement- and-greening-rates

주: 영국의 농업지역은 다음과 같이 세 가지로 분류한다.
a) 비조건불리지역(Non-Severely Disadvantaged Area: Non-SDA)
b) 조건불리지역(Severely Disadvantaged Area: SDA)
c) 조건불리지역 황무지(SDA Moorland)

출처: Rural Payment Agency, 2017.

2) 녹색직불금(기후와 환경에 혜택을 주는 농법에 대한 지불: 규정 1307/2013의 제43조~제47조)

2014년 CAP 직불금 개혁의 가장 큰 특징은 '환경보전(greening)'을 직불금의 의무조항으로 도입하여 추가 직불금을 지급하는 것이다. 이 직불금을 받기 위해서는 우선 기본직불금의 수급대상이 되어야 하고, 추가적인 환경보전 활동을 수행해야 한다. 규정 1307/2013의 제3장에 따르면 녹색직불금 제도는 모든 회원국이 반드시 도입해야 하며, 회원국은 국가별 상한액의 30%를 반드시 녹색직불금 사업에 사용해야 한다고 규정하고 있다(제47조 제1항). 여기서 통상 30% 이내의 예산을 사용하도록 한 다른 규정과 비교하면 명확하게 30%를 지키도록 하는 것은 EU에서 녹색직불금 사업을 매우 중요하게 간주하고 있다는 것을 의미한다.

녹색 직불제에서 제시하는 구체적인 환경보전 활동은 작물 다양화(crop diversification), 영구초지 유지(maintenance of permanent grassland), 생태중시지역 설정(establishment of ecological focus areas) 등 세 가지다. 그리고 이것은 농가의 전체 대상 농지(all eligible area)를 기준으로 한 비율에 따라 해당 면적이 적용되어야 한다(제43조 제1항). 이러한 기준에 따라 회원국이 자율적인 규정을 수립하여 시행할 수 있으며, 이에 대한 인증제도도 도입할 수 있다. 보조금은 기본직불금과 마찬가지로 연간 지불금 형태로 지급하며, 아래에서 보는 바와 같이 녹색 직불제에 할당된 금액을 해당 지역 총 신청농지 면적으로 나누어 지급한다.

$$\text{ha당 녹색지불금} = \frac{\text{녹색지불에 할당된 총예산}}{\text{회원국 또는 지역의 대상농지면적}}$$

① 작물 다양화

직불금 신청 농민이 경작하는 면적이 10~30ha일 경우에는 자신의 농지에 최소한 두 가지 이상의 작물을 재배해야 하며, 이 중 주요 작물 한 가지가 전체 면적의 75%를 넘으면 안 된다고 규정하고 있다(제44조 제1항). 한편, 신청 농민의 경지가 30ha 이상일 경우에는 자신의 농지에 최소한 세 가지 이상의 작물을 재배해야 하고, 주요 작물 한 가지가 전체 면적의 75%를 넘으면 안 되며, 두 가지 작물이 전체 면적의 95%를 넘으면 안 된다고 규정하고 있다(제44조 제2항). 단, 10ha 미만의 농지를 경작하는 경우는 작물 다양화 규정의 적용을 받지 않는다. 이들 소규모 농지는 한 작물만 재배해도 전체적으로 작물 다양화를 유지하는 데 큰 영향이 없다고 간주하는 것이다.

② 영구초지 유지

규정 1307/2013의 제45조에서 탄소저장 토지를 증가시키기 위한 목적에서 시행하는 것으로, 초지를 전용하거나 경운하는 것을 금지하는 것이다. 지침 92/43(동식물의 서식지 보존: European Commission, 1992b)과 지침 2009/147(야생조류 보존: European Commission, 2009c)을 수행하도록 하는 것으로 2015년에 설정된 영구초지 면적에서 5% 이상 감소하지 않도록 유지하는 것을 규정하고 있다.

③ 생태중시지역 설정

15ha 이상의 경종작물을 경작하고 있는 농가는 해당 농가가 경작하고 있는 전체 농지의 5% 이상을 생태중시지역으로 설정해야 한다(제46조). 여기서 생태중시지역으로 설정한다는 것은 농지를 다음 표에서 보는 바와 같은 토지로 전환하여 관리하는 것이다.

〈표 4-3〉 생태중시지역 설정 대상 예시

1. 휴경토지(land lying fallow)
2. 계단식 토지(terraces)
3. 경관 관련 물체가 인근 농지에 있는 경우(landscape features)
4. 완충 지역(buffer strips)
5. 농지조림사업의 지원을 받고 있는 농지면적(hectares of agro-forestry)
6. 산림 주변 토지(hectares along forest edges)
7. 화학비료나 식물보호제를 사용하지 않은 관목지역
8. 조림지역(afforested areas)
9. 간작물(catch crop) 또는 녹색작물(green cover) 재배 지역
10. 질소고정작물 재배 지역(areas with nitrogen-fixing crops)

출처: European Commission, 2013e, EU 규정 1307/2013 제46조 제2항.

이와 함께 Natural 2000에 참여하는 농지(Directive 92/43/EEC: European Commission, 1992b), 새 보존지역 농지(Directive 2009/147/EEC: European Commission, 2009c), 수질 관련 정책대상 농지(Directive 2000/60/EC: European Commission, 2000), 유기농산물 표시 법률(규정 834/2007: European Commission, 2007)에 해당하는 활동을 수행하는 농민들과 농업환경기후시책(Agri-Environment-Climate Scheme)에 참여하는 농민들에게는 이러한 '환경보전'에 관한 활동이 이미 수행되고 있는 것으로 간주한다.

유기농업을 하는 농가에 대해서는 녹색직불금의 '환경보전' 활동

의무를 면제하고 있는데, 이는 유기농산물 표시 규정(규정 834/2007)에 해당하는 농민들은 추가적인 의무활동을 수행하지 않아도 '환경보전' 규정을 이행하고 있는 것으로 간주하여 그에 따른 혜택을 받을 수 있도록 한 것이다.

또한, 농업환경기후 정책에 참여하고 있는 농가도 동일하게 적용하고 있는데, 해당 규정 또는 인증제도 간의 중복성 문제와 관련해서는 회원국이 어떤 활동이 '환경보전' 규정과 동등한 활동인지에 대해 명확한 목록을 제시해서 추진하도록 하고 있다. 이런 목록에 대해서는 최종적으로 EU 집행위원회의 인정을 받아야 한다.

3) 청년농직불금(규정 1307/2013의 제50조~제51조)

EU에서는 청년농의 신규 유입이 농업 부문의 경쟁력 향상에 매우 중요하다고 생각하고 있다. 특히 이들은 초기 진입과 정착에 많은 어려움이 있으므로 이 시기의 어려움을 덜어주기 위한 소득지원이 필요하다는 것이다. 이러한 청년농직불금은 각 회원국에 배정된 직불금 상한액 내에서 청년농들에게 기본직불금 이외의 추가 직불금을 지급하는 것이고, 모든 회원국이 반드시 도입해야 하는 의무도입 사업이다(제50조 제1항).

회원국은 국가별 상한액의 2% 이내에서 관련 예산을 설정(제51조 제1항)해야 하지만, 만약 청년농직불금 예산이 2%를 넘으면 해당 연도 평균지불액을 2% 이내가 되도록 낮추어야 한다(제51조 제2항). 실제 세부적인 지급 기준은 회원국이 결정해야 하지만, 이 직불금은 청년농의 초기 진입 단계에서의 소득 부족을 지원하는 것이기 때문에 운영비용을 지불하는 형태로 시행되어서는 안 되고, 최대 5년을 넘을 수 없도록 규정하고 있다.

청년농직불금에서 정의하는 '청년농'의 개념은 "세대주로서 농가를 처음 설립하는 농민으로서 직불금 신청서 제출 시점에서 5년 이내에 농가를 구성한 사람이어야 한다"고 규정하고 있다. 그리고 기본직불금에 대한 최초 지원 시 연령이 40세 이하여야 대상이 된다(제50조 제2항). 세부적인 지급 규정을 보면, "청년농직불금의 최대 지급기간은 5년이지만, 신청서를 제출한 기간과 나이를 고려해서 단축될 수 있다(제50조 제5항)"고 규정하고 있다. 이는 신청자의 나이가 45세 이상인 경우 그 시기부터 청년농직불금 지급대상에서 제외된다는 것을 의미한다.

청년농직불금액은 매년 해당 농민이 가진 직불금 수급권 수를 기초로 계산한다. 해당 농민이 가진 직불금 수급권 평균 가치의 25%를 지급하는 것인데[제50조 제6항(a)], 여기에서는 해당 연도 국가 상한액의 특정 비율(2% 이내)을 설정한 후 그것의 25%를 지급한다[제50조 제6항(b)]. 따라서 국가별 평균 ha당 지급액의 25%를 해당 농민의 직불금 수급권 수와 곱해서 계산한다(제50조 제8항).

청년농직불금 = 평균 ha당 청년농직불금액 × 해당 농가의 직불금 수급권

그리고 이러한 청년농직불금은 직불금 수급권 수 또는 면적 상한을 설정하는데, 그 범위는 25~90ha다(제50조 제9항).

영국의 청년농직불금 계산 사례(2016)

어떤 청년농민이 100 Non-SDA 직불금 수급권을 갖고 이 중 80 직불금 수급권만 신청했으며, 이 농가는 20 SDA 직불금 수급권도 갖고 있고 이를 모두 신청했다.

RPA는 해당 농가의 직불금 수급권에 평균 녹색화 단가를 곱해 계산한다.
- Non-SDA: 80 × €175.27 = €14,021.60
- SDA: 20 × €174.01 = €3,480.20
- 총 지급금액 = €17,501.80

이것을 해당 농가가 신청한 총 직불금 수급권 수로 나눈다.
- €17,501.80 / 100 직불금 수급권 = €175.02(해당 농가의 평균 직불금 수급권 가치)

영국의 직불청(RPA)은 여기서 25%를 적용한다.
- €175.02 × 0.25 = €43.76(청년농직불금 수급권 단가)

단, 청년농은 90 직불금 수급권까지 포함할 수 있으므로 90만 적용한다.
- €43.75 × 90 직불금 수급권 = €3,938.40(청년농직불금액)

출처: Rural Payment Agency, 2017.

4) 재분배직불금(규정 1307/2013의 제41조~제42조)

재분배직불금은 직불금이 주로 대규모 농가에 많은 금액을 지급함에 따라 나타나는 농가 간 불균등 문제를 해결하기 위해 도입된 것이다. 이 조치는 회원국이 선택적으로 도입할 수 있는 사업으로서 국가별 상한액의 30%까지 재분배직불금에 사용할 수 있다. 재분배직불금은 ha당 국가 및 지역 평균 기본직불금의 65% 이내에서 지급하지만, 지불대상 면적의 상한은 30ha 이내이거나 국가별 평균 면적을 넘지 않아야 한다(제41조).

〈표 4-4〉 회원국 농가의 평균 재배 면적(재배분 직불금 대상 면적 상한)

회원국	농가당 평균 경작규모(ha)	회원국	농가당 평균 경작규모(ha)
벨기에	29	리투아니아	12
불가리아	6	룩셈부르크	57
체코	89	헝가리	7
덴마크	60	몰타	1
독일	46	네덜란드	25
에스토니아	39	오스트리아	19
아일랜드	32	폴란드	6
그리스	5	포르투갈	13
스페인	24	루마니아	3
프랑스	52	슬로베니아	6
크로아티아	5,9	슬로바키아	28
이탈리아	8	핀란드	34
사이프러스	4	스웨덴	43
라트비아	16	영국	54

출처: European Commission, 2013e, 규정 1307/2013, 부록 6, p. 661.

5) 자연제약지역 직불금(규정 1307/2013의 제48조~제49조)

기본직불금 자격을 갖춘 농민 중 해당 농가가 자연제약지역에 전부 또는 일부 위치하는 경우 자연제약지역 직불금을 지급하는 것이다. 규정 1305/2013(농촌개발규정)의 제32조에 대상 지역을 정의하고 있는데, 이것은 기존 조건불리지역과 동일하다. 따라서 이전의 조건불리지역 정책에서 지급한 직불금을 이 정책으로 변경하여 지급하는 것으로 볼 수 있다. 자연제약지역 직불금은 총 국가별 상한액의 5% 이내에서 예산을 설정하며, 총예산을 대상 면적으로 나누어 ha당 직불금을 지급한다.

6) 생산연계지원직불금(규정 1307/2013의 제52조~제60조)

생산연계지원직불금은 '선택적 또는 자발적 생산연계 지원(voluntary coupled support) 시책'이라고 하며, 회원국이 자율적으로 도입할 수 있는 직불금이다. 생산연계지원직불금은 특정한 지역 및 생산 부문에서 현 수준의 생산을 유지해야 할 경우에만 실시하는 것이고, 생산연계지원 대상 부문 및 품목은 다음 표에서 보는 바와 같다.

〈표 4-5〉 생산연계지원직불금 대상 품목

• 곡물(cereals)	• 오일씨드(oilseeds)
• 단백질 작물(protein crops)	• 콩(grain legumes)
• 아마(flax)	• 대마(hemp)
• 쌀(rice)	• 견과류(nut)
• 감자(starch potato)	• 우유 및 유제품(milk and milk products)
• 종자(seeds)	• 양 및 거위고기(sheepmeat and goatmeat)
• 소고기 및 송아지고기(beef and veal)	• 올리브오일(olive oil)
• 누에(silk-worms)	• 건초(dried fodder)
• 홉(hops)	• 사탕무(sugar beet)
• 사탕수수(cane)	• 치커리(chicory)
• 과일과 채소(fruit and vegetables)	• 단경기 잡목(short rotation coppice)

출처: European Commission, 2013e, 규정 1307/2013, 제52조 제2항, p. 645.

생산연계지원직불금은 연간 지불금 형태로 지급하고, 명확한 수량 제한을 적용하며, 고정된 면적과 생산량 또는 고정된 동물 수에 근거해서 지급하도록 하고 있다. 이 직불금에 필요한 예산은 국가별 상한액의 8% 이내에서 설정한다. 다만, 기존 정책의 연장선상에서 그 상한액을 13%(또는 300만 유로)까지 증액할 수 있다고 규정하여 회원국의 상황에 따라 신축성 있게 적용할 수 있도록 하고 있다(제53조).

생산연계지원직불금 지급과 관련해서 회원국은 대상 지역이나 부문의 선정 그리고 영농형태, 지원 수준 등에 대한 정보를 EU 집행위원회에 보고해야 하며, EU에서 생산연계지원 실시를 인정하는 것은 다음의 네 가지 조건 중 하나를 충족하는 경우다(제55조). 첫째, 특정한 수준의 생산을 지속하는 것이 필요한 경우다. 다른 품목으로의 대안이 부족하고 사회적 또는 환경적인 문제를 초래하는 생산 포기의 위험을 줄이기 위해 지급하는 경우다. 둘째, 지역 가공산업에 대한 안정적인 원료 공급의 필요성이 증명되는 경우다. 가공산업이 쇠퇴하게 되면 해당 산업의 구조조정이 추진되어야 하는데, 해당 지역에 사회적·경제적 측면에서 부정적인 결과가 예상될 경우 실시할 수 있다. 셋째, 특정 작물 생산 농민들의 불리함을 보상하기 위한 경우다. 이는 특정 시장에서의 불안정이 지속해서 나타나고 있어서 농가 경영을 안정시킬 필요가 있을 경우에 적용된다. 넷째는 기타 생산개입의 필요성이 인증되는 경우로, EU에서 실시하고 있는 여타 정책에 따른 지원이 불충분할 경우에 적용된다고 규정하고 있다.

7) 소농직불금(규정 1307/2013의 제61조~제65조)

소농직불금(small farmers scheme)은 소농의 빈곤을 개선하기 위한 방안으로 고려되는 것이 아니라 직불금 관리를 위한 행정비용을 줄이기 위한 목적에서 도입된 것이다.[14] 이들 소농에게는 모든 직불금을 대체하는 일시금을 지급할 수도 있고, 연간 특정액을 지급할 수도 있도록 하고 있다. 이와 함께 이들 농민에게는 기본직불금 지급 자격에 적용되는 교차준수의무와 '환경보전' 활동 의무를 면제해주고 있다(제61조 제3항). 즉 기후변화와 환경에 관한 활동 규정, 교차준수 기준, 그리고 규정 1306/2013에 따른 통제(모니터링) 규정을 완화하는 것이다.

소농직불금의 목적은 좀 더 경쟁력 있는 농업구조를 발전시키려

14 EU 규정 1307/2013의 서문(12), p. 609.

는 EU의 궁극적인 목적에 위배되지 않도록 현재의 소규모 농가를 지원하는 것이다. 따라서 이 정책의 대상은 현재 농업 활동을 수행하고 있는 농가에 한정하며, 이 사업에 대한 참여 여부는 농민들이 자율적으로 선택할 수 있다. 그러나 소농들의 참여가 저조하거나 또는 농민이 받는 총 직불금이 소농직불금의 최고액보다 낮으면 회원국은 자동으로 그 농민을 소농직불금에 참여토록 하는 규정을 도입할 수 있다(제62조 제2항). 다만, 앞서 언급한 것처럼 소농직불금을 받으면 다른 모든 직불금의 수혜자격에서 제외된다(제62조 제2항).

소농직불금은 다음 두 가지 중 하나를 적용하여 계산하는데, 국가별 직불금 수혜자 평균 금액의 25%를 넘지 않는 수준으로 지급하거나, ha당 국가별 평균 지불액에 해당 농가 면적(5ha 이하까지)을 곱한 금액 수준을 지급한다[제63조 제1항(a)]. 위 조항을 적용하는 데 있어서 총액은 500~1,250유로 사이여야 한다고 규정하고 있다[제63조 제1항(b)]. 결국, 소농직불제 참여농가가 받는 금액은 기본직불금을 받는 농가들의 평균 수령액의 25% 이하다. 또한, 실제 수령액은 ha당 국가별 평균 지급액에 참여 농가의 면적을 곱해 계산할 수 있지만, 소농직불제 대상 농지의 면적은 5ha 이하로 제한된다. 이런 규정을 모두 적용하면, 최종적으로 적용되는 직불금의 범위는 500~1,250유로 수준이다(제63조 제2항).

이와 함께 추가로 적용되는 조건을 살펴보면, 활동농민 규정에 따라 1ha 미만 농지는 대상에서 제외(제64조 제1항)되고, 상속받은 농민은 모든 기존의 조건과 의무를 수행한다는 조건으로 이 사업에 따른 소농직불금을 받을 수 있다(제64조 제2항). 그리고 회원국은 소농직불금에 상당하는 예산만큼 전체 직불금 총액에서 삭감해야 한다(제65조). 이에 따라 다른 직불금에 적용되는 국가별 상한액의 총액이 모두 감소하게 된다. 말하자면, 재분배직불금, 녹색직불금, 자연제약지역 직불금, 청년농직불금, 생산연계지원직불금 등에 적용되는 금액이 모두 조정되어야 한다.

8) 면화 작물 특정 직불(crop-specific payment for cotton: 규정 1307/2013의 제56조~제60조)

면화 생산자에게 면화 재배면적을 근거로 지급하는 것이다. 인정된 회원국의 농지에 면화를 파종하고 생산하는 농민에게 지급하며, 시장에서 판매될 수 있고(marketable) 건강하고(sound) 정당하게(fair) 재배된 면화 생산에 대해 지급한다. 대상 면적, 고정생산량 및 ha당 기준 지불액은 〈표 4-6〉과 같지만, 대상 국가가 4개국에 한정되어 있다.

〈표 4-6〉 면화 작물 특정 직불 대상 국가 및 금액

대상 국가	대상 면적	고정생산량	ha당 기준액
불가리아	3,342ha	1.2t/ha	584.88유로(15년), 649.45유로(16년 이후)
그리스	250,000ha	3.2t/ha	234.18유로
스페인	48,000ha	3.5t/ha	362.15유로
포르투갈	360ha	2.2t/ha	228.00유로

출처: European Commission, 2013e, 규정 1307/2013, 제58조, p. 647.

6. EU 직불제 이행 체계(EU 규정 1306/2013)

1) 개요

EU는 회원국에서 직불제가 원활하게 이행되도록 하기 위해 모든 회원국에 공통적으로 적용할 수 있는 제도 운영 틀을 제시하고 있는데, 이번 개혁안에서는 'The CAP towards 2020(European Commission, 2010)'에서 설정한 CAP의 과제, 목적, 지향에 대한 적합한 이행 체계를 제시하고 있다. 이를 위해 기존 EU 규정 1290/2005를 대체하는 규정 1306/2013을 제시하고 10여 년 만에 CAP의 예산 및 모니터링 체계를 개편했다. 이는 기존 규정보다 좀 더 조화롭고, 일관성 있으며, 간소화된 규정을 시행하려는 의도에서 채택되었다(European Commission, 2013d).

이 규정에서는 EU 집행위원회가 각 회원국의 직불청 및 관련 기관 인정, 공적인 개입 및 이들 기관의 운영과 통제에 관한 직불청의 의무, EU의 일반예산에서 지원되어야 하는 정책, 정책 운영과 연관된 활동의 가치 등에 관한 사항을 다루도록 하고 있다. 여기에는 보조금의 부정수급을 방지하기 위한 것과 직불금을 지급하는 방법에 관한 내용을 포함하고 있다. 이에 대한 세부적인 내용을 살펴보도록 하겠다.

(1) 전담 운영 기관(직불청)[규정 1306/2013의 제7조~제11조]

EU 집행위원회는 직불제를 시행하기 위해 각 회원국에서 전담 기관의 설립 및 운영에 관한 규정을 제공하고 있다. 직불청의 담당업무는 주로 월 지급의 연기에 관한 사항, 회원국의 자료 제출 미비에 따른 직불금 지급 유예에 관한 사항, 직불금의 필수조건 준수 여부에 관한 사항, 시장조치와 관련된 사항, 지급액의 조정에 관한 사항, 특정한 상황이나 환율 문제 등에 관한 사항 등이다.

직불청은 행정 집행과 감시를 위한 EU와 회원국의 부담을 줄이는 데 필요하며, 회원국에서도 이에 상응하는 직불청을 설치해야 한다. 그런데 만약 연방제 등으로 인해 2개 이상의 직불청을 설치해야 하면 대표 직불청을 선정하여 EU와 원활한 연락이 이루어지도록 해야 한다.

(2) 농장자문시스템 설치(규정 1306/2013의 제12조~제15조)

농민들이 농사와 농장관리 및 기타 환경 관련 영향에 대해 인식할 수 있도록 '종합적 농장자문시스템(Comprehensive farm advisory system)'을 설치하도록 하고 있다. 이러한 자문시스템은 다음과 같은 두 가지 목적에서 설치한다. 첫째, 사업의 수혜자들이 농사와 농장관리의 관계에 대해 인식할 수 있도록 하고, 둘째, 농민들이 농사와 각종 기준(환경, 기후변화, 토지의 기본 영농조건, 식품 안전성, 공공건강, 동물건강, 식품건강, 동물복지)과의 관계에 대해 인식할 수 있도록 하기 위함이다.

이러한 농장자문시스템은 최소한 교차준수 조건을 농장에서 수행하는 사항을 자문하며, 주로 ① 환경과 기후에 도움이 되는 농법에 관한 사항, ② 직불금에 따라 농지에서 수행해야 하는 것에 관한 사항, ③ 농촌개발프로그램에 따라 농장근대화, 경쟁력 향상, 사회적 통합, 혁신, 시장지향 및 기업가 정신 함양 등에 관한 사항 등을 다루고 있다. 이와 함께 농장자문시스템은 물 관리 시책에 따른 활동(지침 2000/60/EC), 식물보호에 따른 활동(규정 1107/2009 제55조), 제초제 사용에 관한 활동(지침 2009/128/EC 제14조) 등 환경 관련 사항에 관한 자문도 해야 한다.

그러나 이 자문시스템은 특정 기준에 관한 의무와 책임성에 영향을 미쳐서는 안 되고 자문하는 데 그쳐야 한다고 규정하고 있다. 즉, 자문과 점검(검사)은 명백히 분리되어야 한다는 것이다. 이러한 농장자문시스템에 대한 농민의 참여는 자발적인 선택에 의한 것이며, CAP 보조금을 받지 않는 농민들도 활용할 수 있다. 자문관은 특정한 자격을 획득해야 하고, 정규적으로 교육을 받도록 규정하고 있다.

(3) EU의 재정 지원방식

직불제를 지원하는 예산인 EAGF(European Agricultural Guarantee Fund) 재정지출은 회원국이 지출한 것에 대해 EU에서 월 지급 형식으로 변제(reimbursement)하는 방식으로 집행된다(제17조~제18조). 즉, EU 정책을 실행하는 데 소요되는 예산은 회원국에서 먼저 지출하고 이에 대해 EU로부터 변제받는 것이다. 이러한 정책적 지원을 받는 데 소요되는 회원국의 행정비용과 개인의 지출비용은 모두 각자 부담하는 것으로 한다.

EU 집행위원회에서 농산물 시장의 운영 상황, 농업재정의 지출 상황과 중장기적인 농업자원 현황을 모니터링할 수 있도록 회원국은 농업기상과 위성사진 등을 EU 집행위원회에 보내야 한다. 또한, 농업 분야의 급박한 위기에 대응할 수 있도록 예비비를 설치할 수 있고, 이러한 예비비는 직불금의 감액 부분을 통해 조성할 수 있다(제20조~제22조).

(4) 교차준수의무(Cross-Compliance)

EU의 직불금은 토지관리, 농업생산 및 농업 활동에 관한 규칙의 준수 여부를 기본으로 한다. 회원국은 이러한 교차준수 시스템에 따라 직불금의 삭감이나 철회 등의 벌칙을 부과해야 한다. 교차준수 규정을 적용하는 것은 ① 이러한 기준들에 대해 직불금을 받는 농민들이 어떤 행동을 해야 하는지 인식하도록 하여 지속가능한 농업의 발전에 기여함을 목표로 하고, ② 농업정책이 환경, 공공건강, 동물건강, 식물건강, 동물복지 정책과의 연계성을 향상하여 CAP가 좀 더 사회의 기대에 부응할 수 있도록 하기 위함이다. 이러한 교차준수는 CAP의 가장 핵심적인 사항이므로 지속해서 유지되어야 한다(European Commission, 2013d: 556).

교차준수의무의 범위는 법정관리기준(Statutory Management Requirements: SMR)과 토지에 관한 기본농업환경조건(Good Agricultural and Environmental Conditions: GAEC)으로 구성되며, 농민들이 이를 수행하기 위해 무엇을 해야 하는지 명확하게 정의하도록 하고 있다. 이를 통해 교차준수 시스템의 지속성이 보장되어야 하고, 좀 더 가시적인 것이 되어야 한다.

교차준수 시스템은 수혜자나 회원국의 행정기관에 일정한 제약을 주고 있다. 즉, 기록작성, 점검, 벌칙 부과 등이 적용되며, 벌칙은 비례적이고 효과적이며 제지하는 방식이어야 한다. 교차준수 규정의 일관성을 위해 EU의 관련 규정들을 단일한 법적 규율로 통합했다. 다만, 소농제도에 참여하고 있는 농민들은 이들의 준수 여부를 점검하는 행정비용이 너무 많이 소요되기 때문에 교차준수 규정 적용에서 제외되었다. 즉 간소화의 필요성 때문에 소농들은 교차준수 의무, 통제, 벌칙에서도 면제된다. 그렇다고 해서 다른 모든 법의 준수 의무를 면제하는 것은 아니며, 단지 직불금 대상 요건에서만 면제가 적용된다.

교차준수의무 중 법적영농관리 규범(SMR)은 EU 규정 1306/2013

〈표 4-7〉 EU 법적영농관리 규범(2013)[1306/2013]

<table>
<tr><th>분야</th><th>주요 활동 주제</th><th colspan="2">활동 내용과 기준</th></tr>
<tr><td rowspan="3">환경,
기후변화,
토지의 기본
농업 조건</td><td>수자원</td><td>SMR 1</td><td>지침 91/676 농업생산과정에서 사용된 질소에 의한 수질오염 방지</td></tr>
<tr><td rowspan="2">생물 다양성</td><td>SMR 2</td><td>지침 2009/147 야생조류 보전</td></tr>
<tr><td>SMR 3</td><td>지침 92/43 자연적 서식지와 야생 동식물 보전</td></tr>
<tr><td rowspan="7">공공건강,
동식물건강</td><td rowspan="2">식품 안전</td><td>SMR 4</td><td>규정 178/2002 식품 안전에 관한 규정</td></tr>
<tr><td>SMR 5</td><td>지침 96/22 가축의 호르몬, 갑상선, 폐기능 영향 물질 제한</td></tr>
<tr><td rowspan="3">동물 확인 및
등록</td><td>SMR 6</td><td>지침 2008/71 돼지 등록 및 표시</td></tr>
<tr><td>SMR 7</td><td>규정 1760/2000 소 등록 및 소 관련 생산물의 표시</td></tr>
<tr><td>SMR 8</td><td>규정 21/2004 양과 거위의 등록 및 표시</td></tr>
<tr><td>동물 질병</td><td>SMR 9</td><td>규정 999/2001 TSE 예방, 통제, 제거 관련</td></tr>
<tr><td>식물보호재</td><td>SMR 10</td><td>규정 1107/2009 식물보호재의 생산 및 유통</td></tr>
<tr><td rowspan="3">동물복지</td><td rowspan="3">동물복지</td><td>SMR 11</td><td>지침 2008/119 송아지 보호</td></tr>
<tr><td>SMR 12</td><td>지침 2008/120 돼지 보호</td></tr>
<tr><td>SMR 13</td><td>지침 98/58 사육 동물의 보호</td></tr>
</table>

출처: European Commission, 2013d, 1306/2013, 부록 2에서 작성.

에서 총 네 가지 분야, 일곱 가지 세부 주제에 13가지로 정비되었다. 여기서도 각각의 규범에 번호를 부여하여 회원국에서 자국의 규정을 정비하기 용이하게 했다. 그 내용은 〈표 4-7〉과 같다.

교차준수의무 중에서 기본농업환경조건(GAEC)은 각 지역의 특성을 반영하여 회원국별로 추가로 기준을 조정해야 한다. 이때 토양과 기후조건, 현행 영농 체계(토지이용, 작물재배, 영농활동 등), 농업구조를 고려해

〈표 4-8〉 EU 기본 영농환경관리 조건(2013)

분야	주요 활동 주제	활동 내용과 기준	
환경, 기후변화, 토지의 기본 농업 조건	수자원	GAEC 1	수로 주변의 완충지 설치
		GAEC 2	공적 기관에 의한 관개수로 관리
		GAEC 3	지하수의 오염방지 • 오염물질의 지하수로의 직접 배출 금지 • 지침 80/68/EEC에 제시된 농업 활동과 연계된 여과 위험물질의 토양을 통한 투수와 오염물질 배출로 지하수의 간접오염을 방지하기 위한 조치
	토양과 탄소 저장	GAEC 4	최소 토양피복 유지
		GAEC 5	토질 특성을 감안하여 침식을 방지하기 위한 최소수준의 토지관리
		GAEC 6	적절한 방법을 통한 토양 유기물 유지 (식물건강 관련 이유를 제외하고 작물 그루터기의 소각 금지)
	최소수준의 경관 유지	GAEC 7	경관시설이나 요소의 보호, 관리 • 헤지, 호수, 도랑 부근 나무의 관리 등 포함 • 새 먹이나 양육 기간 중 나무나 헤지 절단 금지 • 해를 끼치는 식물종의 소거

출처: European Commission, 2013d, 1306/2013, 부록 2에서 작성.

야 한다. GAEC의 일반적인 내용은 토양부식 방지, 토양의 유기물과 토양 구조 유지, 최소한의 유지 수준 보장, 서식지의 훼손 방지, 수자원 보호 및 관리 등에 관한 것이다. 세부 내용과 기준은 〈표 4-8〉과 같다.

회원국은 자체적인 교차준수 시스템을 구축하는 데 있어서 표에서 언급된 분야보다 좀 더 많은 사항을 포함하는 GAEC를 제정해야 하며, 물, 토양, 탄소 저장, 생물 다양성, 경관, 최소수준의 토지 유지 등에 기여할 수 있는 규정을 포함해야 한다.

직불금 수령자는 교차준수 규정과 관련해서 자신들의 의무활동을 이해해야 하는데, 회원국은 이러한 기준과 조건들을 농민들이 완전히 인식하도록 하기 위해 가능하면 전자장비들을 동원해서 운영하고 있다. 교차준수를 효과적으로 운영하기 위해서는 수혜자들이 자신들의 농장에서 해당 의무를 수행했는지를 검증하는 것이 필요하다. 다만, 직불금 수령액이 100유로 이하 농가는 감액이나 철회 규정이 적용되지 않기 때문에 이들에 대해서는 교차준수의무 규정을 지키지 않아도 된다.

2) 통제 시스템과 벌칙

(1) 일반적 검사 규정

회원국에서 시행하는 정책의 이행 과정에 대한 검사는 현장검사(on-the-spot)를 보완적으로 시행하고 있다. 검사는 전체 직불금 신청자 중에서 표본을 추출해서 시행하며, 표본추출은 임의추출(random)이나 위험기반추출(risk-based) 방식을 적용한다(제59조).

검사기관은 각각의 검사 사례에 대한 보고서를 작성해야 하는데, 경우에 따라서는 모든 사업에 대한 현장검사를 동시에 시행할 수도 있다. 최소수준의 현장검사는 위험관리를 위해 반드시 필요하다고 할 수 있다. 그런데 만약 사업 신청이나 직불금 신청 이후 수혜자나 대표자가 현장검사를 거부할 경우 사업 신청 및 직불금 신청은 거부된다. 다만, 불가항력적이거나 특별한 경우는 예외로 하고 있으나, 임의적 조건 조성에 관한 규정(Circumvention Clause, 제60조)을 적용하여 사업이나 직불금 신청 전에 일정한 조건을 임의적 또는 인공적으로 만든 경우에는 검사과정에서 관련 내용을 고려하여 유리한 결과가 도출되지 않도록 하고 있다.

이러한 검사와 관련해서 EU 집행위원회는 일반적인 적용 규칙(제62조)으로 ① 현장검사에 관한 행정절차 규정, ② 현장검사 최소수준에 관한 규정, ③ 검사와 검증의 보고에 적용되는 규칙과 방법, ④ 검사를 수행하는 기관에 관한 규정, ⑤ 신청서 제출 후 수정이나 교정이 가능한 경우에 관한 규정, 그리고 ⑥ 공공개입이나 민간 저장이 필요한 품목에 적용되는 점검과 방법에 관한 규정 등을 제정하여 회원국에 제시한다.

(2) 벌칙에 관한 규정

수혜자가 자격기준에 미달하거나 협약 및 기타 의무사항을 준수하지 않았을 때는 직불금 수급권에 비례하여 직불금의 일부 또는 전부를 철회하도록 규정하고 있다(제63조). 벌칙 적용에 있어서도 '미준수'의 경우에도 행정적 벌칙 적용의 예외로 인정하여 벌칙을 부과하지 않는 경우가 있는데, 이는 ① 미준수가 불가항력적인 경우, ② 미준수가 기관의 실수로 인해 발생한 경우나 수혜자가 합리적으로 발견할 수 없는 실수에 의한 경우, ③ 수혜자가 준수하지 못하는 이유에 대해 충분하게 만족할 만한 정도로 기관에 설명했을 경우, ④ 미준수가 매우 사소한 것일 경우, 그리고 ⑤ 벌칙을 적용하지 않아야 하는 경우로 인정받은 경우(제6항의 목록) 등이다(제64조 제2항).

벌칙을 적용하는 방식은 다음과 같은 네 가지 방식을 적용한다(제64조 제4항). 첫째, 지원액을 감액하는 것으로 농촌개발사업의 경우 일정한 시간 내에 수혜자가 미준수 부분을 수정할 수 있을 경우는 준수가 이루어질 때까지 지원을 유예한다. 둘째, 참여자가 신청한 기간 또는 수량에 따라 산출된 금액에 대한 지급을 유예하는 것이다. 셋째는 인가나 허가 또는 지정의 유예 또는 취소를 처분하는 것이고, 넷째는 사업 신청 자격을 박탈하는 것이다.

벌칙은 미준수의 심각성, 범위, 기간, 재발 여부 등에 따라 비율적 그리고 점진적으로 적용하며, 벌금 액수는 최대 지원 신청 및 지급액의 200%를 넘지 않도록 한다(제64조 제5항). 그러나 이러한 규정에도 불구하고 농촌개발사업의 경우 벌칙은 지원예정액의 100%를 넘지 않도록 하며, 허가 및 사업 신청 자격의 유예와 철회 및 박탈은 최대 3년을 기한으로 적용한다(제64조 제5항).

벌칙을 적용할 때 회원국은 벌칙에 적용되는 비율과 미준수를 양적으로 측정할 수 없을 경우의 적용 방안이나 벌칙을 적용하지 않는 경우에 대한 사항을 명확히 목록으로 작성하여 적용한다(제64조 제6항). 그러나 벌칙의 적용과 계산 방식, 사소한 미준수의 경우에 대한 세부 규정, 그리고 회원국에서 벌칙 적용을 보류하는 경우에 관한 규정은 EU 집행위원회에서 제정하여 적용한다(제64조 제7항).

(3) 통합행정통제시스템(규정 1306/2013의 제67조~제73조)

EU에서 지원하는 정책의 효과성과 모니터링을 향상하기 위해 회원국은 '통합행정통제시스템(IACS: Integrated Administration and Control System)'

을 설치해야 한다. IACS를 운영하기 위해서는 전산 DB(computerised database), 농지증명시스템(identification system for agricultural parcels), 지원 또는 지불 신청 및 확인 시스템(aid applications or payment claims and a system for the identification), 직불금 수급권 기록(recording of payment entitlements) 등의 요소들을 갖추어야 한다(제68조). 이와 함께 기후 및 환경 그리고 경관 요소의 생태학적인 효과에 도움이 되는 농법에 대한 지불제도 도입 여부 등의 정책적 요소를 고려해야 한다. 이를 통해 회원국은 행정부담을 줄이고 효과적이고 효율적인 통제를 할 수 있도록 해야 한다.

특히, 2014년 개혁에서 처음 도입된 생태중시지역 설정을 위한 농지기록 구축 과정에서 회원국은 2015년부터 2017년까지 농민들이 직불금 지원신청과정에서 제출한 정보를 적용해야 한다. 여기에는 경관요소를 포함하여 생태중시지역으로 설정될 만한 것이 무엇이 있는지를 설정하도록 하고 있다.

직불금을 좀 더 신축적으로 관리하기 위해 IACS 시스템에 등록된 농민에 대해서는 직불금을 연간 두 차례 분할지급할 수 있다. 이를 위해 EU 차원의 중앙문서관리시스템과 연계하도록 하고 있는데, 이는 회원국 간 협력을 위해 필요하며, 또한 제3국으로 직불금이 지급되는 경우를 위해서도 필요하다(European Commission, 2013d: 555).

한편, 회원국은 자신들의 검증프로그램을 구축해야 하는데, 이를 통해 EU 집행위원회와 소통하고 협력해야 한다. 여기에는 적절한 기준을 적용하고 있는지, 부정수급 문제를 처리하기 위한 체계가 되어 있는지 등이 포함된다. 회원국에서는 각종 정책 관련 서류를 조사하고 모니터링을 담당할 별도의 부서를 구성해야 한다. 이들은 독립적으로 직불금이 지급되는 과정을 조사해야 하며, 이를 위해 적절한 기밀 취급 권한을 갖고 있어야 한다(European Commission, 2013d: 556).

통합행정통제시스템(IACS)의 세부 기능에 대해 살펴보면, 첫째, 전산 DB는 DB를 통해 관련 기관들의 컨설팅이 이루어질 수 있도록 관리해야 한다. 이는 최소 4년 전의 기록을 갖고 있어야 하고, 이를 컨설팅 과정에서 즉시 확인할 수 있도록 해야 한다. 또한 지역적인 DB를 형성할 수도 있지만 다른 지역에서도 서로 호환되고 상호 검증할 수 있어야 한다(제69조).

둘째, 농지증명시스템은 지도, 토지대장 및 기타 지도 방식을 적용하여 만들어져야 한다. 이를 위해서는 GIS 기술을 포함한 항공 및 공간 직사방식 기술을 적용하며, 1 : 10,000과 1 : 5,000의 축척으로 지도를 제작하고, 이 시스템에 생태중시지역에 대한 기본적인 요소들을 포함해야 한다(제70조).

셋째, 직불금 수급권 확인과 기록 시스템(system for the identification and registration of payment entitlements)과 관련해서는 직불금 수급권을 검증하는 시스템을 갖추도록 해야 한다. 여기서 농지증명과 사업 신청서를 상호 검증(cross-check)할 수 있는 체계를 갖추어야 하며, 이를 통해 직접적이고 즉각적인 컨설팅이 가능하도록 해야 한다. 또한, 이를 위해 이전 4년간의 통계자료를 보유해야 한다(제71조).

넷째, 지원/지불 신청 시스템(aid applications and payment claims)에는 ① 농가의 모든 농지, ② 활용하려는 직불금 수급권, ③ 기타 법적으로 요구되는 정보 등이 갖추어져 있어야 한다. 직불금과 관련해서 회원국은 농지 필지의 최소 면적 크기를 결정해야 하는데, 최소 면적은 0.3ha

이상이어야 한다. 그리고 모든 농지 필지는 사전에 고지해야 하는데, 그 세부 사항을 살펴보면, 회원국은 직불금이 지급되지 않는 0.1ha 미만 농지의 합계가 1ha 미만일 경우 해당 농지를 신고하지 않아도 된다는 규정을 정할 수 있다. 그러나 농민이 직불금을 신청하는 경우, 이 농지의 위치와 자신의 처분 권한 여부를 신청기관에 알려주어야 한다. 회원국은 한 번의 신청으로 다른 사업에 관련된 것을 모두 파악할 수 있는 시스템을 갖추어야 한다(제72조).

다섯째, 수혜자 확인 시스템(system for the identification of beneficiaries)으로서 이것은 하나의 시스템으로 모든 사업 및 지불 신청에 대한 기록을 유지하는 것이다(제73조).

여섯째, 자격 및 감액 검증(verification of eligibility conditions and reductions)으로서 회원국의 사업지원 자격조건에 대해 검증하는 것이다. 이것은 현장검사로 보완되어야 하며, 이를 위해 회원국은 표본추출계획을 수립해야 한다. 이에 대해 회원국은 GNSS(Global Navigation Satellite System) 기술을 적용하여 농지 필지에 대한 현장검사 수단으로 활용할 수 있다(제74조).

일곱째, 수혜자에 대한 직불금 지급(payment to beneficiaries)으로서 EU 사업 참여에 대한 지불은 12월 1일부터 6월 30일 사이에 지급된다. 이 기간에 최대 2회 분할 지급되는데, 위 규정에도 불구하고 회원국은 12월 1일 이전이나 11월 16일 이후에 직불금의 50% 또는 농촌개발지원금의 75%를 선지급할 수 있도록 하고 있다. 직불금은 자격조건에 대한 검증이 이루어진 이후에 지급되어야 하며, 농촌개발지원금의 선금은 신청서에 대한 행정적 검사가 완료된 이후에 지급되어야 한다(제75조).

여덟째, 벌칙의 적용(application of administrative penalties)도 이 시스템을

통해 이루어진다. 여기서는 자격 기준, 협약, 기타 이행 의무를 준수하지 못한 것에 대한 벌칙을 부과하는데, 앞서 '미준수'의 예외로 했던 것은 여기서도 그대로 적용한다. 벌금액은 연도별로 ① 직불금의 초기 2년간(2015년과 2016년)은 0%이고, ② 직불금의 초기 3년 차(2017)는 20%를 넘지 않도록 하며, ③ 직불금의 4년 차 시작(2018)에서는 25%를 넘지 않도록 부과하고 있다(제77조).

3) 교차준수의무 관련 통제 시스템과 벌칙

(1) 교차준수의무 검사(제96조)

교차준수의무에 대한 검사를 위해 회원국은 IACS 시스템을 구축하고 교차준수 사항 이행 여부를 점검할 수 있는 검사를 시행해야 한다. 즉, 회원국은 교차준수 규정을 이행하도록 하기 위해 회원국의 현행 행정 통제 시스템을 활용할 수 있어야 하며, 동물 등록을 포함하는 이들 시스템은 IACS와 호환될 수 있어야 한다.

또한, 수혜자들의 의무사항 이행 여부 검증을 위해 '현장조사'를 실시해야 하는데, EU 집행위원회는 의무의 이행 여부를 검사하기 위해 ① 농장자문시스템에 대한 농민의 참여 여부, ② 교차준수 사항의 기준과 조건에 포함된 인증시스템에 대한 농민의 참여 여부 등에 대한 규정을 제정하여 회원국에 제공한다.

(2) 벌칙의 적용(제97조)

벌칙은 교차준수에 관한 규정이 1년 중 어떤 시기에라도 수행되지 않았을 경우나 미준수 사항이 직접적으로 수혜자의 책임에 따른 것일 경우에 적용된다. 이 조항은 첫 번째 직불금을 지급한 해의 1월 1일부터 이후 3년간 교차준수 사항을 이행하지 않은 수혜자에게 적용한다. 한편, 토지가 양도된 경우 양도받은 자와 양도한 자 중 누구에게 직접적으로 교차준수의무 미이행의 책임이 있는지를 판단하여 적용한다. 다만, 회원국은 수혜자에 대한 연간 벌금이 100유로 이하일 경우, 이를 적용하지 않는 규정을 도입할 수 있다. 이 경우에 회원국은 그다음 해에 이들 수혜자가 해당 미준수 부분을 수정했는지를 검사해야 하며, 이들을 검사 대상자의 표본으로 선정하여 검사해야 한다.

(3) 벌칙의 계산(제99조)

벌칙은 수혜자가 받은 금액의 총액을 반환하거나 감액하는 방법으로 적용하며, 이 과정에서 심각성, 범위, 미준수의 영속성과 재발 우려 등을 고려한다. 미준수 이유가 '태만(negligence)'인 경우에는 감액 비율 5% 미만을 부과하고, 재발인 경우에는 15% 미만을 적용한다.

회원국은 미준수 사항이 심각하지 않은 정도라고 판단될 경우 수혜자에게 이를 공지하는 '조기경보시스템(early warning system)'을 수립하여 가능하면 수혜자에게 벌금이 부과되는 것을 예방한다. 이 경우 직불청에서는 수혜자에게 의무이행이 필요하다는 것을 고지하고, 이후에 이행 여부를 검사한다. 이후에도 이를 이행하지 않았을 경우 소급하여 벌칙을 적용한다.

그러나 이러한 조기경보시스템에도 불구하고 교차준수의무의 미이행 결과가 공공과 동물의 건강에 심각한 위험을 초래하는 것일 경우 지체 없이 감액 또는 지급철회의 벌칙을 부과한다. 또한, 회원국이 조기경보를 처음으로 받은 수혜자에게 '농장자문시스템'을 우선적으로 활용할 수 있도록 할 수 있다. '의도적(intentional)' 미이행인 경우는 20% 미만의 감액을 적용하고, 이후 한두 개 관련 사업에서의 퇴출 및 1년 이상의 신청 금지 조치를 적용할 수 있다. 어떤 경우든 감액 또는 철회에 따른 벌금액은 총 수혜금액을 초과하지 않도록 하는 것이 원칙이다.

7. 2014년 직불제 개혁의 성과와 한계

1) 성과

EU는 직불제 정책이 CAP 정책 중 농민들에게 가장 중요한 정책이라고 판단하고 있다. 무엇보다 CAP 직불제 예산은 2014~2020년 개혁에서 EU 전체 예산의 27%를 차지하고 있다. 그리고 현재 EU의 농민들은 농업생산이나 판매 등으로는 충분한 소득을 얻지 못하고 있기 때문에 직불제를 통한 농업소득 지원, EU 농업 모델 유지, 높은 수준의 식량안보와 환경 수준 유지 등이 EU 농업에도 매우 중요하다고 판단하고 있다. 평균적으로 직불금은 EU 전체 농지의 90%를 차지하는 700만 농민의 농업소득의 46%를 차지하고 있다(EU Commission, 2018: 6).

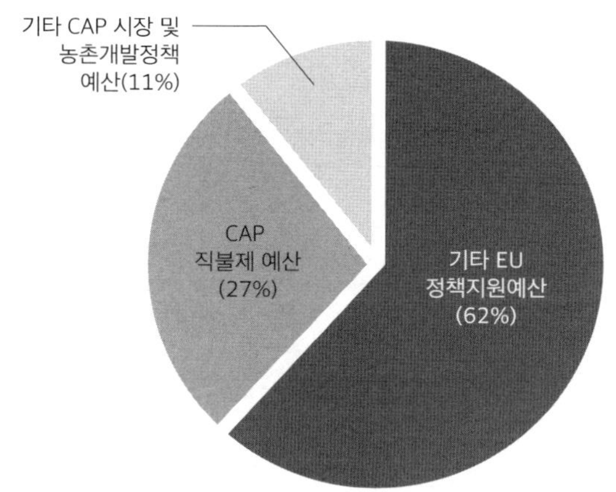

〈그림 4-1〉 CAP 직불제 예산 비중

출처: European Commission, 2017, *CAP Explained: Direct payments for farmers 2015-2020*, Brussels. European Commission.

2014년 개혁 이후 직불제의 시행 결과를 살펴보면, 2016년까지 전체적으로 신청대상 면적은 2.6% 감소했지만, 여전히 EU 전체 경작지의 90% 이상을 차지하고 있다. 그리고 실제 적용면적은 2014년에 비해 2016년 3.3% 증가한 것으로 나타나고 있다. 이것은 2014년 개혁의 결과로 가능한 한 많은 농지면적을 포함하는 직불금 수급권(Payment Entitlement) 제도를 적용했기 때문이라고 밝히고 있다(European Commission, 2018b). 이러한 CAP 직불제의 성과와 한계에 대해 살펴보자.

첫째, CAP는 직불제를 통해 EU 농업의 국제 경쟁력이 강화되었다는 것을 반복적으로 강조하고 있다. 그동안 CAP는 가격지지에서 생산자 소득지지로 정책 기조를 변경하면서 시장지향성을 증가시켜왔고, 이를 통해 EU 농업의 경쟁력을 향상시켜 국제시장 가격과의 격차를 줄여왔다. 즉, 주요 농산물의 EU와 국제시장 가격의 격차는 2007년 140%에

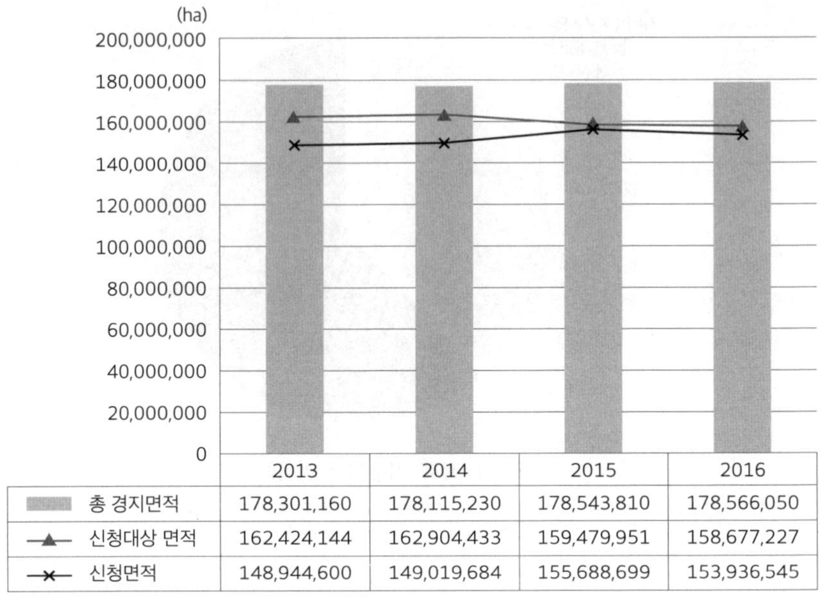

	2013	2014	2015	2016
총 경지면적	178,301,160	178,115,230	178,543,810	178,566,050
신청대상 면적	162,424,144	162,904,433	159,479,951	158,677,227
신청면적	148,944,600	149,019,684	155,688,699	153,936,545

〈그림 4-2〉 직불금 신청 면적 추이(EU-28)

출처: European Commission, 2018b, Direct Payments, Brussels. European Union.

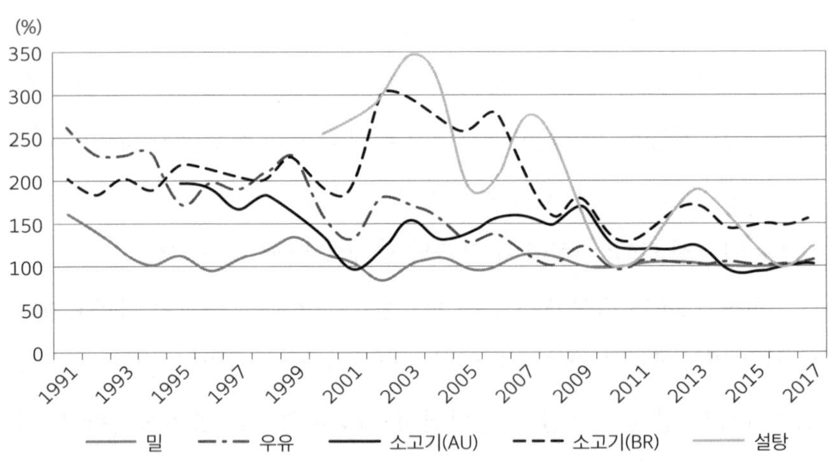

〈그림 4-3〉 EU와 국제 가격 추이 비교

출처: European Commission, 2018e-1, CAP Specific Objectives Explained: Ensuring viable farm income, Brief No. 1, Brussels. European Commission.

서 2017년 113%로 줄었다. EU 가격이 세계시장 가격에 근접해 있으므로 EU는 더 이상 수출 보조금을 사용하지 않아도 되고, 20년 전보다 시장 개입 조치를 훨씬 덜 사용하게 되었다는 것이다(European Commission, 2018c).

둘째, 직불제를 통해 시장의 변동성에 대응하는 농가의 능력을 강화했다는 것이다. EU의 농식품 수출은 지난 10년 동안 거의 2배 증가하여 2017년 약 1,380억 유로를 기록했는데, 이것은 2007년보다 280억 유로가 증가한 수치다. 이로써 EU의 농식품 수출은 전 세계 수출량의 17%를 차지하게 되었다. 동시에 EU 농산물 시장은 더욱 개방되었다. EU의 농식품 수입은 2017년 1,170억 유로를 기록했으며, 이것은 2007년에 비해 51% 증가한 것이다. 다시 말해, EU 농민들은 세계 시장가격의 변동성에 노출되어 있으나, 주요 경쟁국에 비해 가격변동성은 매우 낮다는 평가다. 예를 들면, 2015~2017년 EU에서 밀의 가격변동성은 6.8%였는데, 세계시장에서의 가격 변동성은 10%였다(European

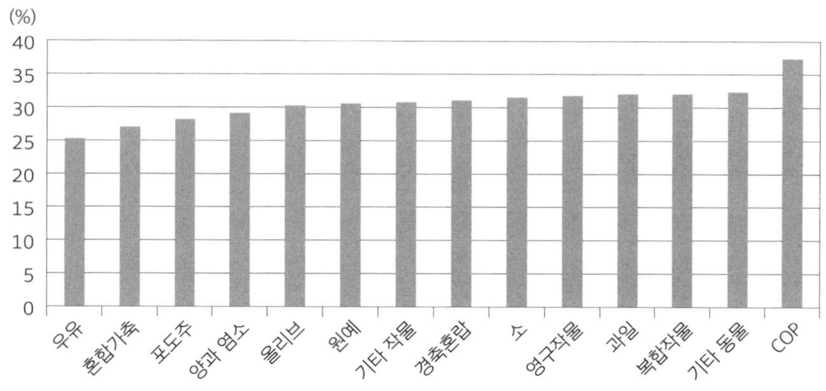

〈그림 4-4〉 부문별 연간 소득이 30% 이상 하락한 농가 비중(2007~2015년 평균)

출처: European Commission, 2018e-1, CAP Specific Objectives Explained: Ensuring viable farm income, Brief No. 1, Brussels. European Commission.

Commission, 2018c). 이러한 농가의 시장 대응 능력 향상은 직불제를 통해 농민들에게 소득의 안정성을 제공하고 있기 때문에 가능한 것이라고 평가하고 있다(European Commission, 2018a).

셋째, 직불제를 통해 농가소득과 비농업 분야 임금소득과의 격차를 줄였다는 것이다. EU 농가소득은 여전히 전체 경제의 평균임금에 미치지 못하지만(2017년 약 46%), 농업과 타 부문과의 소득격차는 줄어들고 있다는 것이다. 직불제를 통한 소득지원이 없다면 EU의 많은 농촌지역과 농민들은 경제적으로 생존하기 어려웠을 것으로 평가하고 있다. 전체적으로 보면, 직불금이 농가소득에서 차지하는 비중은 EU 전체 농가에서 44%였으며, 농가당 평균 6,200유로를 받는 것으로 나타났다. 가격변동이 심한 부문이나 생산이 어려운 자연조건에 있는 농가에는 직불금이 더 많은 도움을 주는 것으로 나타났다(European Commission, 2018a).

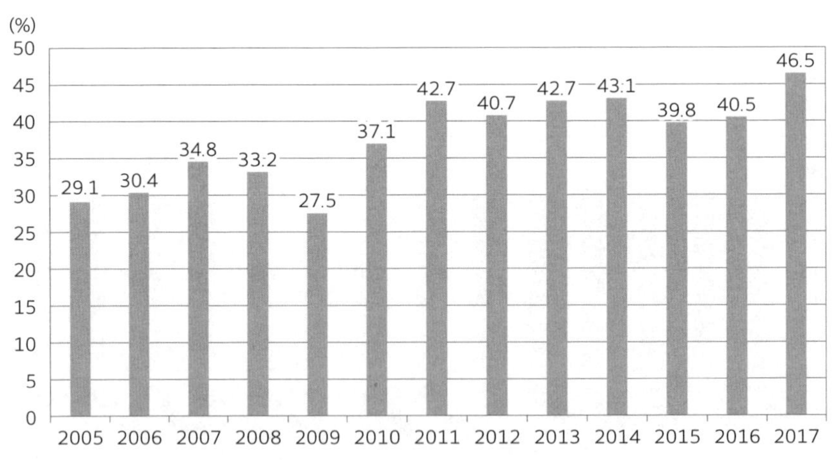

〈그림 4-5〉 임금 대비 농가소득 추이(EU-28)

출처: European Commission, 2018e-1, CAP Specific Objectives Explained: Ensuring viable farm income, Brief No. 1, Brussels. European Commission.

넷째, 농업생산성 향상에 이바지하고 있다는 것이다. EU의 농업 생산성은 주로 노동생산성 증가에 따른 것으로 지난 5년간 0.7%밖에 상승하지 않았을 정도로 매우 서서히 증가하고 있다. 이런 상황에서 직불금은 농민의 신용 접근을 증가시키고, 위험에 대한 노출을 감소시키기 때문에 결과적으로 투자를 증가시킨다. 여기에 CAP에서 추진하고 있는 유럽 농업생산성 및 지속가능성을 위한 유럽혁신 파트너십(European Innovation Partnership for Agricultural Productivity and Sustainability)이 생산성 향상의 기반을 조성하고 있다.

2) 2014년 개혁의 한계

직불금 정책은 CAP에서 매우 중요한 정책이지만, 그 성과와 함께 한계점도 나타나고 있다. CAP 직불금에 대한 비판의 핵심은 농가 간 및 국가 간 형평성에 대한 것이다. 2016년 EU 전체의 ha당 평균 직불금액은 259유로였다. 그러나 에스토니아(EE)에서는 평균 118유로인 반면, 몰타(MT)에서는 622유로를 지급하고 있다. 또한, 세부적인 직불금 내역에서도 국가별로 큰 차이를 보이고 있는데, 이것은 회원국 간 농업구조 및 경제적 상황이 서로 달라서 발생하는 것이다.

2014년 CAP 직불금 개혁에도 불구하고 여전히 직불금 제도의 문제점으로 지적되고 있는 것이 무엇인지 살펴보자. 먼저, 농장규모 간 직불금 배분의 형평성 문제가 여전히 해결되지 못하고 있다. 〈그림 4-8〉과 〈그림 4-9〉에서 보는 것처럼 직불금 수급액과 농가 경작면적

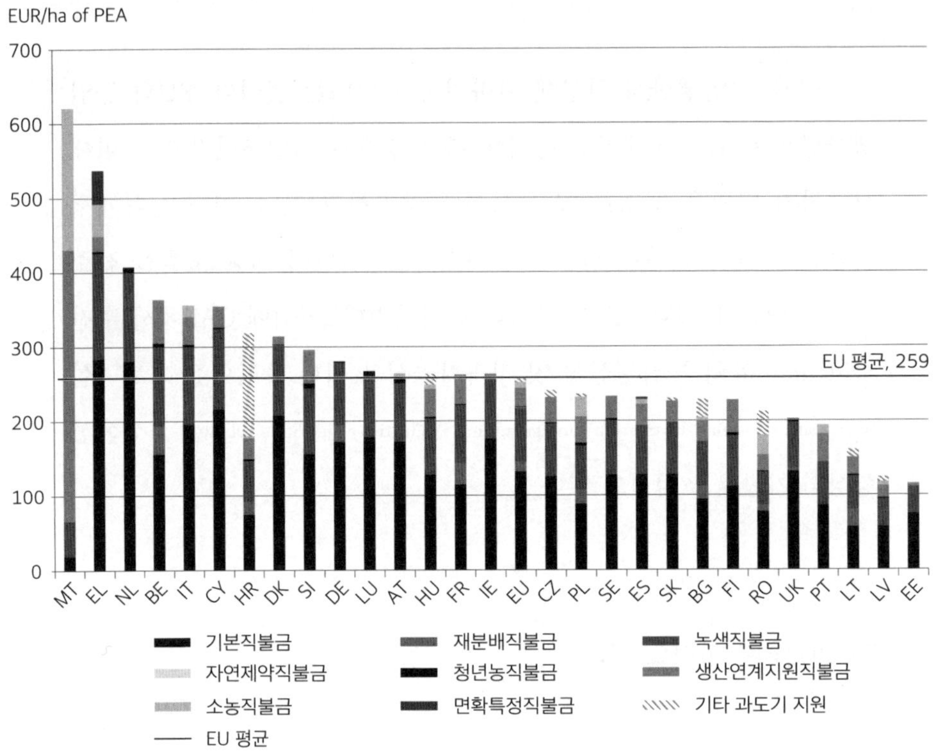

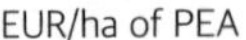

〈그림 4-6〉 회원국 간 면적 기준 직불금액 비교(2016)

출처: European Commission, 2018b, Direct Payments, Brussels. European Union. 6p.

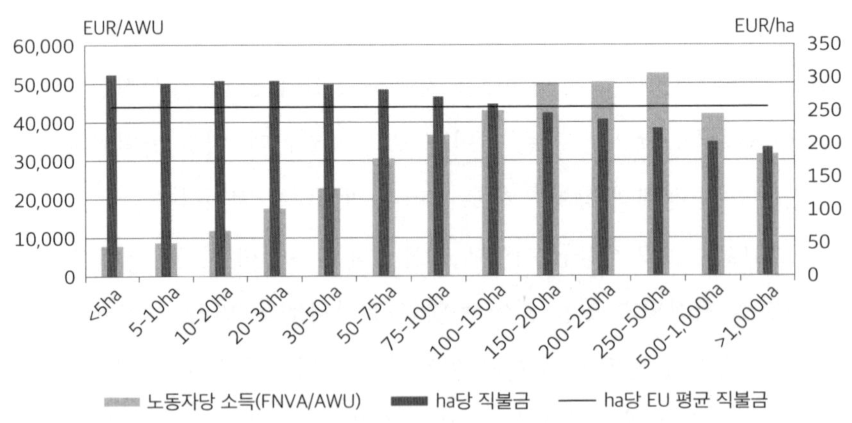

〈그림 4-7〉 농장 규모별 소득과 직불금 비교

출처: European Commission, 2018e-1, CAP Specific Objectives Explained: Ensuring viable farm income, Brief No. 1, Brussels. European Commission. p. 8.

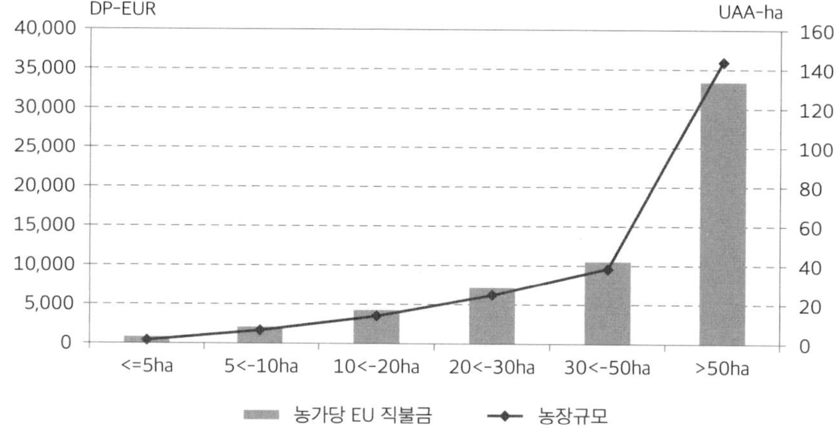

〈그림 4-8〉 경작 규모별 농가 직불금 수급액 비교(2014~2019년 평균)

출처: European Commission, 2018b, Direct Payments, Brussels. European Union. p. 7.

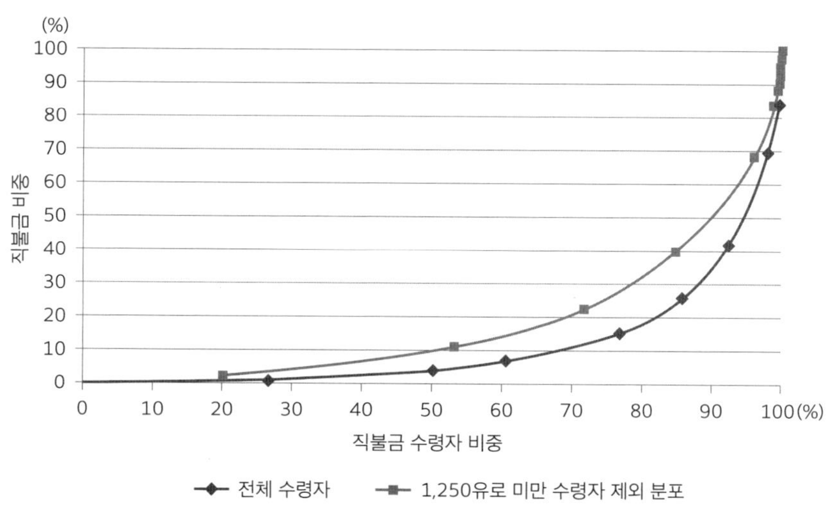

〈그림 4-9〉 농가 규모별 직불금 배분 추이(2015)

출처: European Commission, 2018b, Direct Payments, Brussels. European Union. p. 7.

간에는 강한 연관관계가 형성되어 있다는 것이다. 2015년도 농가 간 직불금 배분 상황을 보면 농업인 20%가 직불금의 약 80%(2014년과 비슷한 비율)를 받고 있는 것으로 나타난다. 이는 직불금이 불공평하다고 인식되는 부분이지만, 각 회원국의 농업구조를 반영하는 것으로 직불금 수령자 중 소규모 농가 수가 많은 것이 중요한 이유였다. 연간 직불금 1,250유로 미만을 받는 농가를 제외하면, 그 비율은 〈그림 4-10〉에서 보는 것처럼 약간 상향된다. 따라서 이러한 농장 규모에 따른 농가 간 직불금 배분의 형평성 개선을 위한 과제가 개혁의 주요 과제로 설정되었다.

둘째, 2014년 개혁에서 도입된 녹색직불금의 행정부담이 매우 크다는 조사 결과가 보고되었다. 2014년에는 기본직불금을 받는 농가들을 대상으로 추가적인 환경조치를 의무적으로 수행하도록 하는 '녹색직불금' 제도를 도입했다. 이 조치에 따라 생태중시지역 지정 관리, 복합작물 재배에 따른 작물 다양화 조치, 그리고 영구초지 관리의 세 가지 사항을 수행하도록 했다. 그리고 이 직불금에 국가별 직불제 예산 총액의 30%를 할당하도록 하고 있다. 그 결과, 현재 EU 전체 경작지의 77%가 녹색직불금에 참여하고 있다. 이러한 결과에도 불구하고 녹색직불제를 시행하는 것이 농민이나 행정기관에 추가적인 부담을 주고 있다는 비판이 제기되었다. 따라서 이를 개선하고 환경효과를 제고하기 위한 방식으로 개선될 필요가 있다는 것이다(European Commission, 2018c).

셋째는 CAP 정책운영의 복잡성에 관한 지적이다. 실제 2014년 CAP 개혁으로 이전보다 CAP 정책이 더 복잡해졌다는 것이다. CAP

운영에 대한 이해관계자의 의견수렴 결과, 현재의 CAP 정책 수단은 매우 제한적인 상황에서만 그 목적을 달성할 수 있다는 비판이 제기되었다. 따라서 다음 개혁에서는 CAP 목적을 더 잘 달성할 수 있는 '간소화'를 추진하는 것이 필요하다는 의견이 제시되었다. 특히, CAP 정책의 성과를 높이기 위해서는 과도한 관료제적 운영을 개선해야 한다고 지적했다(European Commission, 2018a).

넷째는 재분배직불금이 적극적으로 활용되고 있지 못하다는 것이다. 재분배직불금은 회원국의 선택사항이지만, EU 전체 28개 회원국 중 9개국[벨기에(BE), 불가리아(BG), 독일(DE), 프랑스(FR), 크로아티아(HR), 리투아니아(LT), 폴란드(PL), 루마니아(RO), 영국의 웨일스 지역(UK-Wales)]만 도입했다. 이에 대한 예산은 회원국별로 국가별 직불금 총 예산의 0.5%를 배분한 폴란드의 사례에서부터 15%를 배분한 벨기에의 사례까지 큰 차이를 보

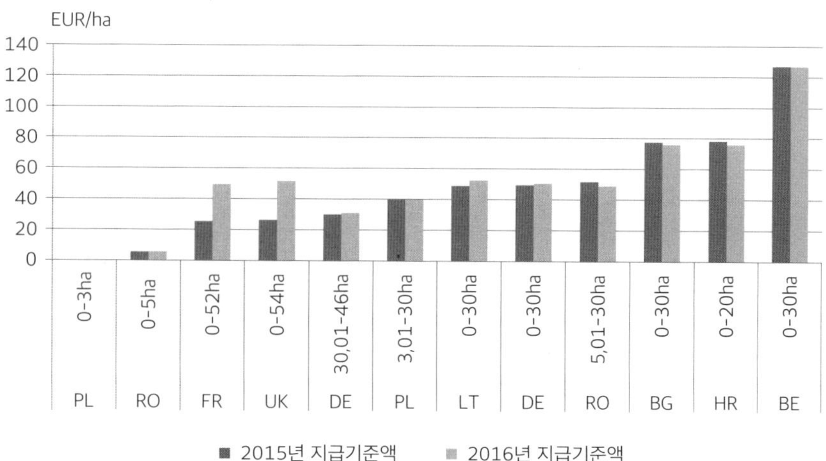

〈그림 4-10〉 회원국별 재분배직불금 지급액과 대상 범위(2015~2016)

출처: European Commission, 2018b, Direct Payments, Brussels. European Union. p. 19.

이고 있다. 즉, 회원국 간 또는 농가 간 직불금 수령액의 격차가 나타나는 현시점에서 회원국이 이를 더 적극적으로 도입하도록 하는 것이 필요하다는 것이다(European Commission, 2018b: 19).

다섯째는 직불금 수령자의 50%가 연간 1,250유로 미만의 금액을 받고 있지만, 이들이 받는 직불금의 총합은 전체 직불금 예산의 4.5%에 불과한 실정이다. 이러한 상황은 소규모 수혜자에게 더 강화된 재분배가 필요하다는 문제를 제기함과 동시에 소규모 농가에 대한 지원이 EU 전체의 농업경쟁력에 어떤 영향을 주는지를 고려해야 함을 지적하고 있다. 이것은 한편으로 정책의 효율성 측면에서 CAP의 직불제 목적을 더 효과적으로 달성하기 위한 개혁이 필요하지만, 다른 한편으로는 소득지원을 통한 소규모 농기업의 발전을 도모하는 효과를 고려할 필요가 있다는 주장도 있다. 즉, 직불제를 추진하는 과정에서 행

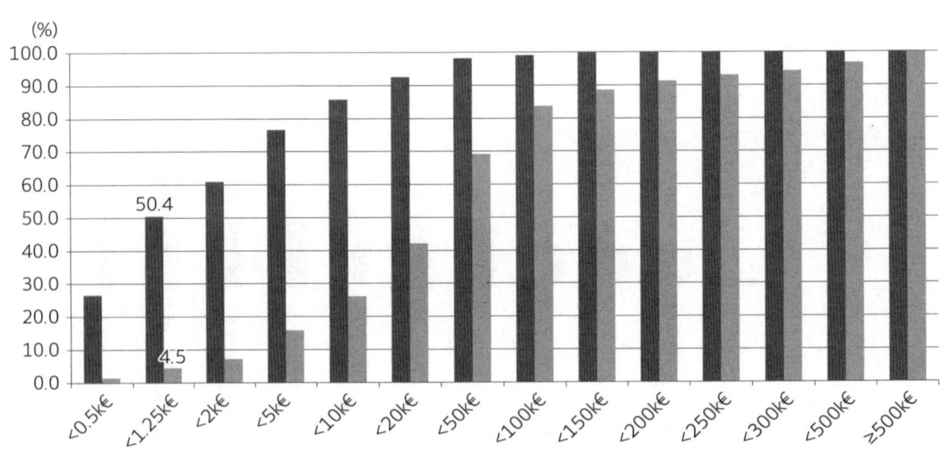

〈그림 4-11〉 직불금 수급액별 수혜자 비율과 총예산에서의 비율(2015)

출처: European Commission, 2018b, Direct Payments, Brussels. European Union. p. 15.

정적인 간소화를 추진해야 하지만 소규모라도 '진짜' 농민을 선별하여 지원하는 것이 중요하다는 것을 지적하는 것이다(European Commission, 2018b: 15).

한편, 소농직불금 지급 현황을 살펴보면, 이 조치에 대해서는 EU 28개 회원국 중 15개 회원국[슬로베니아(SI), 독일(DE), 에스토니아(EE), 벨기에(BG), 크로아티아(HR), 오스트리아(AT), 라트비아(LV), 헝가리(HU), 스페인(ES), 그리스(EL), 포르투갈(PT), 이탈리아(IT), 폴란드(PL), 루마니아(RO), 몰타(MT)]이 도입했다. 2015년 이 정책에 참여한 농가는 약 290만 농가이며, 전체 직불금 수령 농가의 50%를 차지하는 수치다. 이들의 평균 면적은 2.6ha 정도이며, 총면적의 약 9%를 차지하고 있다. 개별 국가에서 소농직불제 참여 농가의 비율은 국가별로 많은 차이가 나타나는데, 슬로베니아에서는 전체의 3%에 불과하지만, 몰타에서는 전체 농가의 90%가 참여하고

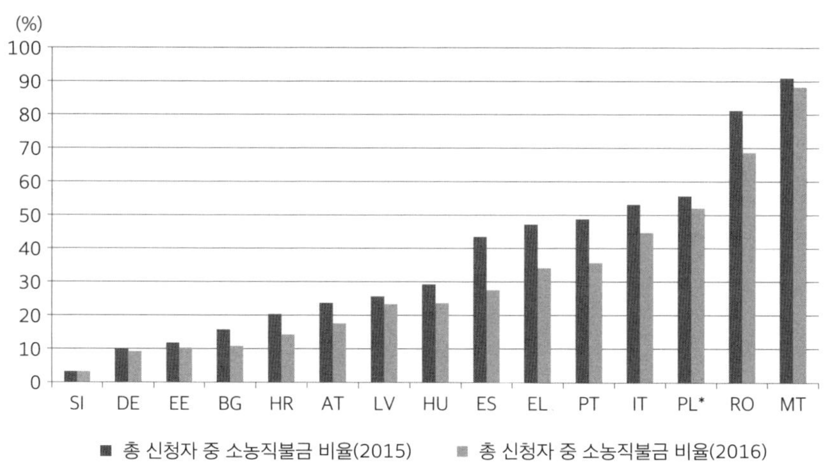

〈그림 4-12〉 소농직불제 참여 농가 비중(2015~2016)

출처: European Commission, 2018b, Direct Payments, Brussels. European Union. p. 23.

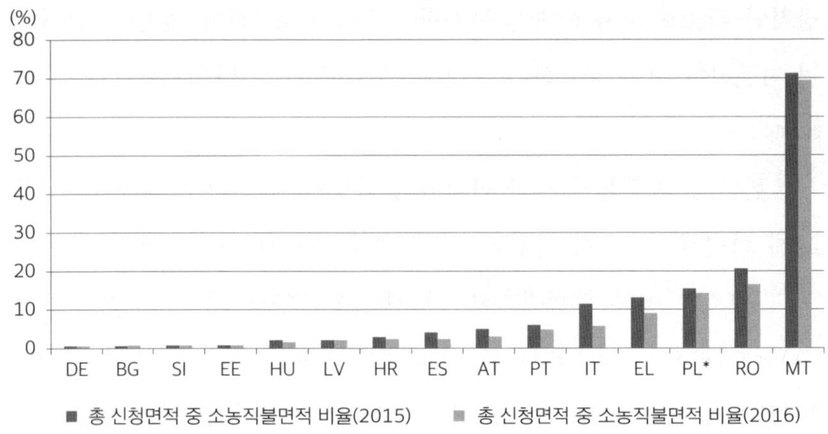

〈그림 4-13〉 소농직불제 참여 면적 비중(2015~2016)

출처: European Commission, 2018b, Direct Payments, Brussels. European Union. p. 23.

있다. 면적에서도 독일은 전체 대상 면적의 0.5%인 반면, 몰타에서는 전체 직불금 대상 면적의 70%가 소농직불제에 참여하고 있다. 이러한 소농직불제 참여 비율은 2016년 다소 감소한다. 총 참여농가가 230만 호로 감소했고, 전체 직불제 참여 농가에서의 비율도 40%로 감소했다. 이러한 감소 이유는 농민들이 직불제의 진행 과정을 지켜보면서 소농 직불금 외에 다른 직불금을 받는 것이 더 유리하다고 인식했기 때문이라는 분석이다(European Commission, 2018b).

여섯째, 이 외에도 후속세대 문제에 대해 더 적극적인 고려가 필요하다는 것이다. 유럽 전체 농장의 5.6%만이 35세 미만 농가에 의해 경영되고 있는데, 이들은 토지 접근성과 농장 승계의 어려움, 신용 문제 등으로 인해 안정적인 농장경영에 어려움을 겪고 있는 상황이다. 따라서 CAP가 현재의 청년농에 대한 지원에 부가해서 신규 창농자에 대한 효과적인 지원을 시행해야 한다고 권고하고 있다.

3) 2021년 개혁에 대한 권고

EESC(2017)는 2021년 개혁의 필요성에 대한 분석을 수행하면서 CAP가 무엇보다 공정거래를 통한 시장안정을 가장 우선적으로 보장해야 하며, 이를 통해 생산물 판매를 통해 농업소득이 증가할 수 있도록 해야 한다고 주장했다. 또한 정부가 '공공재'를 위한 시장을 형성하여 이것이 소득에 긍정적인 효과를 줄 수 있도록 해야 한다는 것이다.

2018년 EU 집행위원회의 CAP 개혁 제안서(European Commission, 2018d)에 따르면, 직불제의 방향 전환이 필요하다고 지적하고 있다. 이런 개혁과정에서 무엇보다 중요한 것은 내부 시장의 기능을 원활하게 하는 것이라고 주장했다. 특히, EESC는 과일과 채소 분야에서 소규모 농가들이 직불금을 적게 받거나 받지 못하는 것도 해결해야 할 부분이라고 인식하고 있다. 이 외에도 EESC(2017)가 EU 전역에서 의견수렴을 통해 취합한 2021년 CAP 개혁에 대한 권고사항을 정리하면 다음과 같다.

먼저, EESC는 CAP의 두 축 체제 유지에 동의하면서 높은 수준의 환경보전 및 기후 활동에 중점을 두어 CAP를 좀 더 녹색으로 만드는 것을 수행해야 한다고 밝히고 있다. 그러나 현재의 정책은 이러한 것을 만들기에는 너무 관료적이어서 좀 더 효율적으로 개선할 필요성이 있다는 것이다. 또한, 직불금은 활동농민에게만 지급되어야 한다고 지적하고 있다. 토지만 소유하고 농업활동이나 공공재 공급 활동을 수행하지 않는 농민에게 지급해서는 안 된다는 것이다.

둘째, EESC는 회원국이 필요할 경우 시장교란을 발생시키지 않는 범위에서 취약한 농업 부문과 지역에 대해 강한 생산연계 직불금을 증액하여 지급할 것을 제안했다. 그 목적은 생물 다양성, 초지 관리 농업, 그리고 기타 쇠퇴하는 부문을 보호하고자 하며, 특히 다른 농업으로의 전환이 어려운 오지 농촌지역에서 토지의 유기를 방지하고자 한다. 이와 함께 생산연계지원직불금이 적용되기 어려운 회원국에서는 두 축 정책을 통해 취약하거나 쇠퇴하는 부문의 상황을 개선하기 위해 직불금을 지급하는 정책을 도입할 수 있도록 하는 것도 제안하고 있다.

셋째, CAP 정책의 핵심적인 지원 대상은 가족농이 되어야 한다고 밝히고 있다. CAP의 두 축 정책 모두 소규모 농장의 경제적 생존력 개선에 도움을 주어야 한다는 것이다. 그러나 재분배직불금이 토지가격이나 임대가격 상승에 영향을 주어서 활동농민들의 소득과 이익을 감소시키는 결과를 초래하면 안 된다는 것을 명확히 밝히고 있다.

넷째, 제1축의 직불금은 개별 농민 수준에서 공정하고 합리적인 수준의 상한을 설정해야 한다고 밝히고 있다. 이에 대해 농가의 파트너십, 협동조합, 기업체 및 보험에 적용되는 직원 수를 고려하여 적절히 조정할 필요가 있다고 주장했다. 이러한 상한 설정(capping)으로 절약되는 예산은 재분배 직불금에 사용될 수 있다. 그러나 이러한 상한 설정은 자발적으로 환경보전 활동을 수행하여 공공재를 공급하는 농민에게 적용되면 안 된다고 밝히고 있다. 이들 농민에 대해서는 지속적으로 지원금이 증액되어야 한다고 주장한다.

5장 2021년 CAP 농정개혁에 대한 논의

1. 개혁 논의 과정

1) 개요

EU에서는 2017년 3월 29일 영국이 공식적으로 EU 탈퇴를 공지하면서, 남은 27개 회원국을 대상으로 2021년 이후에 적용할 CAP 개혁방안에 대한 여론 수렴 절차를 시작했다. 그 결과가 2017년 11월 "The Future of Food and Farming"이라는 제목으로 발표되었다.

이러한 여론을 토대로 EU 집행위원회는 2018년 6월 2021~2027년 CAP 개혁 법안 초안을 발표하여 유럽의회에 제출했다. 이 법안 초안을 토대로 2020년 7월 2021~2027년에 대한 장기 예산계획이 의회에 제출되었고, 따라서 2021~2027년 CAP 개혁법안은 의회 비준만을 남겨놓은 상황이었다. 그러나 2020년 코로나19가 발생하고, 또 영국의 EU 탈퇴가 최종적으로 결정되는 등 다양한 요인이 발생하면서 EU에서는 개혁안에 대한 최종적인 합의를 미루고 2020년 11월 27일 공식적으로 2021~2027년 개혁안의 시행을 2023년까지 연기하는 법안을 통과시켰다. 여러 분야에서 예측하기 어려운 변수들이 나타나고 있는 상황을 반영하여 최종적인 결론을 유예한 것이다. 통상적인 EU의 논의과정을 고려하면 약 1년간 추가 논의가 진행될 것으로 예상된다.

다만, 기존에 확정된 예산 계획에서 큰 폭의 변화가 있지는 않을 것으로 예상하면, 2021~2027[15]년 CAP 예산은 3,870억 유로로 책정되었으며, 그중 제1축인 EAGF 예산에 2,911억 유로, EAFRD 예산에 955억 유로가 할당되었다. 그리고 이후에 유럽 그린딜과 디지털 사업을 추진하기 위한 'NEXT Generation EU 사업'으로 EAFRD 예산에 80억 유로가 추가 배정되었다. 각 회원국은 자국에 할당된 제1축 정책 예산의 25%를 소득지원 정책 부문에서 농촌개발 정책 부문으로 전환할 수 있으며, 이것은 환경 및 기후변화 지원, 청년농 지원, 직불금에 대한 보충(낮은 직불금이 적용되는 국가의 경우) 등에 활용될 수 있다.

2) 개혁 필요성

EU는 2021년 개혁방향과 관련해서 2014년 개혁 이후 전 세계적으로 사회적·경제적·환경적 변화가 크게 나타났다는 점을 언급하고

15 2021~2027년의 정책기간이 2023~2029년으로 변경되는 것으로 간주할 수 있을 것이다. 다만, 아직까지 최종적인 내용이 발표되지 않았기 때문에 이 글에서는 2021~2027년을 정책기간으로 설정한 기존 문헌을 토대로 기술한다.

있다. 가장 대표적으로 농산물 가격의 급격한 하락이 나타났음을 지적하고 있다. 이것은 세계적인 거시경제의 침체뿐만 아니라 세계 각국 간에 지정학적 갈등 등 다양한 요인에 의해 나타난 것으로 분석하고 있다. 다음으로 국제적인 무역협상이 기존의 다자간 협의체 방식에서 양자 협의 방식으로 전환된 것을 지적하고 있다. 그리고 EU가 COP21이나 UN에서 주도하는 지속가능한 발전 목표(SDGs)에 서명함으로써 이에 따른 이행의무가 적용됨을 지적하고 있다.

이와 함께 기존 2014년 개혁이 그 목표를 충분히 달성했는지를 살펴볼 필요가 있음을 지적하고 있다. 특히, 농업 부문의 경제적 건강성이나 환경을 충분히 고려하고 있는가 하는 점, 기후변화 활동을 적절하게 수행하고 있는가의 문제, 그리고 EU 농촌에 강한 역량을 갖춘 사회적·경제적 조직의 발전이 있는지를 살펴볼 필요가 있다는 것이다. 여기에 부가해서 이런 논의가 최근 부상하고 있는 무역, 바이오경제, 재생에너지, 순환경제, 디지털경제 측면에서 기회를 적절히 포착하고 있는지 살펴봐야 한다는 것이다.

3) 개혁 기조

이러한 급격한 변화에 직면해 있기 때문에 CAP의 개혁은 반드시 추진되어야 한다고 하면서, 그 방향은 환경 및 기후변화 활동을 중심으로 이루어져야 함을 밝히고 있다. 그리고 이를 효과적으로 달성하기 위해 CAP의 운영이 좀 더 근대화(modernise)하고, 간소화(simplified)되어 다른 정책 분야와의 연계성과 일관성을 높여야 한다고 지적하고 있다.

이와 관련해서 2021~2027년 CAP 개혁의 기조는 새로운 정책 추진 모델(New Delivery Model)을 도입하여 보충성(subsidiarity), 간소화(simplification) 그리고 회원국의 책임성(responsibility)을 중심으로 개혁이 추진되어야 함을 밝히고 있다. 이를 위해 CAP는 EU가 제시한 CAP 전략계획(Strategic Plan)을 토대로 각 회원국이 국가별 전략계획을 수립해서 시행하는 방식으로 정책 추진 방식을 개혁한다고 제시했다.

2. 2021년 CAP 개혁의 목적

2021년 개혁에 대해 CAP는 총 아홉 가지 기본목표를 제시했다. ① 공정한 농가소득 보장, ② 경쟁력 향상, ③ 식품체인에서 농민의 위치 강화 및 균형유지, ④ 기후변화 활동, ⑤ 환경보전, ⑥ 경관과 생물다양성 보존, ⑦ 농업 후계인력 지원, ⑧ 농촌지역 활성화, 그리고 ⑨ 식품과 건강 보호 등이다. 이를 그림으로 나타내면 〈그림 5-1〉과 같다.

〈그림 5-1〉 CAP 2021~2027 개혁의 목표

출처: EU 웹사이트 https://ec.europa.eu/info/food-farming-fisheries/key-policies/common-agricultural-policy/future-cap/key-policy-objectives-future-cap_en#nineobjectives

1) 공정한 농가소득 보장[16]

이 부문의 목표는 '식량안보를 강화하기 위해 연방 전체에 걸쳐 실행 가능한 농장 수입과 탄력성을 지원하는 것'이다. 일반적으로 EU 전체의 농가소득은 다른 경제 부문의 평균 소득보다 낮다. 농가소득은 농장의 다양한 경제적 특성에 따라 달라지며, 농장구조조정은 농장 수입에 영향을 미치는 주요 요인이다. 예를 들면, 디지털화는 농장 활동을 모니터링하고 투입물 사용을 줄이는 측면에서 기회와 변화를 만들

16 European Commission, 2018e-1.

지만, 상당한 비용도 함께 발생한다.

농가소득 수준은 노동 비용을 포함한 생산 비용에 크게 좌우될 수 있다. 농가소득이 다른 경제 부문의 평균 소득보다 낮으므로 대부분의 EU 시민은 농업인 또는 농업 종사자 모두의 개인 소득을 증가시킬 필요성에 동의하고, 그러한 지원이 필수라는 견해를 가지고 있다.

따라서 농가소득을 지원하는 대책이 필요하긴 하지만, 이것이 농가 간의 불균등한 지원으로 인해 경제적 효율성과 사회적 형평성을 해칠 수 있다는 우려도 제기된다. 그럼에도 농가 소득지원은 CAP의 주요 목표 중 하나이므로 소득 변동성과 관련된 위험을 관리하기 위한 기본 체계(framework)를 정책적으로 제공해야 한다는 것을 밝히고 있다.

2) 경쟁력 강화[17]

이 부문의 주요 목표는 '자원이 제한되고 기후변화가 불안정한 세계에서 수요증가 문제를 해결하기 위해 지속가능한 방식으로 경쟁력과 농업 생산성을 증가시키는 것'이다. 노동생산성 향상 및 여타 요인으로 EU의 농업 생산성은 충분히 높은 수준이다. 그러나 식량 가격, 기후변화 또는 생물 다양성 상실 등 최근 몇 년간의 농업 생산성 침체가 발생하고 있다.

농업기술개발은 지속가능한 방식으로 농업 생산성을 더 높이는

17 European Commission, 2018e-2.

방법이다. 그러나 새로운 기술이나 농업방식을 적용하려면 개별 농민 간에, 그리고 농민 그룹 간의 지식 공유가 반드시 수반되어야 한다. 여기에 기술과 농업방식을 쉽게 바꿀 수 있는 정책적 지원도 필수다. 경제적 회복력(economic resilience)은 농장에 대한 지식과 혁신의 증가를 기반으로 이루어진다. 따라서 EIP-AGRI(Europrean Innovation Partnership for "Agricultural Productivity and Sustainability")는 혁신 프로젝트에 자금을 지원함으로써 더 효율적이고 경제적으로 실행 가능한 농업을 촉진하는 것을 목표로 한다.

3) 식품체인에서 농민의 역량[18]

이 부문의 주요 목표는 '식품체인에서 농민의 위상을 개선하는 것'이다. 농업과 관련된 부문은 많은 일자리를 제공하지만, 농업 부문은 높은 투입 비용, 생산 변동성 및 새로운 서비스의 편입 등으로 식품 가치사슬에서 차지하는 부가가치의 비중이 작다. 예를 들어 식품 가공에서 상위 3위 안에 드는 EU 가공업체들은 하위 부문(sub-sectors) 산업 부문을 포함해서 약 50% 이상의 시장점유율을 차지하고 있다. 새로운 혁신(innovative dynamics)은 제품과 생산 공정에서뿐만 아니라 신기술과 소비자 수요의 변화에 따라 나타나는 조직 혁신도 포함하고 있다. 그러나 소매업체와 가공업체의 위력에 비해 식품가치사슬에서 농민의 협

18 European Commission, 2018e-3.

상력은 매우 약한 상황이다. 따라서 식품가치사슬의 다른 주체들과의 협력을 통해 소비자의 수요에 반응하는 것이 필요하다. 고품질, 건강, 기후 및 환경친화적인 제품을 요구하는 소비자의 기대는 고부가가치 시장에서 기회를 제공하기 때문이다. 결국, 미래의 CAP는 농민들 간의 협력 강화, 가치사슬 내 시너지 강화, 시장 주도 생산 모델 개발 지원, 연구 및 혁신 촉진, 시장 투명성 증대, 불공정 거래 관행(Unfair Trading Practices)에 대응하는 효과적인 메커니즘 보장 등을 통해 가치사슬에서 농민의 입지를 강화하는 것을 목표로 한다.

4) 농업 및 기후 변화 대응[19]

이 부문의 주요 목표는 '지속가능한 에너지는 물론 기후변화 완화 및 적응에 기여한다는 것'이다. 농업 부문은 다른 경제 부문보다 기후 변화에 취약하다. 이것은 단지 기후와 관련된 영향뿐만 아니라 인간과 자연 간의 상호작용 시스템의 취약성 때문이다. 식량 생산에 영향을 미치는 주요 요인들은 강수 변화, 온도 변화, 극한 사건의 심각성과 주기성, 해수면 상승, CO_2 농도 증가 등이다. 2010년부터 EU의 지속가능성과 바이오경제(bio-economy)에 대한 전략은 온실가스 배출량에 대한 목표를 강화함과 동시에 식량안보를 보장하기 위함이다. 그러나 EU 농업은 회원국별로 매우 다양하므로 지역의 요구에 맞게 실제 조건을

19 European Commission, 2018e-4.

파악하고 기후대책 조치를 조정해야 한다. 그리고 농업생산과정에서 CO_2 배출을 완전히 제거하는 것은 현재로서는 불가능하므로 생산 시스템의 탄소 효율성을 향상하는 데 주력해야 한다.

5) 효율적인 토양관리[20]

이 부문의 주요 목표는 '물, 토양 및 공기 같은 자연자원의 지속가능한 개발과 효율적인 관리를 촉진하는 것'이다. 토양은 식물에 필수 영양소, 물, 산소를 공급할 뿐만 아니라 이외에도 지구 생태계에 다양한 필수 서비스를 제공하는 가장 중요한 자연자원이다. 비록 유럽지역의 모든 토양이 동일한 특성을 갖고 있는 것은 아니지만, 토양 건강(soil health)에 대한 사람들의 관심은 점점 증가하고 있다. 실제로 토양은 인간과 자연이 행하는 모든 활동의 결과를 흡수한다고 할 수 있다. 즉, 사람들이 땅에서 행하는 모든 직접적인 활동(집약적 농업, 관개, 다짐, 건축 등)과 물에 의한 침식과 같이 자연적으로 나타나는 여러 현상에 따라 반응한다. 그래서 새로운 CAP 정책에서 의무적 또는 자발적인 조치로 토양 보호를 위한 정책을 실시하는 것은 매우 중요하다고 할 수 있다. 유럽지역에서 토양에 대한 위협 요인으로 제시되고 있는 것은 토양 침식(soil erosion), 토양 유기물 감소(soil organic matter decline), 토양 생물 다양성 손실(soil biodiversity loss), 토양 다짐(soil compaction), 토양 오염(soil contamination), 토양 염류집적

20 European Commission, 2018e-5.

(soil salinisation), 토양 밀봉(sealed soils), 사막화(desertification) 등이다.

생산성을 높이고 토양에 미치는 영향을 줄이는 전략 중 하나는 정밀농업이다. 정밀농업은 농업생산 프로세스를 최적화하는 동시에 디지털 기술을 적용하여 수확량을 극대화한다. 그러나 정밀농업에 대한 지식격차(knowledge gap), 응용격차(application gap), 인식격차(perception gap)를 해소해야 환경과 기후변화에 대응할 수 있는 정밀농업을 발전시킬 수 있다. 정밀농업의 균형과 적절한 활용을 위해 다양한 정책적 지원이 필요하며, 적절한 자문시스템과 서비스가 필요하다. 농업 데이터 관리 및 정밀농업에는 기술적 역량이 필요하기 때문에 EU 전역에 걸친 자문을 위한 지원 및 훈련 시스템 구축이 필요하다.

6) 생물 다양성과 농업 경관[21]

이 부문의 주요 목표는 '생물 다양성 보호에 기여하고, 생태계 서비스를 강화하며, 서식지와 경관을 보존하는 것'이다. EU 농경지에서의 생물 다양성이 감소하고 있고 또 농업 경관의 주요 손실도 보고되고 있는데, 이것은 동식물의 서식지에 영향을 미치는 담쟁이 넝쿨, 농지 주변 관리, 돌담, 고목 등에 영향을 미치는 요인들이 있기 때문이다. 농지의 생물 다양성을 보전하기 위해서는 농민의 적절한 관리활동으로 주요 농지경관요소들의 밀도를 증가시키는 것에 중점을 두어야 한

21 European Commission, 2018e-6.

다. 이를 위해서는 다음과 같은 사항을 인식해야 한다. 첫째, 농업 활동은 다양한 유형의 생물 다양성에 크게 의존하고 있기 때문에 농업은 농지의 생물종과 서식지를 보전하는 데 중요한 역할을 한다는 것이다. 둘째, 농지의 서식지와 생물종을 증가시키기 위해서는 생물 다양성에 위협을 주지 않는 농업활동을 수행하는 것이 중요하다. 셋째, 경관과 경관요소의 다양성을 유지하도록 관리하는 것은 야생 동식물의 가치에 필수이고, 이것은 새로운 요소들을 추가하거나 그냥 보전하는 것만으로는 불충분하며, 농민들에 의해 지속적으로 제대로 된 관리활동이 전개되어야 한다는 것이다. 이를 달성하기 위해 2020년 이후의 CAP 정책은 2014~2020년 정책에 비해 강화된 정책을 마련해야 하는데, 이것은 EU 환경법과의 연계, 회원국의 CAP 예산 사용에 대한 전반적인 계획, 개별 CAP 정책 수혜자의 의무 및 기타 적절한 정책을 활용하는 것을 고려하여 수행할 필요가 있다. 여기에는 생물 다양성 및 경관과 관련된 데이터 및 측정지표(조사, 지표)의 개선도 매우 중요하다.

7) 구조조정과 세대교체[22]

이 부문의 주요 목표는 '청년을 유치하고 사업 개발을 개선하여 농업 분야를 현대화하는 것'이다. EU 농업은 농장의 수와 규모, 전문성 측면에서 구조변화를 경험하고 있고, 이러한 상황에서 청년농업인들

22 European Commission, 2018e-7.

의 수는 지속적으로 감소하고 있다. 실제로 고령농, 소농, 경쟁력이 없는 농가가 농업생산을 중단하는 것은 현재 EU에서 명확하게 나타나고 있는 현상이다. 그리고 CAP는 지속적으로 이러한 방향의 구조조정 정책을 추진해왔다. 이와 동시에 농업정책은 청년들이 영농을 새로 시작할 수 있도록 도와주고, 이들이 농업활동을 통해 적절한 생활 수준을 유지할 수 있도록 지원해야 한다. 청년농들은 낮은 토지 가용성, 높은 토지 가격, 낮은 수익성, 신용 접근의 어려움, 부족한 농업지식과 훈련 등 심각한 문제에 직면해 있다. 그러나 농업의 발전을 위해서는 숙련되고 혁신적인 청년 농업인이 필요한 상황이다. 청년농은 고품질 농산물의 생산에서부터 환경적인 공공재를 공급하는 것에 이르기까지 사회적으로 요구되고 있는 것에 반응할 능력을 갖출 수 있기 때문이다. 이를 위해 2021년 이후 CAP 개혁에서는 청년들의 창농을 지원하는 정책을 수립하는 것과 함께 이들이 농촌지역에서 삶의 질을 제고하고 농업활동의 여건을 개선할 수 있도록 하는 정책을 추진해야 한다.

8) 농촌지역 일자리와 성장[23]

이 부문의 주요 목표는 '바이오경제(bio economy) 및 지속 가능한 임업 등 농촌지역의 고용, 성장, 사회적 통합 및 지역개발을 촉진하는 것'이다. EU 28개 회원국 국토면적의 44%가 농촌지역이며 전체 인구의

23 European Commission, 2018e-8.

19%를 차지하고 있다. 이들 지역에서는 고용의 상당 부분이 1차 산업이나 식품체인에 연계되어 있기 때문에 1인당 소득이 EU 평균에 비해 30% 정도 낮은 수준에 머물러 있다. 빈곤 수준과 빈곤층 비율은 모두 농촌지역에서 더 높지만 회원국 간의 격차가 너무 커서 일률적으로 비교하기는 어렵다. 농촌지역의 고용 전망을 결정하는 데 있어 산업구조 변화의 정도와 인터넷 접근성 여부가 중요한 역할을 한다. 고립된 농촌지역은 도시 근교 지역에 비해 사회통합의 부족과 저조한 노동 시장 상황으로 인해 도시보다 더 많은 어려움을 겪고 있다.

CAP는 농촌지역의 실업 및 빈곤 압력을 완화하는 데 중요한 역할을 한다. 세계은행의 최근 연구에 의하면 빈곤을 줄이고 농촌 지역에 혜택을 지원하는 데 있어 CAP의 정책(특히, 생산비연계 직불금과 농촌개발정책)이 긍정적인 역할을 하는 것으로 평가됐다. 또한 농촌개발정책을 통해 기초적인 공공서비스를 제공함으로써 청년들이 농촌지역을 더 매력적인 곳으로 인식하도록 함으로써 농촌지역의 인구 감소를 늦추고, 농촌과 도시의 격차를 줄이는 데 기여하고 있다.

9) 건강, 식품 그리고 항균 저항성[24]

이 부문의 주요 목표는 '안전하고 영양가 있으며 지속가능한 식품, 음식물 쓰레기 감소, 동물복지 등 식품 및 건강에 대한 사회적 요구

---

24 European Commission, 2018e-9.

에 대한 EU 농업의 대응을 개선하는 것'이다. 항생제 내성(Antimicrobial Resistance: AMR)은 CAP가 지역사회 활동에 대응하는 데 필요한 과제다. AMR과 관련된 사안은 특히 축산 분야에서 항균제 사용에 대한 관심을 촉구한다. AMR은 항균제가 사료와 식수를 통해 흘러 들어가 동물에게 사용되면 심각한 공중보건 문제를 초래한다. 사육 동물에게 항생제 사용을 더 줄이기 위해서는 비용·이익 평가와 사육 시스템 개선을 위한 투자가 필요하다. 따라서 2017년 6월 29일 AMR에 대해 새롭고 포괄적인 EU 실행 계획인 'One Health'가 채택되었다. One Health는 EU를 모범 사례 지역으로 만들기, 연구개발 및 혁신 촉진, 글로벌 어젠다(Global Agenda) 형성 등 세 가지를 목표로 설정했다.

그러나 EU만 AMR의 위협을 인식하고 이 문제를 가장 높은 정치적 차원에서 다루는 것은 아니다. AMR 실행계획의 핵심 요소는 국제협력을 통한 문제 개선이다. 향후 CAP는 수의약품 및 사료 첨가제에 대한 EU의 새로운 규정과의 시너지 효과를 통해 AMR 문제에 대해 농민과 회원국을 지원할 것이다.

3. CAP 정책 추진 방식의 변경[25]

1) 회원국 주도적 정책 추진 틀로의 변화

EU 2021년 개혁안에서 제시하는 핵심적인 과제는 새로운 정책 추진 모델(New Delivery Model)을 도입하는 것이다. 여기서 핵심이 되는 것은 규정과 의무보다 성과를 지향하는 방향으로 전환하고, 농민들이 정책사업에 수월하게 접근할 수 있도록 행정체계를 간소화하는 것이다. 이를 기반으로 새롭게 도입되는 EU 차원의 정책 추진 틀은 기본적으로 앞서 언급한 아홉 가지 정책 목표에 근거를 두고, 정책사업에서 수행할 수 있는 수단(toolbox)을 회원국에 제시해 선택하도록 하는 것이다. 회원국의 정책사업 시행의 자율성과 신축성이 강화되는 것이며, 이 원칙을 CAP에서는 '보조성(subsidiarity)'이라고 설명하고 있다. 이러한 회원국의 정책 추진 활동에 대해 EU 집행위원회는 모니터링과 평가지표를 제시하고 이 지표를 활용해 회원국이 CAP 목적에 도달했는지 평가한다.

2) CAP 전략계획의 수립

2021년 CAP 개혁안에서 새롭게 도입된 정책 추진 모델의 핵심적인 사항은 CAP에서 정책 목적을 달성하기 위한 전략계획을 수립하고,

25 EU 사이트에서 소개하고 있는 정책 운영 체계 변화 설명을 정리한 것이다. https://ec.eu

이를 기초로 회원국에서 각각 실행할 수 있는 국가 전략계획을 수립하여 정책을 추진하는 것이다. 이 과정에서 회원국들은 CAP 예산을 어떤 목적에 활용할 것인지를 명확하게 적시해야 하고, 이를 통해 달성하는 목표들이 EU의 목적에 어떻게 기여하는지를 보여야 한다.

따라서 이러한 국가 전략계획을 작성할 때 각 회원국은 EU 집행위원회와 지속해서 소통해야 하고, 또 분야별 전문가 및 이해관계자의 의견을 조사하고 이를 토대로 자국의 농업, 농촌 상황에 대한 SWOT 분석을 시행해야 한다. 이렇게 작성된 각 회원국의 전략계획은 EU 집행위원회에 제출하여 평가와 승인과정을 거치게 된다. 이후 각 회원국은 정책 수행에 대한 연차 활동 보고서를 제출하면서 설정된 목표의 달성 여부를 점검해야 한다.

3) 새로운 정책 추진 모델의 기대 효과

EU는 이러한 CAP 운영방식의 변경을 통해 세부적인 계획과 명확한 목적을 설정하고, 이를 달성하기 위한 조치와 모니터링을 통해 정책 추진의 효과성이 증가할 것으로 기대하고 있다. 또한, CAP 정책을 개별 회원국에서 실시하는 과정에서 신축성을 증대시킬 것으로 기대하고 있는데, 이는 EU의 기준과 목적에 적합하게 각 회원국이 자국 농민과 농촌의 상황을 고려한 규정을 설정하고 예산을 배분할 수 있도록

---

ropa.eu/info/food-farming-fisheries/key-policies/common-agricultural-policy/future-cap_en#a-new-way-of-working

했기 때문이다. 한편, 회원국은 한 가지 전략계획을 제출하면서 여기에 소득지원, 부문별 전략, 농촌개발을 모두 포함하기 때문에 이를 통해 정책이 원활하게 집행되고 행정부담이 줄어들도록 하고 있다. 행정적으로 매우 유연한 체계를 가질 수 있고, 무엇보다 이 새로운 운영 모델이 EU에서 환경보호를 더욱 강화할 것으로 기대하고 있다. 왜냐하면 국가별 전략계획 수립 시 회원국은 현 상황보다 높은 수준의 환경목표를 설정해야 하기 때문이다.

4. 2021년 CAP 개혁안 내용[26]

1) 일반 사항

(1) 새로운 정책 추진 모델 적용

2021년 개혁안에서는 CAP의 목적과 기초적 요건 등을 포함하는 기본적인 정책 매개로 정책 성과를 구성하며, 여기에 보조성을 강화하고 있다. 각 회원국에서 세부적인 내용을 작성하고 개별 국가, 지역 및 하위 지역이 구체적으로 어떤 문제에 직면해 있는지 명확히 서술함으로써 회원국의 주도성이 반영되고 있다. 그리고 실제로 이러한 전략계획을 작성하는 과정에서 일정한 틀을 형성하여 사용하고 있는 용어의

26 이하의 내용은 European Commission, 2018d 개혁법안 제안서의 내용을 분야별로 정리한 것이다.

개념을 명확히 하는 것이 필요하고, 정책 방안을 도입할 경우 WTO 규칙을 고려하여 작성할 것을 권고하고 있다.

그리고 정책 성과를 평가하는 데 결과 중심 지표를 활용할 것을 제시하고 있다. 일반적으로 성과 기반 정책(performance-based policy)은 연차 그리고 다년차 평가가 필요하다. 그리고 평가 기준은 산출(output), 결과(result), 영향(impact) 지표에 근거해야 하고, 모니터링과 평가 체계에서 명확하게 정의되어야 한다. 따라서 EU 차원에서 이에 따른 특정한 지표가 설정되어야 한다.

(2) 농업 활동과 농지에 대한 새로운 개념

각 개념 정의와 관련해서 2021년 개혁안에서는 기존의 개념과 다소 다른 정의를 제시하고 있다. 먼저, '농업 활동'에 대해서는 농업생산뿐만 아니라 농지 유지 행위도 농업 활동에 포함하고 있다. 또한 '농지'를 정의할 때도 총 세 가지로 구분하고 있다. 먼저, '경종 농지'에는 일반 농산물 경작지에 산림지와 휴경지도 포함하도록 하고 있다. '영구작물' 농지는 잡목지를 제외하도록 하고 있으며, '영구초지'에서도 사육장과 잡초로 덮여있는 농지는 제외하도록 하고 있다. 이처럼 농지의 종류와 범위를 결정하는 것은 이들 농지를 대상으로 직불금을 지급하고 있으므로 중요한 부분이다.

(3) '진짜 농민' 개념의 도입

소득지원 대상에 대해서는 '진짜 농민(genuine farmers)'에게만 지급하도록 하고 있는데, 여기서 '농민'의 정의는 소득, 농업노동 투입, 법인체 조건, 등록 여부 등을 적용하도록 하고 있으며, 농민들이 수행하는 다원활동(pluriactivity)도 적극적으로 '진짜 농민'의 범위에 포함할 것을 장려하고 있다. 이는 2014년 개혁에서 도입한 '활동농민(Active Farmers)' 규정에서 좀 더 세부적인 요소를 포함하여 정의하는 것으로 변경된 것이다. 여기에 청년농은 이전에 비해 더욱 강조되고 있으며, 직불금과 농촌개발 정책에서의 지원을 보장하고 있다.

(4) CAP 농정 목적의 개편

CAP의 목적에 대해서는 EEC 형성기부터 적용해온 로마조약 제39조 제1항에 다섯 가지로 명시되어 있다. ① 기술발전을 촉진하고, 특히 노동력 같은 생산요소의 최적 이용과 농업생산의 합리화를 추구함으로써 농업 생산성을 향상하는 것, ② 이를 통해 농업 종사자의 소득을 증가시켜 농촌지역에서 적정한 생활수준을 보장하는 것, ③ 농산물 시장의 안정, ④ 농산물 공급의 안정성 확보, 그리고 ⑤ 합리적인 가격으로 소비자에게 안정적인 공급을 보장하는 것이다. 여기에 부가해서 2021년 개혁안에서는 기후, 에너지, 환경을 반영하는 구체적인 정책을 추진할 수 있도록 새로운 목적을 추가해야 한다는 것을 밝히고 있다. 특히, 이 과정에서 EU 농업의 특성이라고 할 수 있는 농업의 다원적 기능 측면을 고려해야 한다고 밝히고 있다.

(5) 환경 및 기후변화 대응이 핵심과제

환경보호, 기후변화 대응 활동을 지지하고, EU 차원에서의 환경 및 기후 관련 목적을 달성하기 위해 노력하는 것은 EU 농림업의 미래에 매우 중요한 과제다. CAP의 구조는 이러한 목적을 반영해야 한다. 새로운 정책 추진 모델(NDM)에 의해 환경 악화와 기후변화에 대응하는 활동은 결과 중심적인(result-driven) 조치가 취해져야 한다는 것이다.

EU의 많은 농촌지역은 일자리 부족, 기술 부족, 투자 부족, 낙후된 인프라, 기초서비스 부족, 청년층 이탈 등의 구조적 문제로 어려움을 겪고 있다. 근본적으로 농촌의 사회경제적 구조의 강화가 중요하다는 것이다. 이를 위해 코크 2.0선언에서 천명했듯이 일자리 창출, 후계세대 육성, 사회적 참여 강화, 스마트 빌리지 등을 통해 농촌의 사회경제적 구조를 강화하는 것이 중요하다고 밝히고 있다.

여기서 새롭게 '스마트 빌리지' 개념을 제시하고 있는데, 이는 새로운 농촌 가치사슬을 형성하는 것으로 재생에너지, 바이오경제, 순환경제, 생태관광 등이 농촌지역의 일자리와 성장을 주도할 수 있도록 하는 것이고, 이를 통해 농장과 기업의 성장 능력을 지원하고, 농촌 일자리 창출을 통해 국가의 사회경제적 발전에 연계되는 것으로 설명하고 있다.

(6) 기타

식량안보를 보장하는 것이 중요하다고 언급하고 있다. 이는 항상 충분하고, 안전하며, 영양 있는 농산물을 공급하는 것이다. 이를 위해서는 지속가능한 농업생산, 건강한 영양, 음식물 쓰레기, 동물복지 등을 포함하는 식품과 건강에 대한 새로운 사회적 수요에 CAP 농업이 반응할 수 있는 체계를 형성해야 한다는 것이다.

그리고 CAP 전략계획에 따라 국가별 전략계획을 수립하는 데 있어서 국제적 규정을 적절히 고려해야 한다는 것이다. 현재 CAP의 정책은 WTO의 그린박스와 블루박스 조건에 연계되어 있다. 여기서 '그린박스'는 생산과 교역에 대한 영향이 없거나 최소한의 영향만 있는 상황에 해당하고, '블루박스'는 생산제한 프로그램 하에서의 지원이 해당한다. 이 두 가지 경우가 보조금 감축 대상에서 제외되는 부분이다. 여기서 WTO 규정 부속서 2항이 그린박스 규정이고, 협정 6.5항이 블루박스 규정이다. EU의 정책은 위 규정에 따른 것이지만, 회원국이 CAP 전략계획을 반영할 경우 이러한 규정의 합치 여부를 잘 점검해야 한다. 그리고 EU 전체 예산의 25%를 기후변화 대응에 사용하겠다고 밝힌 데 맞추어서 CAP에서도 전체 예산의 40%를 기후 관련 목적에 할당했다.

2) 교차준수의무(Cross-Compliance) 관련 사항

(1) 개요

교차준수의무는 직불금 수혜자가 해야 할 기본적인 요건이며, 이것은 환경, 기후변화, 공공보건, 동물건강, 동식물복지 등에 관한 것으로 EU에서는 기본영농환경조건(GAEC)과 법적관리규정(SMR)의 두 가지로 구성되어 있다. 이런 기본적인 기준은 환경과 기후변화를 고려한 것이며, 더 높은 수준의 환경과 기후변화에 대응할 수 있도록 예산을 할당해야 한다는 것이다. 특히, 환경, 공공건강, 동물건강, 식물건강과 동물복지에 대한 정책을 통해 사회적 기대에 부응하는 것이 CAP의 목적이기 때문에 교차준수의무를 적용하는 것은 매우 중요하다. 따라서 이 의무를 준수하지 못한 농민에게 조건성(conditionality)의 원칙을 적용하여 비례적 · 효과적으로 벌금을 적용해야 한다는 것이다.

(2) 기본 영농환경 조건(GAEC: Good Agricultural and Environmental Conditions)

이것은 기후변화, 물 관리, 토양 보호, 생물 다양성 보전에 기여하는 것을 목적으로 한다. 실제로 GAEC는 2020년까지 직불금의 녹색화에 기여했다. 이러한 GAEC 규정에 대해 회원국에서는 토양, 기후조건, 농법, 윤작 등의 요소를 고려한 추가적인 규정을 부여할 수도 있다. 이것은 양분관리계획을 포함해야 하는데, 디지털 농장관리 기법을 적용하여 농장에서 양분관리를 직접 할 수 있도록 하는 체계를 형성하는 것이 필요하다고 밝히고 있다.

(3) 법적관리규정(SMR: Standard Management Requirements)

이것은 농장 차원에서 잘 작동할 수 있도록 해야 한다. 즉 EU 차원에서는 환경, 공공건강, 동물건강, 식물건강과 동물복지에 대한 사항을 잘 규정하고 SMR이 회원국 차원에서 잘 이행될 수 있도록 하는 것이 중요하다는 것이다.

(4) 농장자문서비스

농장자문서비스는 농가와 농촌 사업체의 경영 성과를 높이고, 지속가능한 경영을 도모하기 위한 것이다. 농촌 사업의 경제적 · 환경적 ·

사회적 요소에 대해 자문을 제공하고, 농장 차원에서 개선에 필요한 모든 방법을 대상으로 한다. 농장과 CAP 지원을 받는 모든 사람에게 농장경영과 토지관리에 대한 인식을 제고하고, 환경 및 기후변화에 대한 기본적인 기준, 필수적인 요소 등 관련 정보를 제공한다. 회원국은 농업지식혁신시스템(AKIS: Agricultural Knowledge and Innovation Systems)에 자문가를 포함하여 연구와 혁신을 통해 얻은 선진적인 기술과 과학적인 정보가 전달될 수 있도록 한다는 것이다.

3) 2021년 직불제 개혁안 내용

(1) 개요

이번 개혁에서 직불제는 2014년 개혁에 이어서 소폭의 개편을 계획하고 있다. 우선, 기본적인 내용은 2014년과 유사하다. 소득보조를 공정하게 배분하기 위해 상한선을 넘어가는 직불금액은 삭감되어야 하고, 이 부문은 생산비연계 직불금 또는 재분배직불금으로 전용되거나 농촌개발예산(EAFRD)으로 전환되어야 한다고 밝히고 있다. 지금까지 시행되었던 보조금 조정제(Modulation)를 좀 더 적극적으로 활용할 것을 권고하는 것이라고 할 수 있다. 또한, 생산비연계 직불금을 받을 수 있는 최소 면적에 대한 기준도 설정되어야 한다. 이는 많은 소액의 직불금을 관리하기 위해 소요되는 행정적인 비용 부담을 줄이기 위한 것이다.

또한 직불금 지급 단가의 국가별 격차를 완화하기 위한 지원도 적용되는데, 직불금액이 EU 전체 평균에 비해 낮은 회원국은 점차 인상하여 최고 EU 평균의 90%까지 이르도록 국가별 상한액을 조정한다는 것이다.

(2) 기본직불제의 변화

이번 개혁에서는 이전의 기본직불제(Basic Payment Scheme)를 대체해서 "지속가능성을 위한 기본소득 지원(basic income support for sustainability)"으로 개편했다. 이것은 '진짜 농민'에 대한 최소한도의 농업소득 지원을 보장하고 농촌 공동체를 위한 공정한 생산 수준을 보장하기 위한 것으로, 연간 면적 기준 생산비연계 직불금으로 운영된다. 지원 목적을 좀 더 효과적으로 달성하기 위해 사회경제적 그리고 농학적인 조건에 따라 지역을 구분하여 차별적으로 적용한다고 밝히고 있다. 그리고 예전과 마찬가지로 회원국은 과거 단일 직불금 수급권에 따라 기본소득 지원을 할 수 있다. 이 경우 이전 제도에서 시행되었던 '기본직불금' 제도 하에서의 직불금 수급권 단가 비율에 따라 그대로 적용해야 한다.

(3) 소농직불금

이번 개혁 초안에서 "소농은 EU 농업의 토대다"라고 천명하고 있다. 이들이 농촌 일자리를 유지하는 데 핵심적인 역할을 하고 지역발전에 기여한다고 평가하고 있다. 그러나 소액 수령자에 대한 행정적인 부담을 줄이기 위해 소농직불금이 다른 직불금을 대체한다는 원칙을 세우고 선택권을 부여하고 있다. 즉 소농직불금을 받으면 다른 직불금 대상에서 제외되는데, 이는 이전의 규정과 동일하다.

(4) 재분배직불금

직불금이 중소농에 좀 더 균형적으로 지원되도록 "지속가능성을 위한 보완적 재분배소득 지원(Complementary redistributive income support for sustainability)"을 도입한다고 밝히고 있다. EU 차원에서 회원국 농업구조의 격차를 고려하여 면적 범위별로 서로 다른 금액의 지원금을 지급하는 것을 허용하는 것이다.

(5) 청년농직불금

이번 개혁에서 가장 강조되고 있는 직불금이라고 할 수 있다. 이 직불금은 기본적으로 새롭게 농업 활동을 시작하는 청년농들이 재정적으로 어렵기 때문에 이들에 대한 소득을 지원하기 위해 '청년농을 위한 보완적 소득지원(Complementary income support for young farmers)' 직불금을 도입한다고 밝히고 있다. 이러한 청년농의 유입은 EU 차원에서 농업부문의 경쟁력 유지에 매우 중요한 부분으로 간주하고 있다.

특히, 이번 개혁 초안에서는 청년농직불금을 전체 직불금 예산의 2% 이상 사용하도록 변경했는데, 이것은 기존 청년농직불금을 전체 예산의 2% 이내에서 지급하도록 했던 것에 비교하면 청년농에 대한 정책적 지원이 강화되었음을 알 수 있다.

(6) 생태제도(eco-scheme)의 신설

CAP의 환경보전 기능을 강화하기 위해 이번 개혁은 새롭게 '자발적인 생태제도(eco-schemes voluntary for farmers)'를 도입하고 있다. 이것은 환경과 기후에 도움이 되는 농업 활동을 통해 공공재를 공급하는 농민의 활동을 장려하기 위한 인센티브(incentivising)와 보수(remunerating)라고 밝히고 있고, 환경보전 활동에 대한 보상(compensation)이라고 간주할 수도 있다.

두 가지 경우(인센티브 및 보수와 보상) 모두 CAP의 환경과 기후에 대한 대응을 강화하는 것이고, 이것은 교차준수의무 수준을 넘어서는 활동에 대해 지원하는 것이다. 회원국이 이를 시행할 경우는 생태제도를 실행하기 위한 농업 활동(농법)이 어떤 것인지를 명확히 제시해야 한다. 그 사례로 법안에서는 영구초지나 경관물의 관리, 유기농업 등을 들고 있다. 그리고 이 조치와 함께 '도입 수준 제도(entry-level scheme)'를 도입할 수 있다고 밝히고 있는데, 이 명칭은 2003년 영국이 농촌환경관리제도를 시행하면서 많은 농민의 참여를 유도하기 위해 사용한 용어와 동일하다. 다만, 이 개혁안에서는 이것이 농촌발전을 위한 협약에서 활용할 수 있는 개념으로 설명하고 있는 것이 다른 점이라고 할 수 있다.

이러한 생태제도 직불금은 2014년 개혁에서의 '녹색직불금'을 대체하는 것이라고 할 수 있는데, 기존 녹색직불금이 의무시책인 데 비하면 생태제도 직불금은 자발적 시책이라는 것이 차이라고 할 수 있다.

(7) 생산연계 직불(Coupled Payment)

2014년 개혁에서 도입되었던 생산연계 직불이 이번 개혁에서 다소 확대된 것으로 볼 수 있다. 즉, 사회적·경제적·환경적 측면에서 특별한 어려움을 극복하기 위해 중요한 경우 경쟁력, 지속가능성, 품질 개선을 위한 목적으로 회원국에서 생산연계 직불금을 전체 직불금 예산 상한 내에서 활용하는 것을 허용한다고 규정하고 있다. 곡물과 유지작물은 물론 과일, 채소 등 대부분의 작물을 대상에 포함하고 있고,

소고기와 낙농품 등 축산물도 포함된다.

이러한 생산연계 소득지원을 위한 준수기준(compliance)은 WTO 기준을 따라야 한다고 밝히고 있는데, 유지작물은 EU가 UR 협상 당시 미국과 체결한 양해각서(Memorandum of Understanding: MOU)에서 규정한 면적 한도를 충족해야 한다고 밝히고 있다. 이에 부가해서 기존부터 계속 시행해온 특정 국가를 대상으로 한 면화 작물에 대한 직불금은 유지한다고 밝히고 있다.

4) 부문별 정책

부문별 또는 품목별 지원을 위한 조치를 도입하고 있다. 이 조치의 적용 부문은 과일·채소, 와인, 양봉, 올리브오일과 테이블 올리브, 호프, 기타 생산물 등이다. 회원국에서 이를 시행하기 위해서는 부문별 조치의 목적과 내용에 대한 최소한의 필요 요건을 EU 차원에서 제시해야 하는데, 이는 불공정하고 불평등한 경쟁이 이루어지는 것을 피하기 위한 것이라고 밝히고 있다. 회원국은 시행하려는 조치들이 CAP 전략계획에 포함되어 있고, 이런 조치가 CAP 목표 달성에 기여한다는 것을 명확히 해야 한다.

이러한 부문별 조치에 적용되는 예산은 전체 직불금 예산에서 이루어져야 하는데, 이는 재정적으로 중립성을 유지하기 위한 것이다. 그러나 만약 회원국이 부문별 조치를 하지 않는다면, 그만큼의 할당액이 직불금 형태로 다른 부문에 활용될 수 있다.

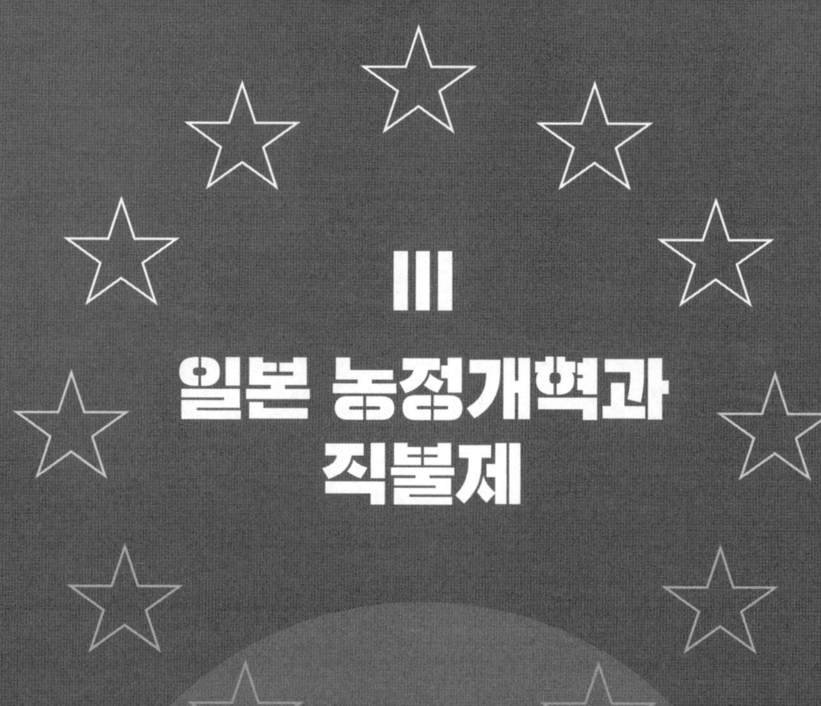

III
일본 농정개혁과 직불제

6장 농정개혁과 2013년 직불제 개편

밭작물 직불제, 논활용 직불제, 일본형 직불제 등 현행 직불제 체계는 2012년 12월 중의원 선거에서 자민당이 대승을 거두면서 탄생한 제2차 아베 내각(이하 아베 내각)[27]에 의해 실시된 농정개혁 과정에서 이루어졌다. 따라서 이하에서는 직불제의 내용을 구체적으로 살펴보기 전에 일본 농업·농촌에 대한 현황 파악을 위한 주요 현안 지표와 아베 내각 초기에 실시한 농정개혁의 개요에 대해 살펴보기로 한다.

27 제1차 아베 내각은 2006년 9월부터 2007년 9월까지였다.

1. 농업·농촌의 주요 현안 지표

일본 농업 · 농촌 현안에 대해서는 농가, 농지, 농업생산, 농업경영, 농업노동력 등의 지표를 통해 다양한 측면에서 살펴볼 수 있는데, 이 글에서는 최근의 농정추진과 관련해서 종종 언급되는 몇 가지 지표를 중심으로 정리해보자.

1) 농업노동력과 농가인구의 과소화 및 고령화

농가인구는 지속적으로 감소추세를 나타내 2010년 650만 3천 명이던 것이 2019년에는 398만 4천 명으로 지난 10년 사이에 38.7%나 줄어들었다(〈표 6-1〉 참조). 또 전체 인구에서 농가인구가 차지하는 비율도 2010년 5.1%에서 2019년 3.2%로 축소되었다.

농가인구가 지속적으로 감소추세를 나타내는 가운데 "자영농업에 주로 종사하는 세대원(농업취업인구) 가운데 평소 주된 상태가 '주로 농업'인 사람"을 말하는 기간적 농업 종사자 수도 2010년 205만 1천 명에서 2019년 140만 4천 명으로 31.5% 줄어들었다.

일본에서 인구의 고령화는 전국적으로 나타나고 있는 현상이지만, 농업 · 농촌 부문의 고령화는 도시 부문보다 빠르게 이루어져 농가인구 중 65세 이상이 차지하는 비율인 고령화율이 2019년 45.2%에 달했다. 고령화율이 7~15%이면 고령화 사회, 14~21%이면 고령사회, 그리고 21% 이상이면 초고령사회로 구분하는 기준에서 볼 때 농가인

〈표 6-1〉 농가인구 등 동향

(단위: 만 명, %)

구분		2010	2015	2016	2017	2018	2019
총 농가인구(a)		650.3	488.0	465.3	437.5	418.6	398.4
	65세 이상(b)	223.1	188.3	184.7	182.3	182.1	180.1
	고령화율(b/a×100)	34.3	38.6	39.7	41.7	43.5	45.2
기간적 농업 종사자(c)		205.1	175.4	158.6	150.7	145.1	140.4
	65세 이상(d)	125.3	113.2	103.1	100.1	98.7	97.9
	고령화율(d/c×100)	61.1	64.5	65.0	66.4	68.0	69.7

출처: www.maff.go.jp(농림수산성 통계정보).

구 고령화 현상이 매우 빠른 속도로 진행되고 있다는 것을 충분히 알 수 있다. 기간적 농업 종사자의 고령화는 더욱 심하여 65세 이상 비율이 2019년 69.7%를 기록했다.

이 같은 극심한 농업노동력 및 농촌인구의 과소화·고령화는 농업·농촌의 거의 모든 부문에 좋지 않은 영향을 미치게 되는데, 그 가운데 몇 가지를 정리하면 다음과 같다.

① 핵심 경영체(担い手)[28]의 부족, 농지의 황폐화 등으로 농업생산

28 일본 농정에서 '니나이테(担い手)'라는 용어를 자주 사용하는데, 이것은 "효율적이고 안정적인 농업경영(주 종사자가 다른 산업종사자와 동등한 연간 노동시간으로 지역에서 다른 산업종사자에 손색이 없는 수준의 생애소득을 확보할 수 있는 경영)을 영위하는 경영체 및 그것을 지향하는 경영체"를 의미하는 것으로 인정농업자, 인정신규취농자 등을 말한다(農林水産省 經營局, 2019). 이 같은 '니나이테'의 주류는 어디까지나 가족경영이다. 농림수산성은 이들 경영체에 대해 각종 지원책을 집중 육성하여 2023년에는 전체 농지 가운데 80%를 이들에게 집적(2019년 기준 57.1%)하도록 하는 농업구조 확립을 목표로 하고 있다. 이처럼 '니나이테'는 일본 농업경영에서 중추적이고 핵심적인 경영체이므로 이 글에서는 '핵심 경영체'로 표기한다.

기반의 약체화 초래

② 농업경영이 다음 세대로 이어지지 못하는 상황 초래

③ 농지, 농업용 배수로 등을 비롯한 각종 지역자원의 유지·관리 곤란

④ 지역 전통문화 등의 계승 곤란

⑤ 정부의 각종 생활 서비스 등의 제공에 지장 초래 등

특히 농업·농촌의 과소화·고령화는 중산간지역처럼 농업생산 및 정주여건 등이 불리한 곳에서 더욱 빠르게 나타나고 있어 문제의 심각성을 가중시킨다.

2) 농업집락 기능 저하

일본에서 '집락'은 일반적으로 "사람이 거주하는 가옥이 모여 있는 지역"을 의미하는데, 농림수산성은 농업집락을 "시정촌(市町村)[29] 구역의 일부에서 농작업이나 농업용수의 이용을 중심으로 각 가옥이 지연적·혈연적으로 연결된 사회생활의 기초적인 지역단위"라고 규정하고 있다(農林水産省, 2020: 357). 이와 같은 농업집락은 ① 농업생산 면에서의 상호보완 기능뿐만 아니라 ② 지역 농업자원의 유지·관리 기능, ③ 생활면에서의 상호부조 기능 등 다양하고 중요한 역할을 수행한다

29 일본의 행정구역 단위는 중앙정부 밑에 광역지방자치단체인 도도부현(都道府県)과 기초자치단체인 시정촌(市町村)으로 되어 있다.

(農林水産省, 2013: 23).

그런데 농촌지역이 도시화되거나 농촌거주 인구가 줄어들면서 농업집락 역시 감소하고 있다. 농림수산성은 농림업 센서스를 통해 집락에 관한 데이터를 지속적으로 조사하고 있는데, 전국의 집락 수는 2010년 13만 9,178개 → 2015년 13만 8,256개로 5년간 922개 집락이 감소했다. 특히 농업집락의 소규모화(농가 호수 감소)가 크게 이루어져 〈표 6-2〉와 같이 2010~2015년도에 10호 이상 규모의 집락은 1만 276개 줄어든 반면, 농가가 9호 이하인 소규모 농업집락은 2010년 4만 9,502개(전체의 35.6%)에서 2015년에는 5만 8,858개(42.6%)로 5년간 9,356개 집락이 늘어났다.

농업집락 감소와 더불어 농가 호수 감소, 농업인구 과소화 및 고령화, 그리고 지역사회에서 농가와 비농가가 함께 거주하는 혼주화 확대 등 농촌인구 구조도 크게 변하면서 농업집락이 본래의 기능을 유지하는 데 어려움이 가중되고, 나아가 기능을 상실하는 집락도 나타나고 있다.

〈표 6-2〉 농가 수 규모별 유형 농업집락 수

(단위: 집락)

연도	합계	9호 이하	10~29호	30~49호	50~99호	100~149호	150호 이상
2005	139,465						
2010	139,176	49,502	67,245	16,002	5,826	504	97
2015	138,256	58,858	62,804	12,275	3,954	313	52

주: 『2020년 농림업 센서스 보고서』 중 집락 관계 부분은 2022년 1월 현재 미발행 상태임.
출처: www.maff.go.jp(농림수산성 통계정보).

3) 경작방기지 급증

일본에서는 경작에 이용되지 않는 농지에 대해 이용 상태에 따라 〈표 6-3〉과 같이 세분하고 있는데, 경작방기지는 농림업 센서스에서 "이전에 경작하던 농지로 과거 1년 이상 작물을 재배하지 않고, 앞으로 수년간 다시 재배할 의향이 없는 농지"로 정의된 통계상 용어다(農

〈표 6-3〉 황폐농지와 유휴농지 정의

<table>
<tr><th colspan="2">종류</th><th>용어 정의</th><th>조사 방법</th></tr>
<tr><td colspan="2">황폐농지</td><td>현재 경작에 이용되지 않아 황폐해졌으며, 통상적인 농작업으로는 작물 재배가 객관적으로 불가능한 상태의 농지</td><td rowspan="7">시정촌, 농업위원회 조사: 현지 조사에 의한 객관에 기초해 매년 조사</td></tr>
<tr><td></td><td>재생이용이 가능한 황폐농지</td><td>황폐농지 중 뿌리 제거, 정지, 구획정리, 객토 등을 실시하면 재생해 통상적인 농작업에 의한 경작이 가능할 것으로 판단되는 농지</td></tr>
<tr><td></td><td>재생이용이 곤란한 것으로 판단되는 황폐농지</td><td>황폐농지 중 산림의 모습을 나타내는 등 농지로 복원하기 위한 물리적인 조건 정비가 현저하게 곤란한 농지, 또는 주변 상황으로 보아 농지로 복원해도 계속 이용할 수 없다고 판단되는 농지</td></tr>
<tr><td colspan="2">유휴농지</td><td></td></tr>
<tr><td></td><td>1호 유휴농지</td><td>현재 경작목적으로 이용되지 않고, 앞으로도 이용될 것으로 보이지 않는 농지</td></tr>
<tr><td></td><td>2호 유휴농지</td><td>농업상 이용 정도가 주변 지역의 농지이용 정도에 비해 현저하게 열악하다고 인정되는 농지</td></tr>
<tr><td colspan="2">경작방기지</td><td>이전에 경작하던 농지로 과거 1년 이상 작물을 재배하지 않았고, 앞으로 수년간 다시 재배할 의향이 없는 농지</td><td>농림업 센서스: 조사표에 의한 농가 등의 주관에 기초해 5년마다 조사</td></tr>
</table>

출처: 農林水産省, 2017, p. 7.

林水產省, 2011a: 2).

황폐농지와 유휴농지는 현지 조사에 따른 판단(객관적 판단)이고, 경작방기지는 농가의 경작 의향에 따른 판단(주관적 판단)으로, 황폐농지가 아니라 경작할 수 있는 상태에서 관리되는 농지라도 농가 등이 경작할 의사가 없는 경우에는 통계상 경작방기지로 간주한다(農林水產省, 2011b).

경작방기지 면적은 1985년에는 약 13만 ha 수준이었는데, 고령자 은퇴와 토지소유 비농가의 증가, 농산물 가격 침체, 농지 계승자 부족 등으로 1990년 이후 크게 늘어나기 시작하여 2015년에는 약 42만 ha가 되었다(〈그림 6-1〉 참조). 이는 전체 경지면적의 약 9.3%에 해당하는 규모다. 소유별로는 토지소유 비농가, 그리고 지역별로는 중산간농업지역에서 경작방기지가 급증하고 있다.

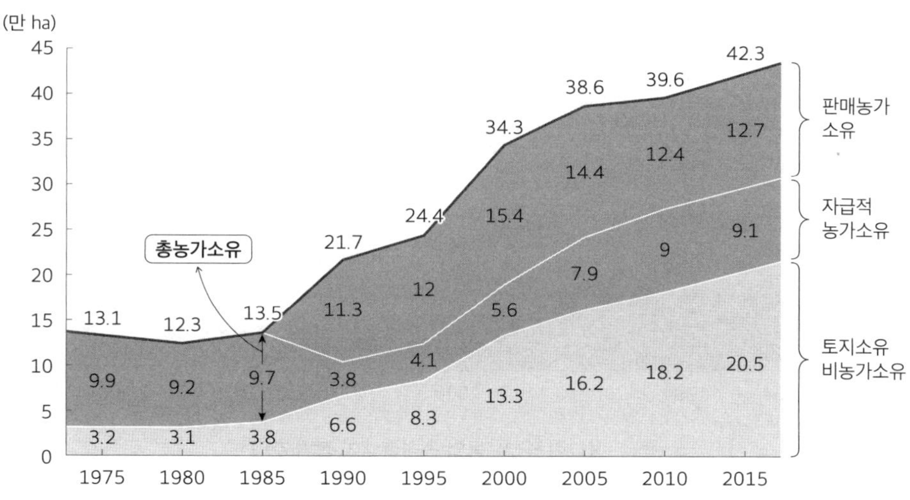

〈그림 6-1〉 경작방기지의 장기 추이

출처: www.maff.go.jp(농림수산성 농림업 센서스).

식량자급률이 낮은 상황에서 경작방기지의 급증은 안정적인 식량 공급을 위협하고, 주변 농지의 생산활동이나 농촌환경에도 좋지 않은 영향을 미치게 된다.

4) 농업 총산출액 감소

농업 총산출액[30]은 1984년 11조 7천억 엔으로 정점을 찍은 후 전체적으로 장기 감소추세를 나타내 2010년에는 8조 1천억 엔으로 줄어들었다(〈그림 6-2〉 참조). 이후 약간의 증가추세로 전환되어 2017년에는 9조 3천억 엔으로 늘어났고, 2019년에는 다시 8조 9천억 엔까지 줄어들

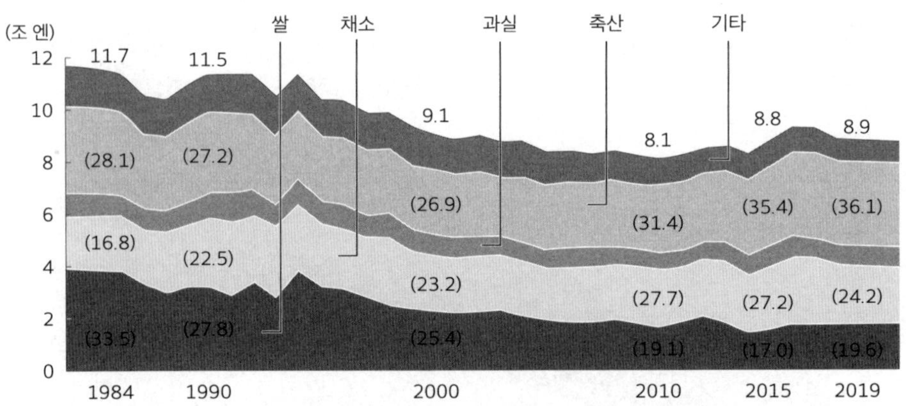

〈그림 6-2〉 농업 총산출액의 장기 추이

출처: 農林水産省, 2021, p. 130.

---

30 농업생산활동에 의한 최종 산출물의 총산출액을 말한다. 가공농산물을 포함하고, 농업서비스 및 중간생산물(종자, 사료작물 등)은 포함하지 않는다.

었다.

이처럼 농업의 총산출액이 지난 30여 년간 크게 줄어들었는데, 가장 큰 영향을 미친 것은 〈그림 6-2〉에서 알 수 있듯이 쌀 산출액이다. 축산, 과실, 채소 부문의 산출액도 연도에 따라 증감을 나타내는데, 쌀 산출액은 1994년 3조 8천억 엔까지 늘어난 이후 계속 줄어들어 2019년에는 1조 7천억 엔으로 1994년의 45% 수준에 불과했다.

쌀 산출액이 줄어들면서 농업 총산출액에서 쌀이 차지하는 비중도 크게 바뀌었다. 1989년 농업 총산출액 중 쌀이 차지하는 비중이 33.5%로 가장 크고, 그다음은 축산 28.1%, 채소 16.8%의 순이었다. 그런데 갈수록 쌀 산출액은 줄어든 반면, 다른 품목의 산출액은 큰 변동이 없어 2019년 축산과 채소의 비중이 각각 36.1%, 24.2%로 크게 늘어나고 쌀은 19.6%로 줄었다.

농업 총산출액의 이와 같은 변화는 식생활의 다양화, 인구의 과소화 및 고령화, 농산물시장 개방, 가격 하락 등이 복합적으로 반영된 결과라고 할 수 있는데, 이런 변화는 앞으로도 계속 유지될 것으로 예측되므로 장기간 유지해온 쌀 중심의 일본농업 및 정책에 커다란 변화가 불가피할 것으로 보인다.

2. 농정개혁 추진: 농업의 성장산업화

1) 농정개혁의 추진 배경

〈표 6-4〉는 2012년 12월에 출범한 아베 내각이 실시한 주요 농정 및 관련 법률의 제·개정 동향을 정리한 것인데, 언뜻 보아도 내각 출범 직후부터 농정 개편작업이 매우 신속하고 광범하게 이루어졌다는 것을 알 수 있다. 제2차 세계대전에서 패배한 이후 일본 농정의 핵심을 이루어온 농협제도, 농지제도, 쌀 생산조정제도 등을 대폭 개편했고, 시대 흐름에 맞추어 새로운 직불제 체제를 구축했다. 또 1952년 제정한 「주요 농산물 종자법」(일반적으로 「종자법」이라고 함)과 1953년 제정한 「농업기계화촉진법」을 전격 폐지했다. 물론 이전에 대대적인 농정개혁이 없었던 것은 아니다. 그러나 아베 내각 출범 이후 실시된 농정개혁은 종전에 볼 수 없었던 규모의 개혁이었다.

그렇다면 왜 이 시기에 농정개혁이 이처럼 신속하고 대폭적으로 실시된 것인가? 이와 관련해서는 일반적으로 농업·농촌인구의 고령화 및 과소화, 농지의 황폐화 등 농업·농촌이 직면하고 있는 여러 가지 현안이 지적되고 있다. 물론 틀린 지적은 아니다. 그런데 이런 현안들은 이미 이전부터 존재했던 것으로 이 시기 농정개혁 추진의 배경 설명으로는 너무 일반적이고 도식적인 지적이라고 하지 않을 수 없다. 따라서 이 글에서는 아베 정권 출범 당시의 특징적 상황과 관련하여 다음과 같은 세 가지 상황에 대해 살펴보고자 한다.

〈표 6-4〉 최근의 주요 농정 추진 및 관련 법률 제·개정 등의 동향

연도	월	주요 농정 추진 및 법률 제·개정
2009	8	• 민주당 정권 성립
2010	3	• 제3회 「식료·농업·농촌기본계획」 수립
	4	• '호별 소득보상 모델 대책' 시작
2012	12	• 자민당 정권 교체(제2차 아베 내각 성립) • 내각에 '일본경제재생본부'(본부장 총리대신) 설치
2013	1	• '일본경제재생본부' 산하에 '산업경쟁력회의'(의장 총리대신) 설치 • 내각부에 '규제개혁회의' 설치 • 내각부의 '경제재정자문회의' 재가동 • 농림수산성에 '강한 농림수산업추진본부'(본부장 농림수산대신) 설치
	3	• TPP협상 참가 결정
2013	5	• 수상관저에 '농림수산업·지역의 활력창조본부' 설치
	6	• 「일본재흥전략」 수립
	8	• 「농림수산물·식품의 국별·품목별 수출전략」 수립
	11	• 쌀 정책 개편
	12	• 「농지중간관리사업의 추진에 관한 법률」 성립(농지중간관리기구 설치) • 「농업의 구조개혁을 추진하기 위한 농업경영기반강화촉진법」 개정
		• 「농림수산업·지역의 활력창조플랜」 발표
		• 국가전략특구에 의한 규제 완화
2014	4	• 일본형 직접지불제 실시
	5	• 규제개혁회의 농업WG 「농업개혁에 관한 의견」 제출
	6	• 「농림수산업·지역의 활력창조플랜」 개정 • 「농업 핵심 경영체(担い手)에 대한 경영안정을 위한 교부금에 관한 법률」 개정 • 「농업이 가지는 다원적 기능의 발휘 촉진에 관한 법률」 성립 • 2013년 8월 수립한 '농림수산물·식품의 국별·품목별 수출전략'에 따라 수출 촉진의 사령탑으로 수출전략실행위원회 설치
	9	• 농림수산성에 '강한 농림수산업실행본부'(본부장 농림수산대신) 설치

연도	월	주요 농정 추진 및 법률 제·개정
2015	3	• 제4회 「식료·농업·농촌기본계획」 수립
	8	• 「농업협동조합법」 개정
	9	• 「농지법」 개정
	11	• 「종합적인 TPP 관련정책대강」 발표
2016	11	• 「농림수산업·지역의 활력창조플랜」 개정
2017	4	• 「농업기계화촉진법을 폐지하는 등의 법률」 성립 • 「주요 농산물 종자법을 폐지하는 법률」 성립
	5	• 「농업경쟁력강화지원법」 성립 • 「토지개량법」 개정
	6	• 「농촌지역에 산업 도입 촉진 등에 관한 법률(농촌지역 공업 등 도입 촉진법 일부 개정)」 개정 • 「농림물자의 규격화 등에 관한 법률 및 독립행정법인 농림수산 소비안전기술센터법」 개정 • 「축산경영안정에 관한 법률」 개정 • 「농업재해보상법」 개정
	12	• 「농림수산업·지역의 활력창조플랜」 개정
2018	4	• 「농업기계화촉진법」 폐지
		• 「주요 농산물 종자법」 폐지
2018	6	• 「농림수산업·지역의 활력창조플랜」 개정 • 「도매시장법」 개정 • 「토지개량법」 개정 • 「농약거래법」 개정
	11	• 「농림수산업·지역의 활력창조플랜」 개정

(1) 자민당의 정권 재창출(정권교체)

2009년 8월 실시된 중의원 선거에서 자민당은 민주당에 참패를 당하고 야당으로 자리를 옮겼다.[31] 만년 여당으로 장기 집권해온 자민당으로서는 엄청난 충격이었다. 그러나 민주당 정권은 그리 오래가지 못했다. 경제불황 탈출 실패, 정치자금 의혹, 미숙한 정국 운영, 2011년 동일본대지진 및 후쿠시마(福島)원자력발전소 사고 등으로 결국 2012년 12월 중의원 선거에서 대패하여 자민당이 약 3년 3개월 만에 정권을 재탈환했다.

정권교체가 이루어지면 일반적으로 신정권은 새로운 정책이념을 실현하거나 정책적으로 차별성을 두기 위해 이전 정권이 중점적으로 추진한 주요 정책을 개편하는데, 정권교체를 이룬 자민당 역시 '분배'를 강조한 민주당 정권의 색깔을 지우고, '성장'을 전면에 내세우면서 자신들의 색깔을 되찾기 위한 정책 개편을 추진했다. 물론 자민당의 정책 개편이 단순히 이전으로의 복귀는 아니었다. 아베 총리가 강하게 주장하는 '전후 체제로부터의 탈피(戦後レジームからの脱却)',[32] 의료·교육·고용·농업 등의 '암반규제(岩盤規制)'[33] 타파, 20여 년간 계속되는 경제

31 자민당이 1955년 결성 이후 처음으로 1993년 정권을 내주었는데, 당시에는 중의원 선거에서 자민당이 의석수를 가장 많이 획득했으나 과반수를 넘기지 못한 상황에서 자민당 이외의 8개 정당이 결집하여 호소가와(細川護熙) 연립내각(1993.8~1994.4)이 출범한 것으로 투표에 의한 정권교체라고는 말하기 어렵다.

32 일본이 제2차 세계대전에서 패배한 뒤 확립한 질서체제, 헌법 등을 비롯한 경제, 언론, 교육, 외교안보 등 사회체제 전반을 개혁하여 '새로운' 일본을 확립해야 한다고 주장하는 것을 말한다.

33 관련 행정부처나 업계 단체 등이 기득권을 지키기 위해 정부의 개혁에 반발하여 완화 또는 철폐가 쉽지 않은 규제를 말하는 것으로 바윗덩어리를 깨뜨리는 것처럼 어렵다는 의미에서 '암반규제'라는 용어를 사용한다. 의료, 농업, 교육, 고용 등의 분야가 대표적인 암

불황 해결 및 동일본대지진 및 후쿠시마원자력발전소 사고 수습 등을 위한 대폭적인 정책 개편이 시급히 요구되었다.

당시 정권교체에 따른 정책 개편에서 농업 부문도 주요 이슈였다. 2009년 중의원 선거에서 자민당이 민주당에 참패를 당할 때 농업이 주요 요인의 하나로 작용했기 때문이다. 이 문제에는 직불제 내용이 관련되므로 좀 더 자세히 살펴보기로 하자.

2007년 농림수산성은 농업의 구조조정을 촉진하기 위해 2007년산 농산물부터 품목횡단적 경영안정대책[2008년부터 '논·밭경영소득안정대책(水田·畑作經營所得安定對策)'으로 명칭 변경]을 실시했다. 품목횡단적 경영안정대책은 경영의 구조개혁을 가속화하고, 이를 통해 일본농업의 국제 경쟁력을 강화하는 것이 목표였다. 그런데 정책대상을 비교적 경영규모가 큰 농업인[도부현(都府県)의 인정농업자는 4ha 이상, 홋카이도의 인정농업자는 10ha 이상, 집락영농은 20ha 이상]으로 한정했기 때문에 농업인들이 '소규모 농가 포기', '선별정책'이라면서 크게 반발했다.

이런 자민당의 정책에 대항하여 당시 야당인 민주당은 국회의원 선거에서 농민들에게 농업자호별소득보상제도를 매니페스토로 제시했다. 이 제도는 소규모 농가도 식량의 안정공급과 농업·농촌의 다원적 기능 유지에 있어 중요한 역할을 담당하고 있으므로 소규모 농가를 포함하여 의욕 있는 모든 농가가 농업을 계속 영위하여 '위기'에 처한 농업·농촌을 재생시키고, 식량자급률을 높일 수 있는 환경을 조성해 가는 것을 목표로 했다. 일정 규모 이상을 정책대상으로 한 자민당 정

반규제 사례로 지적되었다.

권의 품목횡단적 경영안정대책과 차별을 내세운 것인데, 이것이 결국 2009년 8월에 실시한 중의원 선거에서 전통적으로 자민당 지지세력이던 농민표를 민주당 지지로 돌아서게 해서 민주당이 대승[34]하는 데 중요한 하나의 요인으로 작용했다. 집권 정당이 된 민주당은 즉각 자민당 정권의 경영소득안정대책을 폐기하고, 그 대신 농정의 간판 정책으로 농업자호별소득보상제도(2010년도에는 시범사업으로 호별 소득보상제도에 관한 모델 대책)를 실시했다.

이런 조치에 대해 야당인 자민당은 정책효과가 빈약한 '퍼주기식 정책'이라고 강하게 공격했다. 그리고 2012년 중의원 선거에서 자민당은 정권에 복귀하면 농업자호별소득보상제도 개편, 민주당 정권하에서 대폭 삭감된 농림수산 예산 부활 등을 실시하여 '핵심 경영체(担い手)를 중심으로 한 강한 농업'(『日本農業新聞』, 2012.12.7)을 만든다는 공약을 내세워 농민 표를 공략했다. 이와 같은 자민당의 공약이 받아들여져 2009년 선거와는 정반대로 자민당이 농민 표를 업고 대승하여 정권교체를 이루었고, 새로 출범한 아베 내각은 본격적인 농정 개편에 착수했다.

(2) 아베노믹스 실시

아베 내각 출범 시 일본경제는 20여 년간의 긴 경제불황(잃어버린 20년) 속에서 헤어나지 못하는 상황이 계속되었고, 엎친 데 덮친 격으로 동일본대지진 및 후쿠시마원자력발전소 사고 복구와 지역경제 재건이 긴급 현안으로 떠올랐다. 그래서 아베 내각은 일본경제가 장기간

34 중의원 총 의석 수 470석 중 민주당이 308석(64%), 자민당이 119석(25%)을 차지했다.

의 디플레이션 및 엔고에서 탈출하고, 고용과 소득을 확대하여 경제를 재생시키는 것을 최우선 정책과제의 하나로 설정했다. 그리고 경제재생을 위해 ① 과감한 금융정책(금융완화), ② 기동적인 재정정책(재정확대), ③ 민간투자를 촉진하는 성장전략(구조개혁)이라는 세 가지 경제정책, 즉 아베노믹스의 '3개의 화살'을 무기로 내세워 집권 초기부터 경제개혁을 강력하고 신속하게 추진했다.

대대적인 아베노믹스 추진에는 당연히 농업 부문도 주요 이슈로 포함되었다. 아베 내각은 농업에 대해 성장전략(제3의 화살)의 일환으로 규제철폐 및 완화, 제도개혁, 구조조정 등의 실시와 외부자본 유입 확대 등을 통해 농업도 성장산업으로 추진(농업의 성장산업화)하고, 농업인의 소득을 확대하는 것을 농정의 주요 목표로 설정했다. 그리고 이를 위해 '공격적인 농업정책'이 필요하다고 주장하면서 내각 출범 초기부터 이에 따른 구체적인 개혁 추진이 준비되었다.

(3) TPP협상 추진

TPP(환태평양동반자협정/Trans-Pacific Strategic Economic Partnership)는 아시아·태평양지역 국가들의 관세 철폐와 경제통합을 목표로 하는 다국간 경제협력체로 2005년부터 협상을 시작하여 미국의 중도 탈퇴[35] 등 우여곡절 끝에 2015년 10월 타결되었고, 2018년 12월 30일 발효되었다.

일본은 TPP협상 초기부터 참가한 것이 아니라 진행되는 과정에

35 2017년 미국이 협상 도중에 돌연 탈퇴했고, 나머지 11개국이 명칭을 포괄적·점진적 환태평양경제동반자협정(CPTPP: Comprehensive and Progressive Agreement for Trans-Pacific Partnership)[TPP11]으로 바꾸어 협상을 이어갔다.

서 참가하기 시작했는데, 참가 과정이 그다지 순탄하지는 않았다. TPP 협상 참가에 대해 일본 정부가 공식적으로 처음 언급한 것은 민주당 집권 시절인 2010년이었다. 그런데 당시 TPP 참가를 둘러싼 찬반 논의가 심해지면서 민주당 정권하에서는 참가하지 못했다. 그러다가 2012년 12월 말 아베 내각이 들어서면서 적극적으로 협상 참가를 모색하기 시작하여 2013년 2월에 열린 미일 정상회담에서의 논의를 거쳐 3월 아베 총리가 협상 참가를 공식 발표하고, 같은 해 7월 협상회의부터 본격 참가했다(三浦秀之, 2015; 神田茂·寺林裕介, 2013).

일본 정부의 TPP협상 참가 결정에 대해 농업계는 처음부터 거세게 반발했다. 농업계는 TPP협상 참가국들이 이미 '예외 없는 관세 철폐' 원칙을 공식적으로 표명한 상태이고, 미국, 호주 등과 같은 거대 농축산업국가들이 쌀, 소고기, 낙농제품 등을 앞세워 일본시장 개방 확대를 요구할 것이라고 보고 강하게 우려를 나타냈다. 아베 총리는 이런 농업인들의 거센 반발을 의식하여 TPP협상 참가를 공식 표명한 2013년 3월 15일 기자회견에서 "공격적인 농업정책으로 농림수산업의 경쟁력을 높이고, 수출을 확대하여 성장산업"으로 추진할 것이라고 향후 일본농업의 방향성을 밝히면서, "TPP는 위기가 아니라 오히려 커다란 기회"라며 농업인들을 설득했다. 그러나 일본 정부가 가장 바라고 있던 농림수산물의 중요품목에 대한 '성역' 조치는 당시 TPP협상 참가국으로부터 전혀 보장받을 수 있는 것이 아니었으므로 농업인들의 반발은 좀처럼 수그러들지 않았다. 특히 중의원 선거에서 자민당이 "성역 없는 관세 철폐를 전제로 하는 한 TPP협상 참가에 반대한다"는 매니페스토를 발표했음에도 정권을 재창출한 지 3개월도 되기 전에 TPP협상 참가를 공식 발표하자 아베 정권에 대해 농업인들은 더욱 불안감을 떨칠 수 없었다.

이처럼 농업계의 거센 반대 속에 TPP협상 참가가 결정됨에 따라 일본 정부는 TPP 체결 이후의 농축산물시장 개방 확대에 대응하고, 농업계의 반발을 무마하기 위해 신속한 농정 개편이 필요했다.

2) 농정개혁과 농업의 산업성장화

(1)「일본재흥전략(日本再興戦略)」- 농업 관련 부문

아베 내각은 2012년 12월 26일 출범 첫 각의에서 결정한「기본방침」에서 "강한 경제는 일본 국력의 원천이다. 경제의 강력한 재생 없이는 재정재건도, 일본의 장래도 없다"고 경제재건의 중요성을 강조하고, 경제개혁을 위한 조치 마련에 착수했다. 먼저 개혁의 사령탑으로 아베 총리가 본부장을 맡고, 모든 각료가 참여하는 '일본경제재생본부'를 설치했다. 그리고 '일본경제재생본부'의 하부조직으로 산업의 경쟁력 강화와 해외시장 확대를 위한 성장전략의 구체화와 추진을 심의하기 위해 '산업경쟁력회의'를 설치했다. 이와 함께 경제개혁 추진의 걸림돌이 되는 규제 문제를 해결하기 위해 이전에 폐지된 '규제개혁회의'를 부활시켜 2013년 1월 내각부에 설치했다.

신속하게 조직체계를 갖춘 '일본경제재생본부'는 2013년 1월부터 본격적으로 경제재생을 위한 정책개혁 논의에 착수하여 같은 해 6월 아베노믹스 제3의 화살인 '성장전략'으로서 산업경쟁력 강화를 목적으로 제시한 「일본재흥전략(日本再興戰略)-JAPAN is BACK」을 발표했다. 일본 정부는 「일본재흥전략」을 통해 지난 20여 년간의 장기 경제침체에서 벗어나 경제를 다시 일으켜 세우고, 또한 세계 경제를 견인하는 주역으로 '복귀'한다는 의지의 표명으로 "JAPAN is BACK"을 「일본재흥전략」의 부제로 결정했다.

「일본재흥전략」은 향후 10년간 연평균 명목 국내총생산(GDP) 성장률 3%, 실질성장률 2%를 실현하고, 1인당 국민총소득(GNI)은 중장기적으로 연간 3%를 웃도는 성장을 이루어 10년 후에는 150만 엔 이상 늘리는 것을 목표로 제시했다. 그리고 이와 같은 목표 달성을 위해 ① 산업기반 강화를 위한 일본산업재흥 플랜, ② 국내시장 개척을 위한 전략시장창조 플랜, ③ 해외시장 개척을 위한 국제전개전략 등 3개의 행동계획(action plan)을 핵심축으로 세우고, 그 밑에 총 13개 중과제별로 구체적인 성과목표(KPI)와 시책을 준비했다(〈그림 6-3〉 참조).

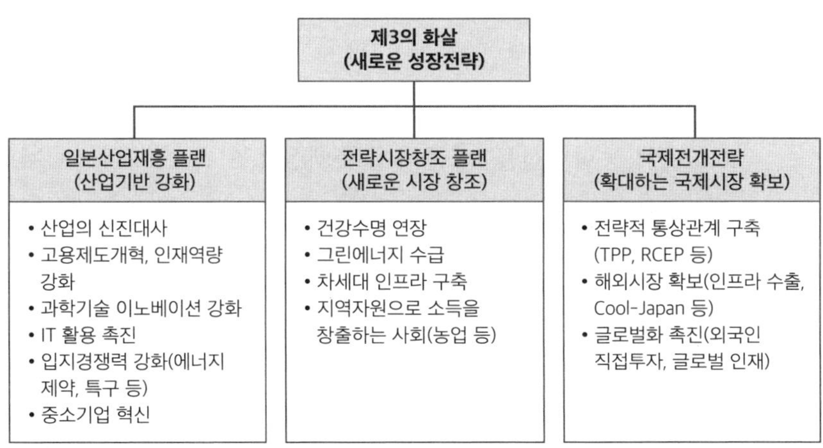

〈그림 6-3〉 「일본재흥전략-JAPAN is BACK」의 구성

출처: www.kantei.go.jp(일본 내각부).

그런데 이 같은 「일본재흥전략」의 목표치 설정에 대해 달성하기 어렵다는 지적이 당시 참의원에서 나온 보고서에서 이미 제기되었다. 즉 2012년도 1인당 명목GNI가 약 384만 엔이므로 목표치인 150만 엔 이상의 증가를 달성하기 위해서는 2022년에 534만 엔을 초과해야 하고, 그러기 위해서는 매년 3% 성장이 필요한데, 1992년도 이후 2012년도까지 한 번도 3%를 넘지 못한 상황에서 볼 때 목표 달성이 쉽지 않다고 보고서는 전망했다.

성장전략을 내세운 「일본재흥전략」은 농림수산업에 대해서도 성장산업으로 규정하고, 경쟁력 강화를 통해 달성할 성과목표를 다음과 같이 구체적으로 제시했다(內閣官房日本經濟總合事務局 편, 2013: 14).

- 앞으로 10년간 전체 농지면적의 80%(당시 약 50%)를 핵심 경영체(担い手)로 이용이 집중되도록 하고, 핵심 경영체의 쌀 생산비용을 전국 평균 대비 40% 줄이며, 법인경영체 수는 5만 개(2010년 대비 약 4배)로 확대
- 2020년에 6차 산업의 시장규모를 10조 엔(당시 1조 엔)으로 확대
- 2020년에 농림수산물·식품의 수출액을 1조 엔(당시 약 4,500억 엔)으로 확대
- 향후 10년간 6차 산업화를 추진하면서 농업·농촌 전체의 소득을 2배로 확대

즉, 「일본재흥전략」은 소수의 핵심 경영체로 농지이용 집중, 6차 산업 및 수출 확대 등 '공격적인 농업정책'을 통해 농업을 성장산업으

로 키워가고, 소득을 2배로 확대해간다는 구상이다. 그런데 여기서 하나 주목해야 할 점은 이 과정에서 규제·제도개혁을 통한 기업의 농업 부문 참여 확대와 농업의 대담한 구조개혁을 실시한다는 것이다. 일본에서 기업의 농업 부문 참여는 2009년부터 농지임차 방식을 통해 전면 자유화되었는데, 「일본재흥전략」은 이를 더욱 확대하여 기업을 농업 성장산업화 주체의 하나로 중요시했다.

「일본재흥전략」은 2014년, 2015년, 그리고 2016년에 일부 개정되었고, 2017년과 2018년에는 명칭이 「미래투자전략」, 그리고 2019년과 2020년에는 「성장전략」으로 바뀌었다.

(2) 「농림수산업·지역의 활력창조 플랜」과 '네 가지 개혁' 추진

아베 내각은 「일본재흥전략」을 통해 농업 부문의 총괄적인 성장 방향을 모색하는 한편, 더욱 구체적인 농업개혁 추진을 위해 2013년 5월 아베 총리가 본부장을 맡고, 관계 국무대신이 참여하는 '농림수산업·지역의 활력창조본부'를 설치했다. 이미 같은 해 1월에 농림수산성이 새로운 농정 수립을 검토하기 위해 '강한 농림수산업 추진본부'를 설치했고, 앞에서 언급한 '산업경쟁력회의'와 '규제개혁회의'에서도 농업 문제를 논의했으나 이 시기 농정개혁 논의는 전적으로 '농림수산업·지역의 활력창조본부'가 주도했다.

통상적으로 농정에 관한 논의는 농림수산성이 중심이 되어 이루어지는데, 총리가 본부장을 맡는 '농림수산업·지역의 활력창조본부'를 총리관저에 설치하고, '산업경쟁력회의'와 '규제개혁회의'의 정책 제언을 받아 농정개혁을 주도한 것은 이례적인 조치라고 하지 않을 수 없다. 이처럼 주요 농정에 대한 논의와 결정이 수상관저 중심으로 이루어지는 아베 내각의 농정추진방식에 대해 학계 일부에서 '관저 (주도형) 농정'이라는 비판이 강하게 제기되었다.

관저주도란 수상의 강력한 권력 기반을 바탕으로 수상관저, 즉 수상과 측근(내각관방 등)이 중심이 되어 인사제도 등을 통해 관료를 장악하여 정책 입안, 예산안 편성 등을 주도적으로 추진하는 체제라고 할 수 있다. 관저주도에 대응하는 개념으로 관료주도, 정치주도가 있다.

비난에도 불구하고 아베 총리가 '관저 (주도형) 농정'을 밀어붙인 것은 농정 논의 과정에서 전통적으로 막강한 영향력을 행사하는 농협중앙회, 자민당 농림족 의원, 농림수산성 관료[소위 '농정 트라이앵글'(山下一仁, 2009)이라고도 함]를 배제하고, 총리 주도하에 농정개혁을 강력하게 추진하겠다는 의지를 나타낸 것이라고 할 수 있다. 전후 일본 농정 추진 과정에서 농협중앙회, 자민당 농림족 의원, 농림수산성 관료가 상호의존관계인 '농정 트라이앵글'을 형성하여 농정을 통한 기득권을 유지해온 것은 잘 알려진 사실이다. 농협은 농촌지역에서 농민 표를 모아 자민당 의원을 당선시키고, 농림수산성 관료들에게는 전관예우의 포스트를 제공했다. 그리고 농림족 의원은 농업예산 확보, 고(高)미가정책 유지, 관료 인사 등에서 정치력을 발휘하여 농협과 농림수산성을 지원하고, 농림수산성은 농협의 독과점 용인, 고미가정책 유지, 농림족 의원에게 각종 행정지원 등을 실시하는 공생관계를 확고히 형성했다(作山巧, 2021).

농정개혁을 주도적으로 추진하려는 아베 총리의 입장에서 '농정 트라이앵글'은 커다란 걸림돌이었다. 그래서 아베 총리는 '농가를 위한 개혁'이라는 점을 명분으로 내세워 이들을 배제하고 총리 주도의 개혁을 추진하는데, 사실은 농업 외부로부터의 자본유입, 즉 기업의 농업 진입 문턱을 낮추기 위한 정지작업이 핵심 내용이었다는 점은 말할 필요도 없다.

관저주도하의 '농림수산업 · 지역의 활력창조본부'는 설치 후 약 7개월간의 논의를 거쳐 2013년 12월 「농림수산업 · 지역의 활력창조 플랜」을 발표했다. 아베 내각은 「농림수산업 · 지역의 활력창조 플랜」이 "농림수산업과 지역의 활력을 창출하는 정책개혁의 그랜드 디자인"(農林水産業 · 地域の活力創造本部, 2013)으로서 "새로운 농업 · 농촌정책의 방향성을 제시"(農林水産省, 2014)한다고 정책의 의의를 설명했다.

「농림수산업 · 지역의 활력창조 플랜」은 농업을 ① 산업으로 강하게 하는 산업정책과 ② 다원적 기능을 발휘하는 지역정책을 양대 축으로 농업 · 농촌 소득을 향후 10년간 2배로 확대하는 것을 목표로 제시했다. 동 플랜은 목표 달성을 위해 총 아홉 가지 정책 전개 방향과 각각에 대한 구체적인 시책 및 목표 등으로 구성되었는데(〈표 6-5〉 참조), 이 가운데 특히 ① 수출촉진, 지산지소를 통한 국내외의 수요 확대, ② 6차 산업화 같은 수요와 공급을 잇는 가치사슬 구축(농림수산물의 부가가치 향상), ③ 경영소득안정대책 및 쌀 생산조정 개편, 농업생산비용 절감 등의 생산현장 강화, ④ 일본형 직접지불제 도입, 농산어촌의 활성화 등과 같은 다원적 기능의 유지 및 발휘 등의 4개 핵심 사항을 중심으로 정책을 재구축하여 '강한 농림수산업'(산업정책)과 '아름답고 활력 있는 농산어촌'(지역정책)을 창출하기로 했다.

<표 6-5> 「농림수산업·지역의 활력창조 플랜」의 정책 전개 방향

정책의 전개 방향	구체적 시책
수요 확대를 위한 수출촉진, 지산지소, 먹거리 교육 등 추진	• 먹거리 문화, 먹거리 산업의 글로벌 전개(수출 확대) • 학교급식, 지산지소, 먹거리 교육 등을 통해 국내 수요 확대, 새로운 국내 수요에 대응한 농림수산물·식품의 생산·개발·보급 • 먹거리 안전과 소비자 신뢰 확보
6차 산업화 등 추진	• 농상공 연대, 의복식농(醫福食農) 연대 등의 6차 산업화, 이종 분야 융합연구의 추진 • 차세대 시설원예 등의 생산·유통시스템 고도화 추진 • 신품종·신기술 개발·보급 및 지적재산의 종합적 활용 • 농림어업의 건전한 발전과 조화를 이룬 재생가능에너지 도입 촉진 • 버려지는 식품 축소 추진
농업구조개혁과 생산비용 삭감	• 농지중간관리기구를 통한 핵심 경영체(担い手)로의 농지집적·집약화, 경작방기지 발생 방지·해소 등 • 법인, 집락영농 등 다양한 핵심 경영체 육성(법인경영, 대규모 가족경영, 집락영농, 신규취농, 기업의 농업 진입) • 고부가가치화, 생산비용 삭감을 위한 대규모화와 수리시설 정비
경영소득안정대책 개편과 일본형 직접 지불제도 창설	• 경영소득안정대책 개편, 일본형 직접지불제도 창설, 수전 완전활용, 직불 및 쌀 생산조정의 개편
농산어촌의 활성화	• 복지, 교육, 관광 등과 연계한 도시농촌교류 추진 • 우수사례 네트워크화 • 소비자, 주민을 고려한 도시농업 진흥 • 역사적 경관, 전통, 자연 등의 보전·활용을 계기로 한 농산어촌 활성화 • 농산어촌 인구감소 등과 같은 사회적 변화에 대응한 지역 커뮤니티 활성화 추진 • 조수 피해대책 추진
임업의 성장산업화	• CLT 등과 같은 새로운 제품·기술 개발·보급을 위한 환경정비, 공공건축물의 목조화 등을 통한 새로운 목재 수요 창출 • 수요자 요구에 대응한 일본산 안정공급체제 구축 • 적절한 산림 정비·보전 등을 통한 산림의 다원적 기능 유지·향상
수산일본 부활	• 각지 생산체제 강화, 구조개혁을 위한 활동 지원 • 수산업의 수출체제 강화를 위한 전략적인 활동 지원 • 어장과 식탁의 연결 강화, 일본산 수산물 생산·소비 확대를 위한 활동 지원

정책의 전개 방향	구체적 시책
동일본 대재해의 복구·부흥	• 부흥교부금 등을 활용한 시책 추진 • '새로운 도호쿠(東北)' 실현을 위한 시책 추진과 성장전략 등에 기초하는 각 부처 시책에 대해 도호쿠지방에서 중점적인 전개 추진 • '소문 피해' 대책을 위한 태스크포스 중심으로 피해지역 생산품의 신뢰회복을 위한 활동 실시
농업의 성장산업화를 위한 농협의 역할	• 농협의 자기개혁 촉진 • 농협의 역할 등에 대한 개편 검토

출처: 農林水産業·地域の活力創造本部, 2013, pp. 4-10에서 작성.

「농림수산업·지역의 활력창조 플랜」은 수립 이후 2014년 6월, 2016년 11월, 2017년 12월, 2018년 6월과 11월, 2019년 12월, 그리고 2020년 12월에 각각 개정되었다.

「농림수산업·지역의 활력창조 플랜」이 결정됨에 따라 농림수산성은 구조개혁을 가속화하기 위해 구체적인 시책으로 2014년도부터 ① 농지중간관리기구(농지은행) 창설, ② 경영소득안정대책 개편, ③ 수전 완전활용과 쌀 정책 개편, ④ 일본형 직접지불제도 도입 등 '네 가지 개혁'을 추진했다(〈표 6-6〉 참조). 이 가운데 ① 농지중간관리기구 창설, ② 경영소득안정대책 개편, ③ 수전 완전활용과 쌀 정책 개편은 "농업을 강하게 하는 산업정책", 그리고 ④ 일본형 직접지불제도 도입은 "다원적 기능의 유지·발휘를 위한 지역정책"으로 추진하기로 결정했다.

〈표 6-6〉 '네 가지 개혁'의 개요

농업을 강하게 하는 산업정책	
농지중간관리 기구 창설	농업경영의 효율화를 행하는 후계농업인에게 농지이용의 집적·집약화, 경작포기지 발생 방지·해소 강화
경영소득안정 대책 개편	농업의 구조개혁에 어울리지 않는 측면이 있는 쌀 직접지불금 폐지 등 실시
수전 완전 활용과 쌀 정책 개편	주식용 쌀 편중이 아니라 맥류, 대두, 사료용 쌀 등 수요가 있는 작물 생산 강화. 의욕 있는 농업인이 스스로 경영을 판단하여 작물을 선택하는 상황 실현

다원적 기능의 유지·발휘를 위한 지역정책	
일본형 직접 지불제도 창설	농업의 다원적 기능의 유지·발휘를 위한 지역활동이나 영농활동 지원. 규모 확대를 하는 후계농업인의 부담을 줄이고, 구조개혁 지원

⇨

강한 농업 창조

- 독창적 아이디어가 풍부한 농업경영자가 마음껏 도전할 수 있는 환경 정비
- 지역이 함께 다원적 기능의 유지·발휘 촉진
- 식료자급률, 자급력 유지 향상과 식량안전보장 확립

출처: 農林水産省, 2014, p. 13.

3) 관련 법률 제·개정 추진

아베 내각은 농업·농촌정책을 대폭 개편하면서 필요한 관련 법률의 제정 또는 개정 등의 입법조치도 적극적으로 추진했다(〈표 6-4〉 참조). 우선 앞에서 언급한 '네 가지 개혁'을 위한 법적 근거를 마련하기 위해 2013년 「농지중간관리사업의 추진에 관한 법률」, 2014년 「농업 핵심경영체(担い手)에 대한 경영안정을 위한 교부금에 관한 법률」, 그리고 「농업이 가지고 있는 다원적 기능의 발휘 촉진에 법률」을 각각 제·개

정했다. 그리고 아베 농정개혁의 또 다른 핵심 사항인 농업협동조합과 농지정책을 개편하기 위해 2015년 「농업협동조합법」과 「농지법」을 개정했다.

2017년에는 생산자재 가격 인하를 비롯한 총 13가지 항목으로 이루어진 「농업경쟁력 강화 프로그램」(2016년 11월 「농림수산업·지역의 활력창조플랜」 개정에 포함)을 실행하기 위한 법적 근거를 위해 「농업경쟁력강화지원법」, 「토지개량법」, 「농촌지역에 산업 도입 촉진 등에 관한 법률」(「농촌지역 공업 등 도입 촉진법」 일부 개정, 법률명 변경), 「농업재해보상법」 등 총 8개 법률(일반적으로 '농업경쟁력 강화 관련 법'이라고 함)을 제·개정했다.

이처럼 주요 법률의 제·개정이 단기간에 이루어진 것은 매우 이례적이라고 할 수 있는데, 이것은 기본적으로 신자유주의 농정을 적극적으로 추진하는 아베 농정에 대해 법적 근거를 조속히 마련하여 농업의 성장산업화를 위한 농업개혁을 강화하기 위한 조치라고 할 수 있다.

4) 농정개혁 수치 목표의 진척 상황

신자유주의 정책을 기반으로 농업의 성장산업화를 전면에 내세운 아베 내각은 농정개혁을 추진하면서 여러 가지 수치 목표를 제시했다. 예를 들면 「일본재흥전략」의 경우 농업 부문에 대해 향후 10년간 ① 전체 농지면적의 80%를 핵심 경영체(担い手)에 집중, ② 핵심 경영체의 쌀 생산비용을 전국 평균 대비 40% 축소, ③ 법인 경영체 수 5만 개로 확대, ④ 6차 산업의 시장규모를 10조 엔으로 확대, ⑤ 농림수산물·식품

의 수출액을 1조 엔으로 확대 등을 수치 목표로 제시한 것이 대표적인 예라고 할 수 있다.

일본 정부는 이와 같이 정해진 수치 목표의 진척 상황을 매년 보고서로 작성하여 공표하고 있는데, 〈표 6-7〉에서 알 수 있듯이 목표 달성이 제대로 이루어지지 못하고 있는 것으로 조사되었다. 목표 달성이 제대로 이루어지는 것에 대해서는 'A', A 정도 이루어지지 못하는 것에 대해서는 'B', 그리고 데이터가 부족하여 현시점에서 평가가 곤란한 것

〈표 6-7〉 농업 관련 주요 수치 목표의 진척 상황

구분	수치 목표	기점의 수치	최신 수치	진행
핵심 경영체로의 농지집적	2023년 80%	48.7% (2013년도 말)	58% (2020년도 말)	B
핵심 경영체의 쌀 생산비 (60kg당)	2023년 9,600엔	1만 6,001엔 (2011년)	개별경영: 1만 851엔 법인경영: 1만 1,721엔 (2019년)	B
법인 경영체 수	2023년 5만 개 법인	1만 4,600개 법인 (2013년 2월)	3만 700개 법인 (2020년 2월 말)	B
6차 산업화의 시장규모	2020년 10조 엔	4조 7천억 엔 (2013년도)	7조 6천억 엔 (2019년도)	B
농림수산업·식품 수출액	2025년 2조 엔 2030년 5조 엔 (당초 2020년 1조 엔)	4,497억 엔 (2012년)	9,860억 엔 (2020년, 소액화물 등 포함)	B
핵심 경영체의 사료용 쌀 생산비 (60kg당)	2025년 7,615엔	1만 5,229엔 (2013년)	1만 300엔 (2019년)	B
낙농의 6차 산업화 건수	2020년 500건	236건 (2014년)	502건 (2020년 4월 말)	A

주: '핵심 경영체의 사료용 쌀 생산비'와 '낙농의 6차 산업화 건수'는 2015년' 개정된 「일본재흥전략」에서 제시되었다.
출처: 『日本農業新聞』, 2021.6.29.

은 'N'으로 평가하는데, '낙농의 6차 산업화 건수'처럼 'A'로 평가받은 것도 있으나 대부분 'B'로 나타났다. 아베 내각의 농정개혁에서 가장 심혈을 기울여 추진하고 있다고 할 수 있는 '핵심 경영체(担い手)에 전체 농지 80% 집중'의 경우 2020년 말 현재 58%에 불과했다. 2013년 말의 48.7%에서 크게 늘어나지 못한 상황이다.

7장 경영소득안정대책 등의 주요 내용과 실시 현황

1. 경영소득안정대책 등의 개편 및 관련 법규

1) 농업자호별소득보상제도를 경영소득안정대책으로 개편

2009년 중의원 선거에서 자민당에 압승하고 집권한 민주당 정권은 2011년도부터 농업자호별소득보상제도(2010년도에는 시범사업으로 호별소득보상제도에 관한 모델대책 실시)를 농정의 핵심정책으로 추진했다. 농업자호별소득보상제도는 판매가격이 만성적으로 생산비에 미치지 못하는 작물을 대상으로 차액을 지원하여 농업경영 안정과 국내 생산력 확보를 도모하고, 그것을 통해 식량자급률 향상과 농업의 다원적 기능을 유지하는 것을 목적으로 했다. 그리고 구체적인 대책으로 밭작물 직불제(畑作物の所得報償交付金), 수전 활용 직불제(水田活用の所得報償交付金), 쌀 직불제(米の所得報償交付金), 미가 변동 직불제(米価変動補塡交付金)와 각종 가산 조치 등을 실시했다.

그런데 2012년 12월에 출범한 자민당의 아베 내각은 농업자호별소득보상제도에 대해 농업인에게 일률적으로 지원금을 지불하는 것은 농업구조개혁과 상충하는 등 문제점이 있다고 지적하면서(農林水産省, 2013a), 2013년 농정개혁에서 농업자호별소득보상제도를 '경영소득안정대책'으로 명칭을 바꾸고 제도를 개편했다. 새로운 경영소득안정대책은 밭작물 직불제와 쌀·밭작물 수입감소 영향완화교부금(米·畑作物の収入減少影響緩和交付金)의 두 축으로 구성하고, 기존의 변동지불인 미가 변동 직불제는 2014년도산부터, 고정지불인 쌀 직불제는 2018년도산부터 각각 폐지했다. 그리고 지급대상을 인정농업자, 집락영농, 인정신규취농자 등의 핵심 경영체(担い手)로 한정했다(〈그림 7-1〉 참조).

농림수산성은 미가 변동 직불제를 폐지한 것에 대해 생산자 부담 없이 100% 보전하기 때문에 생산자의 모럴헤저드 위험이 있고, 또 쌀값 변동에 대한 영향 완화대책의 일환으로 생산자 갹출에 기초한 쌀·밭작물의 수입감소 영향완화교부금이 있어 문제가 없다는 입장이었다(農林水産省, 2014b).

그리고 쌀 직불제에 대해 ① 쌀은 맥류, 대두와 달리 외국과의 생산조건 격차에서 생기는 불리함이 없고, ② 모든 판매농가에 대해 생산비를 보전해주는 것은 농지의 유동화를 늦추는 측면이 있어 정책적으로 문제가 있으며, ③ 높은 관세로 보호되고 있는 쌀에 직불금을 지원하는 데 대해 타 산업의 종사자나 타 작물을 생산하는 농업인을 납득시키기 곤란한 점 등이 있어 폐지한다고 이유를 설명했다(農林水産省, 2013a; 農林水産省, 2014b). 폐지는 단계적으로 이루어져 먼저 2014년산부터

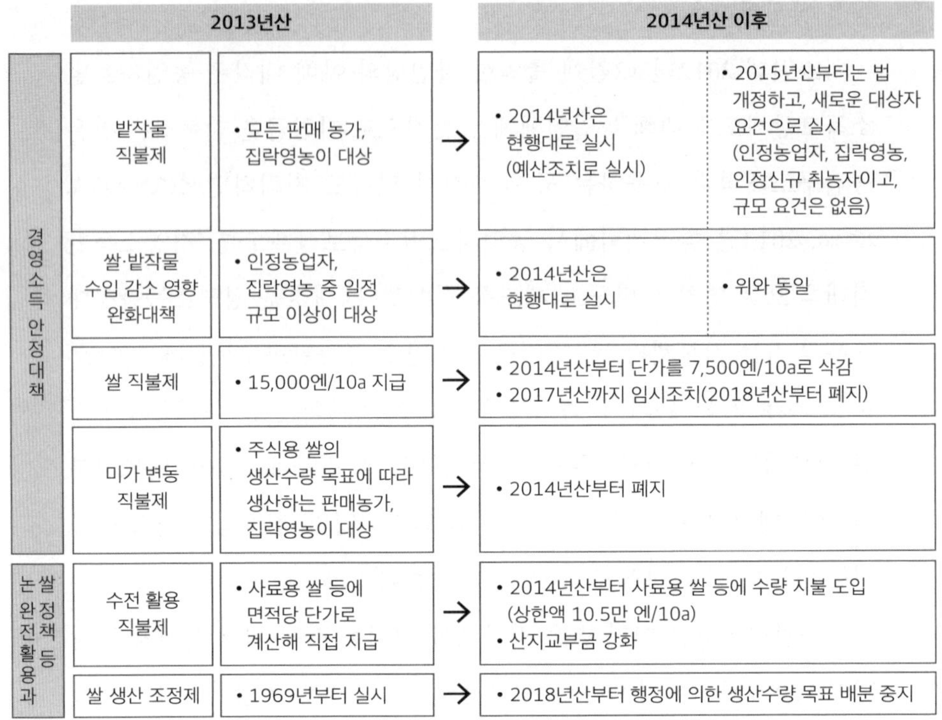

〈그림 7-1〉 경영소득안정대책 등의 개편 경과

출처: www.maff.go.jp(농림수산성).

10a당 1만 5천 엔이던 직불제의 단가를 7,500엔으로 삭감하고, 2017년산까지 경과조치 한 후 완전 폐지했다. 4년간 경과조치를 둔 것에 대해 농림수산성은 직불금을 받는 것을 전제로 기계나 시설에 투자했거나 투자하려는 농업인이 적지 않기 때문이라고 설명했다(農林水産省, 2014b).

한편 논을 완전활용하는 대책으로 수전 활용 직불제를 확대 유지하고, 쌀 정책과 관련해서는 쌀 생산조정제를 폐지했다. 1969년부터 시작된 쌀 생산조정은 쌀의 재배면적 축소, 전작 등 생산을 제한하여 과잉

생산과 과잉재고를 막아 쌀가격 하락을 방지하고, 생산농가의 소득을 보장하기 위해 실시한 정책[‘감반(減反)정책’이라고도 함]으로 지난 50여 년간 일본 쌀 정책 운용에 중요한 역할을 수행했다. 그런데 공급과잉이 계속되는 상황에서 농림수산성은 농업인(산지)이 시장동향이나 자신의 판매실적 등을 고려해 스스로 수요에 대응하는 생산·판매가 필요하다면서 2018년도산 쌀부터 정부에 의한 생산수량 목표 배분을 중지했다.

2) 관련 법규

경영소득안정대책에 대해서는「농업의 핵심 경영체에 대한 경영안정을 위한 교부금 교부에 관한 법률(農業の担い手に対する経営安定のための交付金の交付に関する法律)」에서 관련 내용을 규정하고 있다. 동 법은 2007년도부터 본격 실시한「품목 횡단적 경영안정대책」을 법적으로 지원하기 위해 2006년 제정되었고, 2013년 12월「농림수산업·지역의 활력창조 플랜」이 수립되면서 2014년 관련 내용이 일부 개정되었다(2015년 시행).

한편 경영소득안정대책 등의 추진 활동, 직불금 등의 신청 및 지급, 보고, 점검 등 구체적인 시행 사항에 대해서는「경영소득안정대책 등 실시요강(經營所得安定対策等実施要綱)」과「경영소득안정대책 등 추진사업 실시요강(經營所得安定対策等推進事業実施要綱)」에서 규정한다. 수전 활용 직접지불교부금은 2017년 3월까지는「수전 활용 직접지불교부금 실시요령(水田活用の直接支払交付金実施要領)」에 근거하여 추진했는데, 4월부터 동 요령을 폐지하고 관련 규정을「경영소득경영안정대책 등 실시요강」에 통합하여 운영하고 있다.

3) 관계기관의 역할

경영소득안정대책에 대해서는 농림수산성의 경영안정대책실에서 관련 업무를 총괄하고, 지역의 실시과정에서 〈표 7-1〉에 정리한 것처럼 지자체 행정조직과 민간인이 다양한 역할을 수행한다.

〈표 7-1〉 관계기관의 역할

기관명	역할
도도부현	① 도도부현 농업재생협의회에 지역농업진흥이라는 관점에서 참여하고, 정부가 작성하는 주식용 쌀에 관한 전국 수급 전망, 산지 판매전력 등을 바탕으로 전략작물의 경작방침(논 완전활용 비전) 작성 ② 산지교부금의 요건 설정·확인, 시정촌 등에 대한 지도 ③ 관계기관과 연계한 경영소득안정대책의 보급·추진 등
도도부현 농업재생 협의회	① 도도부현, 농협, 그 외 구성원이 연계하여 전국 수급 전망, 논 완전활용 비전 검토 ② 도도부현과 연계한 경영소득안정대책 등의 보급·추진 ③ 황폐농지 또는 유휴농지 해소를 위한 추진 등
시정촌	① 지역농업재생협의회에 지역농업진흥이라는 관점에서 참여하고, 전국 수급 전망, 도도부현 단계의 논 완전활용 비전, 산지의 판매전략 등을 고려한 논 완전활용 비전 검토 ② 지역농업재생협의회 구성원으로 경영소득안정대책 교부금에 대한 농업인의 신청절차 지원, 대상작물의 재배면적 확인 등 ③ 경영소득안정대책 등의 가입자에 대한 후속 조치 ④ 경영소득안정대책 등의 보급·추진 등
농협 등의 단체	① 지역농업재생협의회의 구성원으로 전국의 수급 전망, 도도부현 단계의 논 완전활용 비전, 산지의 판매전략 등을 바탕으로 논 완전활용 비전 검토 ② 지역농업재생협의회의 구성원으로 경영소득안정대책 등의 교부금(특히 밭작물의 직접지불교부금 및 수입감소 영향완화교부금)에 대한 농업인의 신청절차 등의 지원, 대상작물의 재배면적 등 확인 등

기관명	역할
농협 등의 단체	③ 밭작물 직접지불교부금의 수량지불에 관련된 농업인별 출하, 판매 계약 수량 등의 데이터 제공 등 ④ 경영소득안정대책의 원활한 실시에 필요한 일괄 신청 등의 조치
농업공제 조합 등	① 지역농업재생협의회 구성원으로 농업공제 인수업무와 함께 농업인의 신청절차 등을 지원 ② 농업인별 대상작물의 재배면적 등을 확인할 때 해당 농업인의 농작물 공제인수면적 등의 정보를 지방농정국 등 및 지역농업재생협의회에 제공 ③ 수입보험 가입신청자 등의 내용을 필요한 범위에서 지방농정국 및 지역농업재생협의회에 제공
지역농업 재생협의회	① 시정촌, 농협, 농업공제조합, 농업인, 그 외 구성원이 협력하여 전국 수급 전망, 도도부현 단계의 논 완전활용, 산지의 판매전략 등을 고려한 논 완전활용 비전 검토 ② 농업인에 대해 논 완전활용, 전년도 해당 농업인의 작물별 재배면적, 수요 동향 등에 관한 정보 제공 ③ 농업인에 대해 수요를 고려한 생산을 하도록 재배에 관한 조언 ④ 교부신청서, 영농계획서 등 신청서류의 배포·회수, 정리, 접수 및 농업인 정보 시스템 입력 ⑤ 희망하는 농업인에 대해 수입감소 영향완화교부금에 따른 적립금의 정리 및 납부 등 ⑥ 대상작물의 재배면적 등의 확인 등 ⑦ 산지교부금의 요건 설정·확인 등 ⑧ 농업인별 논 정보 등 정리 ⑨ 지역의 황폐농지 또는 유휴농지의 해소를 위한 추진 ⑩ 지역에 있어 경영소득안정대책 등의 가입자 등에 대한 지속 관리 ⑪ 경영소득안정대책 등의 보급·추진 등
지방 농정국 등	① 경영소득안정대책 등의 보급·추진 ② 지역농업재생협의회와 연계해 농업인의 교부신청서, 영농계획서 등 신청서류 접수 ③ 농업인별 밭작물의 생산예정면적 설정 확인, 작부면적, 생산수량 확인 ④ 지역농업재생협의회와 연계하고, 논 활용의 직접지불교부금 대상작물의 작부면적 등 확인, 철저 관리 ⑤ 신규 수요미, 가공용 쌀의 취급계획 인정, 부정유통 철저 관리 ⑥ 교부신청내용의 심사, 교부금 산정시스템에 데이터 입력 ⑦ 가입자에 대해 시정촌 및 지역농업재생협의회가 실시하는 경영소득안정대책 등의 후속조치 지원 ⑧ ADAMS(관청 회계사무데이터통신시스템)에 입력, 교부금 지불 등

출처: 農林水産省,「経営所得安定対策等実施要綱」(2021.3. 개정).

이 가운데 직불금 관련 업무를 파악할 때 자주 언급되는 농림수산성의 지방농정국과 관민협의체로 경영소득안정대책 업무에 관여하는 농업재생협의회에 대해 자세히 살펴보기로 하자.

(1) 지방농정국

지방농정국은 중앙의 농림수산 행정을 각 지역단위로 효율적으로 추진하기 위해 〈표 7-2〉에 정리한 것과 같이 홋카이도와 오키나와를 제외한 전국 7개 지역(도호쿠, 간토, 호쿠리쿠, 도카이, 긴키, 주고쿠·시코쿠, 규슈)으로 관할구역을 나누어 설치한 농림수산성 조직이다. 중앙행정부처의 지방사무소라고 할 수 있다.

홋카이도는 '농정사무국'이라는 명칭으로 운영되고, 다른 지방농정국과 달리 농업토목업무를 담당하지 않는다. 농업토목업무는 국토교통성의 지방사무소인 홋카이도개발국이 담당한다. 그리고 오키나와현에는 지방농정국을 설치하지 않고, 해당 행정업무를 내각부 소속의 오키나와 종합사무국이 담당한다.

지방농정국은 1961년 제정된 「농업기본법」에 근거하여 실시한 농업구조개선사업과 각종 정책을 지역의 자연적·경제적 특성을 고려하여 탄력적이고 종합적으로 추진해야 한다는 요구에 따라 1962년 전국 7개소에 처음 설치한 조직이다. 이 조직은 이전에 농지개혁과 농지개척 등을 담당하던 농지사무소를 모체로 했다(石川武彦, 2010: 61). 설치 이후 현재까지 수 차례 조직개편이 이루어졌고, 현재의 조직은 2015년 10월 개편에 따른 것이다.

지방농정국에는 기본적으로 소비·안전부, 생산부, 경영·사업지

〈표 7-2〉 농림수산성 지방농정국 등의 설치 현황

명칭	위치(市)	관할지역(縣)
홋카이도(北海道) 농정사무소	삿포로 (札幌)	홋카이도(北海道)
도호쿠(東北) 농정국	센다이 (仙台)	아오모리(青森), 이와테(岩手), 미야기(宮城), 아키타(秋田), 야마가타(山形), 후쿠시마(福島)
간토(関東) 농정국	사이타마 (埼玉)	이바라키(茨城), 도치키(栃木), 군마(群馬), 사이타마(埼玉), 지바(千葉), 도쿄도(東京都), 가나가와(神奈川), 야마나시(山梨), 나가노(長野), 시즈오카(静岡)
호쿠리쿠(北陸) 농정국	가나자와 (金沢)	니가타(新潟), 도야마(富山), 이시카와(石川), 후쿠이(福井)
도카이(東海) 농정국	나고야 (名古屋)	기후(岐阜), 아이치(愛知), 미에(三重)
긴키(近畿) 농정국	교토 (京都)	시가(滋賀), 교토부(京都府), 오사카부(大阪府), 효고(兵庫), 나라(奈良), 와카야마(和歌山)
주고쿠·시코쿠 (中国四国) 농정국	오카야마 (岡山)	돗토리(鳥取), 시마네(島根), 오카야마(岡山), 히로시마(広島), 야마구치(山口), 도쿠시마(徳島), 가가와(香川), 에히메(愛媛), 고치(高知)
규슈(九州) 농정국	구마모토 (熊本)	후쿠오카(福岡), 사가(佐賀), 나가사키(長崎), 구마모토(熊本), 오이타(大分), 미야자키(宮崎), 가고시마(鹿児島)
오키나와(沖縄) 종합사무국 농림수산부	나하 (那覇)	오키나와(沖縄)

출처: www.maff.go.jr(농림수산성).

원부, 농촌진흥부, 통계부의 5개 부를, 그리고 도후쿠 농정국, 간토 농정국 및 규슈 농정국에는 총무부를 추가로 두고(「農林水産省組織令」 제92조), 농림수산성이 관장하는 전반적인 행정업무를 소관 지역에서 실시한다. 이 외에 지방농정국은 관할 지역의 각 현에 '현역거점(県域拠点)'이라는 하부조직을 두고 있다.

이처럼 농림수산성은 생산이나 소비 현장에 밀착한 중앙행정기관으로 지역의 실정에 맞는 시책을 실시한다는 명분 하에 각 지역에 지방농정국을 설치·운영하고 있는데, 홋카이도 농정사무소와 오키나와현 종합사무국 농림수산부를 제외한 7개 지방농정국 직원만도 1만 1천 명 이상에 달할 정도로 조직이 매우 방대했다(農林水産省, 2013b). 그래서 방대한 지방농정국의 문제점에 대한 지적도 끊임없이 제기되었다. 47개 도도부현 지사 모임인 '전국지사회'는 2009년 지방농정국 등과 같이 중앙행정기관이 지방에 설치한 조직을 폐지하는 문제를 조사하여 그 결과를 국가에 건의했는데, 지방농정국에 대해 업무의 일부를 폐지 또는 민영화, 그리고 중앙조직 또는 지자체로 이관하고, 지방농정국을 폐지하는 것이 필요하다는 의견을 제시했다.

지방농정국은 경영소득안정대책과 관련해서 농림수산성과 각 지자체의 중간에서 담당구역별로 〈표 7-1〉에 정리한 것과 같은 직불금 신청서류 접수, 심사, 확인, 직불금 지급 등의 업무를 담당한다.

(2) 농업재생협의회

농업재생협의회는 경영소득안정대책의 원활한 실시를 위해 행정과 농업인 단체 등의 협력체제 구축, 농지의 이용 집중, 핵심 경영체·신규취농자의 육성·확보를 위한 각종 사업을 추진하여 쌀 수급을 조정하고, 전략작물생산을 확대하는 등 지역농업발전에 이바지하는 것을 목적으로 활동하는 민관연합조직체다. 일본에서는 각종 농업정책을 추진하는 과정에서 제3자 조직이 다수 설치·운영되고 있는데, 농업재생협의회도 그중 하나다.

농업재생협의회는 민주당 정권하에서 농업자호별소득보상제도를 실시하면서 종전의 수전농업추진협의회의 명칭을 바꾸거나 새로 설치한 것으로 현행 경영소득안정대책에서는 도도부현과 도도부현 농업재생협의회, 그리고 시정촌과 지역농업재생협의회가 각각 도도부현 단계와 시정촌 단계의 실시주체가 되어 〈표 7-2〉에 정리한 것과 같은 활동을 하고 있다.

도도부현 농업재생협의회와 지역농업재생협의회는 조직구성, 의사결정 방법, 재산관리, 내부감사 등에 관한 규약 등을 갖추어 전자는 지방농정국장, 그리고 후자는 도도부현 지사의 승인을 얻어 설치할 수 있다(「經營所得安定対策等推進事業実施要綱」(2021.4. 개정) 別紙1 「都道府県農業再生協議会及び地域農業再生協議会について」). 도도부현 농업재생협의회는 원칙적으로 행정기관인 도도부현을 비롯하여 민간조직인 도도부현 농협중앙회, 전국농협연합회 도도부현 본부, 도도부현 주식(主食)집하협동조합,[36] 도도부현 농업회의, 핵심 경영체(担い手) 농업인 조직, 도도부현 농업법인협회, 농지중간관리기구(농지은행) 등이 회원으로 참여한다. 그리고 지역농업재생협의회는 원칙적으로 시정촌, 농협, 농업공제조합, 핵심경영체, 집락영농, 농업법인, 농업위원회, 농지이용집적원활화단체 등이 회원으로 참여한다. 이와 같이 조직된 도도부현 농업재생협의회에 대해 지방농정국이 옵서버로 참가하여 조언과 지도를 한다. 농업재생협의회는 구성 면에서 행정과 농업인단체 등이 협력하는 민관협의체 형태이지만, 운영과 기능 면에서 볼 때 중앙행정기관과 지자체가 직간접으로 관여하는 준행정기관이라고 할 수 있다. 이와 같은 민관협의체 구성 운영은 일본에서 행정기관이 정책을 실시하는 과정에서 심심치

않게 활용하는 방식으로 매우 일본적인 특징이라고 할 수 있다.

농업재생협의회 등이 경영소득안정대책에 관한 활동을 추진하는 데 필요한 경비에 대해서는「경영소득안정대책등추진사업 실시요강」(2021.4. 개정)에 근거하여 경영소득안정대책 등 추진사업보조금을 지급한다.

2. 경영소득안정대책 등의 주요 내용

1) 밭작물 직접지불제

(1) 취지

외국과의 생산조건 격차로 경쟁에서 불리한 위치에 있는 밭작물(맥류, 대두 등)을 생산하는 농업인에 대해 지원금을 직접 지불하여 대상작물의 생산조건 격차를 해소하여 경영안정을 꾀하는 것을 목적으로 한다.

(2) 대상자 및 요건

대상자는 ① 기본요건, ② 환경과의 조화 및 농지의 유효이용에 관한 요건이라는 두 가지 요건을 충족해야 한다.

---

36 주식집하협동조합은 쌀 등과 같은 곡물의 집하·판매를 담당하는 집하업자의 조직을 말한다. 전국조직으로는 '전국주식집하협동조합연합회(전집련)'가 있다.

① 기본요건

제도가 개편된 2014년에는 예산조치로 종전대로 모든 판매농가와 집락영농을 대상으로 했으나, 2015년도부터 「농업의 핵심 경영체에 대한 경영안정을 위한 교부금 교부에 관한 법률」을 개정하여 실시 대상을 핵심 경영체(担い手)인 인정농업자, 집락영농, 인정신규취농자(〈표 7-3〉 참조)로 한정했다. 단, 대상자의 경영규모에 대해서는 조건을 설정하지 않았다. 이것은 자민당 정권이 2007년 실시한 「품목 횡단적 경영안정대책」에서 일정 규모 이상(도부현의 인정농업자는 4ha 이상, 홋카이도의 인정농업자는 10ha 이상, 집락영농은 20ha 이상)으로 조건을 설정한 것에 대해 농업인들이 차별대책이라고 반발하여 2009년 중의원 선거에서 농민 표가 대거 민주당으로 돌아선 것이 영향을 미쳤다고 생각된다.

〈표 7-3〉 인정농업자, 집락영농, 인정신규취농자 용어 설명

용어	내용
인정 농업자	• 농업인이 스스로 5년 후의 농업목표와 목표 달성을 위한 조치 등을 내용으로 하는 '농업경영개선계획'을 작성하고, 그 계획을 시정촌에 제출하여 인정받는 농업인(2020년 3월 현재 233,806명) • 지역의 핵심 경영체(担い手)로서 기대되고, 농지의 집적·집약화 촉진과 경영소득안정대책, 저리융자, 세제특례 등의 지원대상이 된다. • 스스로 경영개선을 추진할 의지가 있는 사람이면 연령이나 경영규모의 대소에 관계 없이 누구라도 인정받을 수 있다.
집락영농	• 일정 지역 내 농가가 공동으로 하는 영농활동 조직을 말한다(2020년 2월 현재 전국에 14,490개). • 지역 농용지 2/3 이상의 이용집적을 목표로 한다. • 조직의 규약작성, 경리회계의 일원화 등 요건을 충족하면 핵심 경영체가 될 수 있다.
인정신규 취농자	• 농업경영을 새로 시작하는 청년 등은 경영 개시 5년 후의 목표와 목표 달성을 위한 조치 등을 내용으로 하는 '청년 등 취농계획'을 작성하여 시정촌에 신청하고, 시정촌은 계획 내용을 심사하여 인정받은 자를 말한다.

출처: www.maff.go.kr(농림수산성).

② 환경과의 조화 및 농지의 유효 이용에 관한 요건

㉠ 환경과의 조화

농림수산성은 경영소득안정대책이 "농업의 생산활동을 장기적으로 지속시키는 것을 전제로 하여 핵심 경영체(担い手)의 경영안정을 이루어 식량의 안정공급을 확보하는 것"이라면서 환경과 조화를 이룬 농업생산 기준을 준수하는 것을 지급 대상자 요건으로 규정했다. 구체적인 준수사항은 다음과 같다.

- 농약 및 폐기물에 관한 법령 준수에 관한 사항
- 퇴비 및 그 외 유기질 자재 및 비료 시용에 관한 사항
- 유해 동식물 방제에 관한 사항
- 그 외 기타 사항 등

㉡ 농지의 유효 이용

농림수산성은 "경영소득안정대책의 또 다른 목적은 농업의 기초적인 생산기반인 농지를 유효하게 이용하는 것을 전제로 하여 핵심 경영체(担い手)가 경영안정을 이루어 식량의 안정공급을 확보하는 것"이라면서 경작에 이용되지 않는 농지가 발생하지 않도록 농지를 유효하게 이용하는 것을 요건으로 규정했다.

이처럼 직불금 지급대상자의 요건으로 농업생산이 환경을 고려하여 이루어지도록 하고, 농지가 황폐화되는 것을 막기 위해 농지의 유효 이용을 규정했다는 점은 지속가능한 농업의 실천에 매우 중요한 사항이라고 할 수 있다. 그런데 이와 같은 요건의 시행에 강한 구속력이

있는 것은 아닌 것처럼 보인다. 직불금을 신청할 때 작성하는 '경영소득안정대책 등 교부금 교부신청서'의 "⑦ 환경과 조화하는 농업생산의 실시 상황"란에 기재되어 있는 '과거 1년간의 농업경영 전체의 상황에 대해 환경과 조화를 이룬 농업생산을 실시함'과 "⑧ 농지의 유효이용의 실시 상황"란에 기재되어 있는 '현재 경작하고 있지 않고, 앞으로도 경작하지 않는 농지가 없음'에 직불금 신청자 스스로 실시 여부를 표시하면 된다. 이처럼 직불금 신청자의 간단한 자체 점검이므로 요건이 제대로 이루어지는지는 의문이다.

(3) 대상작물

지급 대상작물은 이전의 농업자호별소득보상제도 때와 마찬가지로 맥류(소맥, 두줄보리, 여섯줄보리, 쌀보리), 대두, 사탕무, 전분용 감자, 메밀, 유채의 총 아홉 가지 작물이다. 맥주 제조용 등으로 사용하는 보리나 흑대두, 종자용 등으로 생산된 것은 대상에서 제외하고, 사탕무와 전분용 감자는 홋카이도에서 생산되는 것만 대상이다. 그리고 맥류, 대두, 메밀은 농산물 검사에서 일정 수준 이상의 등급을 받는 생산물이 대상이다.

전체 밭작물을 대상으로 하지 않고 아홉 가지 작물로 한정한 것은 다음과 같은 점들을 고려한 것이다(農林水産省, 2011.2).

- 농업인의 농업경영 안정을 위해 만성적으로 상품판매가가 생산비보다 낮은 작물
- 식량자급률의 유지 · 향상을 위해 국민의 식생활상 특히 중요한

작물

- 농업 · 농촌의 다원적 기능의 유지를 위해 농지의 적절한 이용과 농업생산력의 유지가 중요하여 일반적으로 타작물과 함께 생산이 이루어지는 작물

(4) 지급단가

표준적 생산비와 표준적 판매가격의 차액(〈그림 7-2〉 참조)에 상당하는 직불금을 지급하는 밭작물 직접지불의 지급단가는 ① 생산량과 품질에 따라 지불하는 수량지불, ② 영농을 계속 유지하기 위해 필요한 최저한의 액수를 재배면적에 따라 지불하는 면적지불('영농계속지불'이라고도 함)의 두 종류가 있다. 직불금은 면적지불을 먼저 지급하고, 그 후 대상 작물의 수확 후 판매수량이 확인된 단계에서 수량지불을 확정하며, 미리 지급한 면적지불 금액을 제외한 금액을 추가로 지급하는 시스템이다(〈그림 7-3〉 참조).

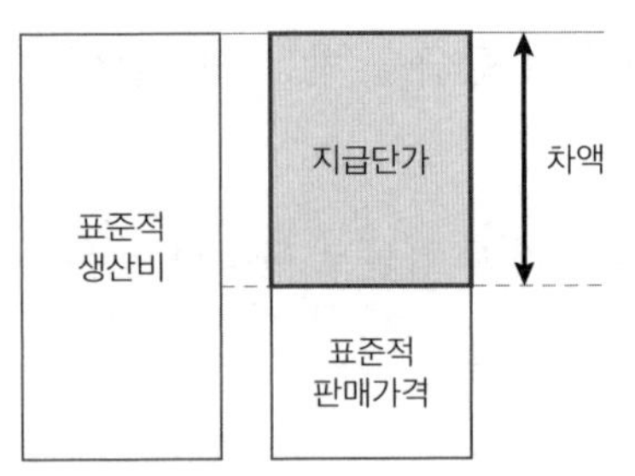

〈그림 7-2〉 지급단가

출처: 農林水産省, 2021a, p. 4.

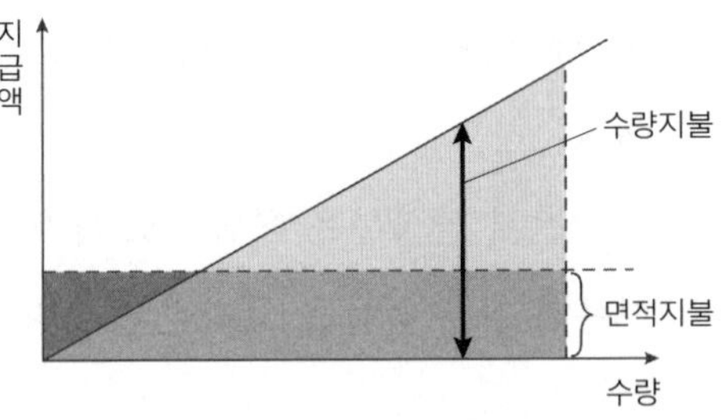

〈그림 7-3〉 수량지불과 면적지불의 관계

출처: 農林水産省, 2021a, p. 4.

① 수량지불

수량지불의 지급단가는 표준적 생산비와 표준적 판매가격[37]의 차액분을 단위 중량당 단가로 산출한다. 그런데 단가산출에서 하나 주목할 점은 작물의 품질 격차를 고려하여 설정했다는 사실이다. 농림수산성은 맥류와 대두 등과 같은 밭작물은 ① 지역 간·농업인 간 작물의 품질 격차가 있고, ② 더욱이 가공원료로 사용되는 경우 수입품과의 경쟁으로 판매가격이 낮게 책정되어 시장에서 형성되는 가격만으로는 품질향상의 인센티브가 작동하기 어려운 특성이 있다고 보고, 실제 지급은 평균 지급단가를 기준으로 하여 각 작물의 품질에 따라 증감하여 설정한 단가를 적용한다(〈표 7-4〉, 〈표 7-5〉 참조). 농림수산성은 이런 조치를 통해 생산과 품질에 대한 영농 노력을 적정하게 반영시킬 수 있을 뿐만 아니라 국내 농산물의 품질 향상을 유도하고 가격경쟁력을 높이는 효과를 기대한 것이다.

이처럼 품질에 따라 지급단가를 설정하므로 직불금 수령자는 품질등급을 확인할 수 있는 농산물검사 결과 증명서를 반드시 제출해야 한다.

37 10a당 생산비는 최근 3년 평균치, 단수는 최근 7년 중 최고·최저를 제외한 5년 평균치, 그리고 판매가격은 최근 5년 중 최고·최저를 제외한 3년 평균치다.

〈표 7-4〉 품질에 따른 지급단가

[소맥]

(단위: 엔/60kg)

품질 구분(등급)	1등급 또는 1등급 상당				2등급 또는 2등급 상당			
순위	A	B	C	D	A	B	C	D
빵·중화면용 품종	8,810	8,310	8,160	8,100	7,650	7,150	7,000	6,940
상기 품종 이외	6,510	6,010	5,860	5,800	5,350	4,850	4,700	4,640

주: 빵·중화면용 소맥 품종에 대해서는 농림수산성 고시로 각 지역별로 품종을 정한다.
1~2등급: 피해 낟알 비율 등으로 구분
A~D: 단백질 함유율 등으로 구분

[보리, 쌀보리]

(단위: 엔/단위 수량)

품질 구분(등급)	1등급 또는 1등급 상당				2등급 또는 2등급 상당			
순위	A	B	C	D	A	B	C	D
두줄보리(엔/50kg)	6,840	6,420	6,300	6,250	5,980	5,560	5,430	5,380
여섯줄보리(엔/50kg)	5,970	5,550	5,420	5,370	4,940	4,520	4,400	4,350
쌀보리(엔/60kg)	9,980	9,480	9,330	9,240	8,410	7,910	7,760	7,680

주: 1~2등급: 피해 낟알 비율 등으로 구분
A~D: 단백질 함유율 등으로 구분

[대두]

(단위: 엔/60kg)

품질 구분(등급)	1등급	2등급	3등급
보통대두	10,830	10,140	9,460
	합격 또는 합격 상당		
특정 가공용 대두	8,780		

주: 1~2등급: 피해낟알 비율 등으로 구분
특정 가공용 대두: 두부, 유부, 간장, 콩가루 등 제품 단계에서 대두의 형태가 없는 용도로 사용하는 대두

[사탕무]

(단위: t)

품질 구분(당도)	← (+0.1도마다)	16.6도	→ (▲0.1도마다)
사탕무	+62엔	6,840엔	▲62엔

[전분용 감자]

품질 구분 (전분 함유율)	← (+0.1%마다)	19.7도	→ (▲0.1%마다)
전분용 감자(엔/톤)	+64엔	13,560엔	▲64엔

[메밀]

품질 구분(등급)	1등급	2등급
메밀(엔/45kg)	13,800엔	11,690엔

[유채]

품질 구분(품종)	기자키노나타네, 기라키라긴가, 기라리보시, 나나시키부	기타 품종
유채(엔/60kg)	8,020엔	7,280엔

출처: 農林水産省, 2021a, pp. 8-9.

〈표 7-5〉 평균 지급단가

대상작물	평균 지급단가	대상작물	평균 지급단가	대상작물	평균 지급단가
소맥	6,710엔/60kg	쌀보리	9,560엔/60kg	전분용 감자	13,560엔/t
두줄보리	6,780엔/50kg	대두	9,930엔/60kg	메밀	13,170엔/45kg
여섯줄보리	5,660엔/50kg	사탕무	6,840엔/t	유채	8,000엔/60kg

출처: 農林水産省, 2021a, p. 9.

평균 지급단가는 원칙적으로 3년마다 개정되는데, 현행 지급단가는 2020년 ㉠ 환태평양경제동반자협정(TPP11)과 미·일무역협정 발효로 발생하는 영향(맥류, 사탕무), ㉡ 소비세율 개정에 따른 영향(전 품목)을 고려하여 산정된 것으로 2022년까지 적용된다(農林水産省, 2020c).

② **면적지불**(영농계속지불)

면적지불은 수량지불의 대상인 맥류, 대두, 사탕무, 전분용 감자, 메밀, 유채에 대해 재배면적 10a당 2만 엔을 지불한다. 농지를 보전하고 영농을 계속하기 위해 필요한 최소한의 경비를 조달할 수 있는 수준에서 책정한 금액으로 수량지불을 신청한 농업인이 대상이다.

단, 메밀에 대해서는 13,000엔/10a을 지불한다. 농림수산성은 면적지불이 수량지불의 선급금으로 지불되므로 메밀의 수량지불 평균 지급액(18,500엔/10a) 이상으로 지불하는 것은 적당하지 않다고 판단하여 메밀 이외의 대상작물 지급액이 약 40~70%인 것을 고려하여 메밀에 대해서는 메밀의 평균 교부액의 70% 수준인 1.3만 엔/10a으로 정했다(農林水産省, 2014a).

면적지불을 받기 위해서는 반드시 적정생산을 유지해야 하고, 적절한 생산이 이루어졌다는 것을 확인할 수 있는 작업일지, 종자·비료 구입 전표 등을 제출해야 한다. 만약 해당 작물의 단수가 시정촌별로 정하는 기준단수[38]의 1/2 미만일 경우 생산량이 적은 이유서와 증거서류를 제출해야 하고, 합리적인 이유를 확인할 수 없으면 직불금을 받을 수 없다.

38 대상 발작물의 지역별 기준단수는 농업인이 자유롭게 찾아볼 수 있도록 농림수산성 지방농정국에서 자료를 제공한다.

2) 쌀·밭작물 수입감소 영향 완화교부금

(1) 취지

쌀·밭작물 수입감소 영향 완화대책은 쌀이나 밭작물의 수입감소로 인해 일어날 수 있는 경영피해를 줄여 안정적으로 농업경영을 이어갈 수 있도록 하는 것을 목적으로 하는 경영안전망제도다.

(2) 대상자 및 지급요건

대상자와 지급요건은 앞에서 살펴본 밭작물 직접지불제와 동일하다.

(3) 대상작물

쌀, 맥류, 대두, 사탕무, 전분 원료용 감자가 대상작물이다. 단, 사탕무와 전분 원료용 감자는 밭작물 직불제와 마찬가지로 홋카이도산만 대상이다.

(4) 보전액

해당 연도 생산 밭작물의 판매수입 합계가 표준적 수입(과거 5년간 최고·최저를 제외한 3년의 평균수입)에 미치지 못할 경우 차액의 90%를 정부의 보조금과 농업인이 적립한 적립금에서 보전한다(〈그림 7-4〉 참조). 보전은 정부와 농업인이 3 : 1의 비율로 부담한다.

보전액 = (표준적 수입액 - 당해 연도 수입액) × 0.9

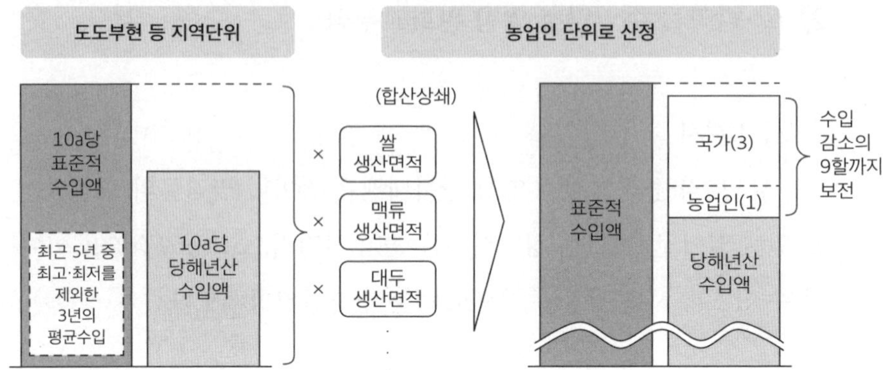

〈그림 7-4〉 보전액

출처: 農林水産省, 2021a, p. 4.

3) 수전 활용 직접지불제

(1) 취지

일본의 곡물 수급 상황을 보면, 주식인 쌀은 거의 100%의 자급률 추이 속에 소비는 장기 감소추세가 이어지고 있는 반면, 밀 · 보리 · 대두의 자급률은 대략 10% 전후의 낮은 수준으로 수요의 대부분을 수입에 의존하고 있다. 이런 상황에서 수전 활용 직접 직불금은 ① 논에서 쌀 대신 사료용 쌀, 미분(쌀가루)용 쌀, 맥류, 대두 등을 생산하는 활동, ② 지역에서 작성하는 '수전 완전활용 비전'에 기초하여 지역의 특색 있는 상품의 산지 만들기 활동을 지원하여 주식용 쌀의 공급과잉을 방지하고, 논의 형상을 유지하여 논의 다원적 기능은 지속시키면서 밀, 대두, 사료 등의 자급률은 높이는 것을 목적으로 한다.

(2) 대상자

판매 목적으로 대상작물을 생산하는 판매농가, 집락영농이 대상이다. 본 직불금에서 판매농가란 대상작물의 판매실적이 있는 농가를 말하고, 집락영농이란 복수의 판매농가로 구성되는 농작업 수탁 조직을 말한다.

(3) 지원 종류 및 지급단가 등

수전 활용 직접 직불금 지원은 ① 전략작물 조성, ② 산지교부금, ③ 수전농업 고수익화 추진 조성, ④ 도도부현 연계형 조성의 네 종류로 이루어진다(2022년도 기준).

① 전략작물 조성

전략작물 조성은 주식용 쌀을 재배하지 않는 논을 활용하여 맥류(소맥, 두줄보리, 여섯줄보리, 쌀보리)·대두·사료작물, WCS(Whole Crop Silage)용 벼, 가공용 쌀, 사료용 쌀, 미분용 쌀과 같은 작물(이를 '전략작물'이라고 함)을 생산하는 농업인에 대해 재배면적에 따라 직불금을 지원하는 사업이다.

지급단가는 10a당 맥류·대두·사료작물은 3만 5천 엔, WCS용 벼는 8만 엔, 가공용 벼는 2만 엔, 그리고 사료용 쌀과 미분용 쌀은 증산을 유도하기 위해 수량에 따라 55,000~105,000엔으로 정했다(〈표 7-6〉 참조).

사료용 쌀과 미분용 쌀 지급단가의 적용기준이 되는 표준단수는 각 지역의 지역농업재생협의회가 정하는 단수(지역의 합리적인 단수)를 적

〈표 7-6〉 전략작물 조성의 지급단가

대상작물	지급단가
맥류, 대두, 사료작물	35,000엔/10a
WCS용 벼	80,000엔/10a
가공용 쌀	20,000엔/10a
사료용 쌀, 미분용 쌀	수량에 따라 55,000~105,000엔/10a • 10a당 지급대상 수량이 (표준단수-150)kg 이하인 경우: 55,000엔/10a • 10a당 지급대상 수량이 (표준단수-150)kg~(표준단수+150)kg인 경우: 80,000엔/10a+25,000엔/150kg×(10a당 교부대상수량-표준단수)로 계산한 단가 • 10a당 지급대상 수량이 (표준단수+150)kg 이상인 경우: 105,000엔/10a

출처: 農林水産省, 「經營所得安定対策等実施要綱」(2021.3. 개정).

용하고, 지역의 합리적인 단수는 해당 연도의 작황에 따라 조정한다.

② 산지교부금

산지교부금은 논을 활용하여 지역의 특색 있고 매력 있는 물품산지를 만들기 위해 지역에서 작성하는 '수전 완전활용 비전(水田フル活用ビジョン)'에 근거하여 실시하는 ㉠ 전략작물의 생산성 향상 등을 위한 조치, ㉡ 지역진흥작물 생산, ㉢ 이모작이나 경축순환 등과 같은 활동을 지원하기 위해 농림수산성이 도도부현에 지원하는 자금으로, 도도부현이 재량으로 사용할 수 있다. '수전 완전활용 비전'은 지역의 작물재배 현상 및 생산진흥을 하는 데 있어 지역이 직면하고 있는 과제, 작물별 취급방침, 작물별 재배예정면적, 과제 해결을 위한 조치 및 목표, 산지교부금의 활용 방법 등을 내용으로 도도부현이 작성하고, 홈페이지를 통해 공표한다(「經営所得安定対策等実施要綱」(2020.4. 개정) 別紙11 「水田フル活用ビジョンについて」).

도도부현에 배분되는 교부금 범위 내에서 도도부현이나 지역농업재생협의회가 지급대상작물, 단가 등을 설정할 수 있다. 단, 일정 비율 이상은 도도부현 단계에서 지원내용을 결정한다.

그리고 지역농업재생협의회가 작성하는 '전환작물확대계획'에 근거하여 다음과 같은 조치를 실시할 경우 농림수산성은 추가배분을 실시한다.

- 전환작물 확대 가산: 15,000엔/10a(주식용 쌀이 감소하고, 전환작물 면적이 전년도보다 확대한 경우)
- 고수익작물 등 확대 가산: 35,000엔/10a(주식용 쌀이 감소하고, 고수익 원예작물, 신시장개척용 쌀, 가공용 쌀, 사료용 옥수수와 같은 고수익작물 등의 면적이 전년도보다 확대한 경우)

또 ㉠ 생산자 측(생산자 또는 생산자 단체)과 수요자 측(수요자 또는 수요자 단체)의 사료용 쌀, 미분용 쌀의 다년도 계약(3년 이상 계약), ㉡ 메밀, 유채, 신시장개척용 쌀 재배(기간작만) 조치를 실시할 경우에는 도도부현에 대해 〈표 7-7〉과 같은 추가배분을 실시한다. 사료용 쌀, 미분용 쌀의 다년도 계약서에는 각 연도산의 계약수량, 판매가격 또는 판매가격의 설정 방법, 계약 불이행에 대한 위약사항을 기재한다(政策統括官付 穀物課 水田農業対策室, 2020).

〈표 7-7〉 대상조치별 지급단가

조치 내용	지급단가
사료용 쌀, 미분용 쌀의 다년도 계약(3년 이상 계약)	12,000엔/10a
메밀, 유채, 신시장개척용 쌀 재배(기간작만)	20,000엔/10a

출처: 農林水産省, 2021a, p. 16.

③ 수전농업 고수익화 추진 조성

도도부현이 작성하는 '수전농업 고수익화 추진계획'에 따라 고수익작물(주식용 쌀과 비교해 면적당 수익성이 높은 작물)의 도입과 정착 등을 추진하는 산지를 지원하는 것으로, 지원내용은 다음과 같다.

- 고수익작물 정착촉진지원: 고수익작물을 도입하는 경우 5년간 매년 2만 엔(가공·영업용 채소의 경우 3만 엔)/10a 지원. 단, 고수익작물 밭지화 지원과 함께 추진해야 한다.
- 밭지화(畑地化) 지원: 밭지화 조치를 실시한 연도에 한해 175,000엔/10a(밭지화란 논에서 밭작물을 안정적으로 생산하기 위한 배수시설 등을 정비하는 것을 말함)
- 알곡용(子実用) 옥수수[39] 지원: 알곡용 옥수수를 재배하는 경우 1만 엔/10a 지원(기간작에 한함)

'수전농업 고수익화 추진계획'은 논에 고수익작물 도입·정착 등

39 일반적으로 사료용 옥수수는 줄기째 수확해 사일리지로 이용하는데, 최근 영양분이 많은 알곡만 수확하는 옥수수 재배가 늘어나고 있다.

을 위해 다음과 같은 내용으로 도도부현이 작성한다.

- 도도부현·산지단계의 추진체제·역할
- 도도부현·산지별 추진품목의 도입 목표와 목표 달성을 위한 조치

④ 도도부현 연계형 조성

논에서 전작을 확대하기 위해 전작작물을 생산하는 농업인을 도도부현이 독자적으로 지원하는 경우 해당 지원대상 농업인에 대해 확대면적당 도도부현의 지원단가와 동일액(상한: 5,000엔/10a)을 정부가 추가 지원한다. 이 사업은 2021년도에 신설되었다.

(4) 지급요건

농업인이 수전 활용 직불금을 받기 위해서는 각각 다음과 같은 요건들을 충족해야 한다. 첫째, 맥류, 대두, 사료작물 등과 같은 전략작물을 조성할 경우에는 〈표 7-8〉과 같은 조건에 따라 생산·출하·판매해야 한다.

둘째, 사료용 쌀과 미분용 쌀의 경우, 앞에서 정리했듯이 단수에 따라 지불액이 달리 적용(55,000~105,000엔/10a)되므로 사료용 쌀과 미분용 쌀을 생산하는 농업인은 농산물검사기관에 수량 확인을 받아서 제출해야 한다.

셋째, 산지교부금을 지원받기 위해서는 다음과 같은 사항을 내용으로 하는 '수전 완전활용 비전'을 작성하여 제출해야 한다(2014년부터 규정).

〈표 7-8〉 전략작물의 지급요건

전략작물	지급요건
맥류	농협 등과 수요자 간에 체결된 판매계약에 근거하여 농협 등과의 출하계약 또는 실수요자와의 판매계약을 체결한 것
대두	농협 등과의 출하계약 또는 수요자와의 판매계약을 체결한 것
사료작물	• 익기 전에 거두어들인 벼나 볏짚 전용 벼는 '신규 수요미 취급계획'의 인정을 받은 것 • 그 외 사료작물은 수요자와 이용공급협정을 체결한 것 • 자신의 축산경영에 사용할 목적으로 생산하는 경우에는 자가이용계획을 수립한 것
사료용 쌀, 미분용 쌀	'신규 수요미 취급계획' 또는 '생산제조연대사업계획'의 인정을 받은 것
WCS용 벼	'신규 수요미 취급계획'의 인정을 받은 것
가공용 쌀	'가공용 쌀 취급계획'의 인정 또는 '가공용 쌀 출하계약'을 체결한 것

주: ' '로 표시한 것은 「需要に応じた米の生産·販売の推進に関する要領」에 관련 규정이 있다.
출처: 「經營所得安定対策等実施要綱」(2021.3. 개정) 別紙12 「戰略作物助成の扱い」에서 작성.

- 지역의 작물재배 현황, 지역의 과제
- 작물별 생산방침(비주식용 쌀의 작부면적 목표, 생산 확대를 위해 도입할 새로운 기술, 판매처와의 연대, 활용시책 등)
- 작물별 재배예정 면적
- 과제해결을 위한 방안 및 목표
- 자세한 산지교부금 활용 방법

지역단계의 '수전 완전활용 비전'은 지역농업재생협의회가 작성하여 도도부현에 제출하고, 도도부현 단계에서는 도도부현 농업재생협의회가 작성하여 중앙정부에 제출한다.

3. 추진 체계

1) 전체적인 추진 체계

소득안정대책 및 수전 활용 직불제는 중앙정부가 시정촌-도도부현 등을 통해 신청을 받아 지급대상자에게 직불금 등을 직접 지불하는데, 직불금 등의 신청 절차, 지급업무 등이 원활하게 진행되도록 하기 위해 도도부현과 시정촌의 지역단계에 설치한 도도부현 농업재생협의회 및 지역농업재생협의회와 협력체제를 구축하여 실시한다(〈그림 7-5〉 참조).

2) 가입 및 지급 절차

(1) 신청서류 제출

경영소득안정대책 등의 직불금 등을 지급받으려는 농업인은 교부 신청서 및 영농계획서(생산수량 목표 설정 방법에 따라 대상작물별 생산수량 목표, 경작지별로 작물별 재배면적 등을 기재)를 작성하여 지방농정국 각 현역거점(県域拠点) 또는 지역농업재생협의회에 제출한다. 쌀·밭작물 수입감소 영향 완화교부금의 경우 가입 신청(적립신청)한 후 적립금을 납부한다(農林水産省, 2019a).

신청자는 신청할 때 다음과 같은 사항에 대해 서약한다(「經營所得安定対策等交付金交付申請書」 제1호 별지 「經營所得安定対策等交付金の交付申請に関する誓約事項」).

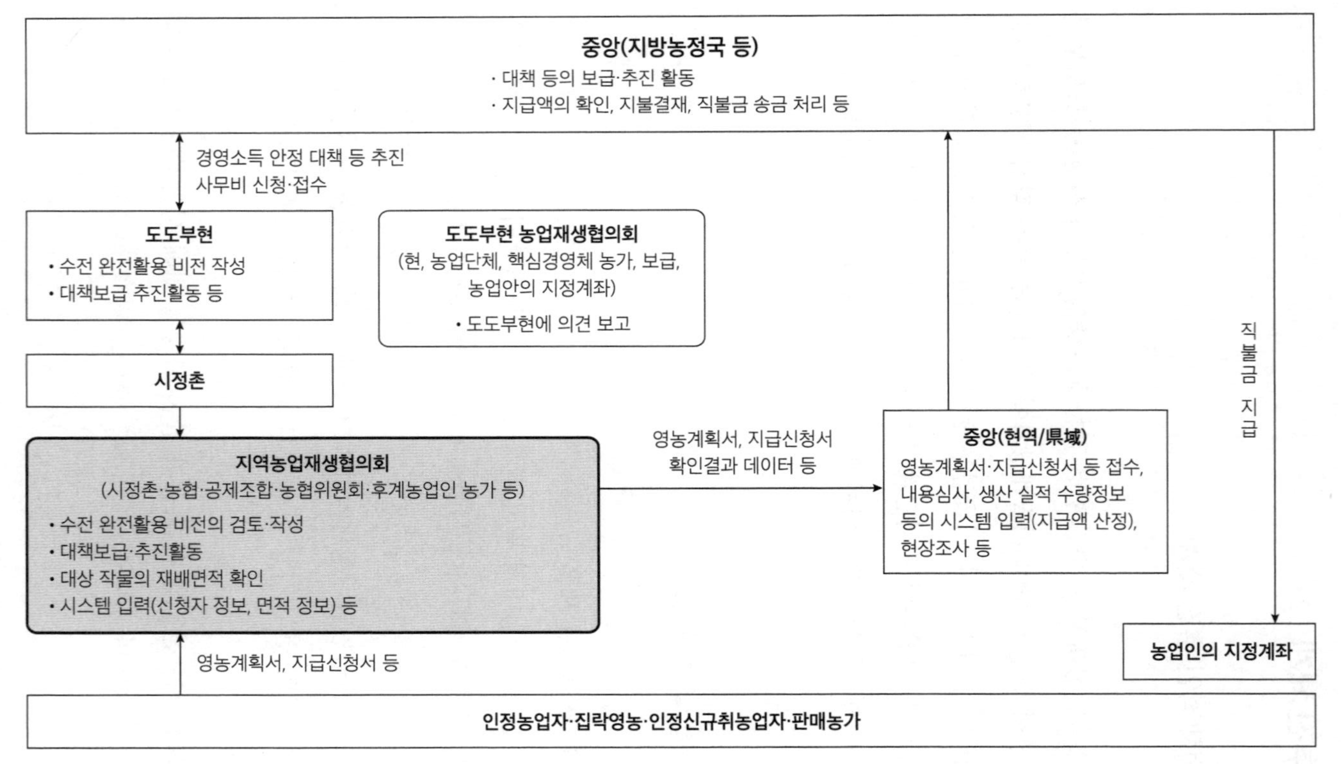

〈그림 7-5〉 경영소득안정대책 등의 추진 체계

출처: 農林水産省, 2021a, p. 26.

① 경영소득안정대책 등의 지불금에 관한 보고, 현장조사 요구가 있으면 이에 응해야 하고, 영농계약서에 기재한 대상작물에 대해 지방농정국 직원이 출하단계에서 샘플채취를 할 경우에는 사전에 통보가 없었어도 이를 인정

② 출하·판매계약서, 출하·판매전표 등의 증거서류를 5년간 보관하고, 지방농정국이 요구할 경우 제출

③ 다음과 같은 경우 직불금이 지급되지 않거나 또는 반환하는 것에 이의 제기를 하지 않는다.

- 지급신청서, 영농계획서 및 기타 제출서류에서 허위 내용을 신청한 것이 판명된 경우
- 정당한 이유 없이 영농계획서에 기재한 지급대상작물을 재배하지 않은 것이 판명될 경우
- 영농계획서에 기재한 지급대상작물에 대해 필요한 출하·판매계약 등의 체결이나 계획 인정을 받지 않은 점, 적절한 재배·재배관리·수확 등이 이루어지지 않은 점, 정당한 이유 없이 출하·판매하지 않은 점, 기타 지급요건을 충족시키는 활동을 하지 않은 점이 판명될 경우
- 필요한 서류가 보관되지 않고, 요건 충족을 확인할 수 없는 경우나 제출을 거부한 경우
- 지방농정국의 현장조사에 응하지 않는 경우

한편 농림수산성은 신청서류 작성, 데이터 입력 등으로 인한 부담을 줄이고, 각종 데이터를 활용할 목적으로 2018년도부터 전자신청시

스템 개발을 검토하기 시작하여 2020년도에 일부 지역에서 시범운영하고, 2021년도부터 본격 운영하면서 대상지역을 확대하고 있다(2025년도까지 완료 예정).

(2) 신청서류 접수

지역농업재생협의회는 농업인이 제출한 교부신청서와 영농계획서 사본 등을 정리하여 밭작물 직불금 및 수입감소 영향완화교부금 등의 신청자 서류를 지방농정국에 제출한다.

그리고 지방농정국은 교부신청서 등의 내용을 심사한 후 문제가 없으면 신청자별로 교부신청자 관리 코드를 부여한다.

(3) 직불금 등 지급

직불금 등의 지급은 종류에 따라 시기가 다른데, 일반적으로 생산연도 8월부터 다음 해 3월 사이에 지급이 이루어진다(〈표 7-9〉 참조).

직불금을 받기 위해서는 대상작물별로 출하·판매 상황 관련 서류(출하·판매전표의 사본 등) 및 농산물 검사 결과를 알 수 있는 서류를 제출해

〈표 7-9〉 직불금 등 지급 시기

직불금 등		지급 시기
밭작물 직불금	면적지불	8월 ~ 10월경
	수량지불	7월 ~ 3월경
쌀·밭작물 수입감소 영향완화교부금		다음 해 5월 ~ 6월경
수전 활용 직불금		8월 ~ 3월경

출처: 農林水産省, 2021a, p. 32.

야 한다.

3) 검사

지방농정국장은 지급신청자가 신청한 출하·판매수량 등이 적절한지 확인하기 위해 농협 등의 단체, 실수요자 등에 대해 필요한 사항의 보고를 요구하여 지급신청 내용 등과 대조·검토한다. 또 신청내용 등의 확인을 위해 필요한 경우에는 지방농정국 직원이 농가의 논밭 등에 대해 현장 방문조사를 실시한다.

현장 방문조사에는 정기점검조사와 특별조사가 있다(農林水産省, 2020b). 정기점검조사는 지방농정국의 현역거점(県域拠点) 담당구역 내 지역협의회를 4년에 한 번 순회할 수 있도록 선정하고, 그 가운데에서 직불금마다 지급신청자의 일부를 뽑아서 실시한다. 그리고 특별조사는 관계기관 등에서 제공하는 정보와 관련하여 좀 더 구체적인 조사가 필요하다고 판단할 경우에 실시한다.

정기점검조사는 대상자가 신청한 모든 지불금을 대상으로 다음과 같은 조사를 실시한다(農林水産省, 2021a).

■ 영농계획서에 관한 조사

- 영농계획서대로 재배가 이루어졌는지, 또 적절한 생산이 이루어졌는지 등에 대해 확인

- ■ 산지교부금에 관한 조사
  - 산지교부금이 적정하게 지불되었는지 등에 대해 확인
- ■ 출하·판매 등에 관한 조사
  - 대상 밭작물(원료)의 가공품을 제조·판매하고 있는지 등의 확인
  - 신청수량에 지급대상 외 미곡(종자용, 미검사 쌀, 규격 외 쌀)의 수량이 포함되어 있는지 등의 확인

경영소득안정대책 등이 적정하고 원활하게 실시될 수 있도록 보고나 점검 시에는 지역농업재생협의회의 협력을 얻고, 또 지급신청자·지방공공단체·농협 등에도 협조를 요청한다.

조사한 결과, 잘못된 부분에 대해서는 면적 등을 수정하고, 지불액을 재산정한 후 직불금 등의 반환 절차를 진행한다. 또 조사 거부, 고의적인 위반 행위를 한 경우에는 직불금을 즉시 반환하도록 조치한다.

4) 적절한 생산의 철저 관리(씨만 뿌리고 방치하는 행위의 방지)

경영소득안정대책 등에서는 지급대상 작물에 대해 지역의 보급조직 등이 지도하는 재배방식 등에 따라 충분한 수확량이 나오도록 생산하는 것을 원칙으로 한다(農林水産省, 2019a). 농가가 전작장려금 등을 받을 목적으로 메밀 등의 씨앗만 뿌리고 내버려두는 행위(捨てづくり)를 방지하기 위한 조치다. 따라서 자연재해 등과 같은 합리적인 이유 없이 적절한 생산이 이루어지지 않았을 가능성이 높다고 판단될 경우에는

직불금을 지급하지 않거나, 이미 지급한 직불금 등은 반환하도록 한다. 다음과 같은 사항에 해당하는 경우에는 제출된 사유서를 검토하여 지급 여부를 판단한다.

- ■ 신시장개척용 쌀, 가공용 쌀
  - 실수요자에 대한 당 연도산 출하수량이 당초 계약수량의 80%가 안 될 경우
- ■ 사료용 쌀(벼를 이용하는 것 제외), 미분용 쌀
  - 지급대상 수량, 면적으로 산정한 단수가 표준단수(시정촌별)에서 150kg/10a를 뺀 수량에 미달할 경우
- ■ 그 외 작물(밭작물 직불제의 면적지불을 신청한 것 제외)
  - 인근 경작지의 수량성(數量性)·재배 시기가 대체로 동등한 동일 작물의 생육 상황 등을 비교하여 확실히 수량이 적다고 판단되는 경우
- ■ 밭작물 직불제의 면적지불
  - 지급대상의 수량·면적으로 산정한 단수가 지역 표준단수(시정촌별)의 1/2에 미달할 경우

5) 서류보관

직불금을 지급받는 농업인은 지급신청의 기초가 되는 증거서류 등을 5년간 보관한다.

6) 직불금 반환

다음과 같은 사안이 발생할 경우 지방농정국장 등은 경영소득안정대책 등의 신청자에 대해 직불금 등의 전부 또는 일부의 반환을 명령하거나 신청 중인 직불금 등을 지급하지 않을 수 있다.

- 지급요건을 확인할 때 사용한 서류나 직불금 지급신청의 기초가 되는 서류 내용과 다른 내용을 기재하는 등 허위 신청을 하여 직불금 등을 부정으로 수령한 것이 확인될 경우
- 지급신청 때의 서약사항을 위반한 것이 확인될 경우
- 경영소득안정대책 등의 직불금 등 신청자가 신규 수요미, 가공용·비축용 쌀을 주식용으로 출하·판매한 사실이 확인될 경우
- 지방농정국이나 관계기관의 개선지도를 받았음에도 이에 따르지 않는 경우 등

특히 악의적이라고 인정될 경우에는 다음 연도 이후 지급신청서를 접수하지 않는다.

7) 벌칙

밭작물 직불제, 수입감소 영향완화교부금의 신청 관련 서류 등에 사실과 달리 기재하는 등 부정행위로 직불금 등을 받은 자는 3년 이하

의 징역 또는 100만 엔 이하의 벌금에 처할 수 있다. 또 지방농정국에 보고하지 않거나 허위로 보고하는 행위, 지방농정국 직원의 현장조사를 거부·방해 등을 하는 행위에 대해서는 30만 엔 이하의 벌금에 처할 수 있다.

4. 실시 현황 및 점검 결과

1) 실시 현황

(1) 밭작물 직접지불제

2020년도 지불액은 2,058억 엔으로 전년도에 비해 139억 엔이 줄어들었고, 지불대상자 수는 4만 1,188건으로 전년도에 비해 884건 줄어들었다(〈표 7-10〉 참조). 지불대상자별로 보면 개인이 3만 820건(74.8%)

〈표 7-10〉 밭작물 직접지불제 실시 현황

(단위: 억 엔, 건)

연도	지불액	지불대상자 수					
		합계	개인		법인		집락영농
			인정 농업자	인정 신규 취농자	인정 농업자	인정 신규 취농자	
2019	2,197	42,072	31,499	291	7,122	15	3,145
2020	2,058	41,188	30,578	242	7,352	9	3,007

출처: 農林水産省, 2021b.

으로 가장 큰 비중을 차지하고, 그다음은 법인이 7,361건(17.9%), 집락영농이 3,007건(7.3%)의 순이었다.

(2) 수전 활용 직접지불제

2020년도 지불액은 2,960억 엔으로 전년도에 비해 23억 엔 증가했고, 지불대상자 수는 30만 3,354건으로 전년도에 비해 1만 4,975건 줄어들었다(〈표 7-11〉 참조). 지불대상자별로 보면 개인이 28만 5,589건(94.1%)으로 가장 큰 비중을 차지하고, 그다음은 법인이 1만 3,031건(4.3%), 집락영농이 4,734건(1.6%)의 순이었다.

〈표 7-11〉 수전 활용 직접지불금 지급 현황

(단위: 억 엔, 건)

연도	지불액	지불대상자 수			
		합계	개인	법인	집락영농
2019	2,938	318,329	300,962	12,423	4,944
2020	2,960	303,354	285,589	13,031	4,734

출처: 農林水産省, 2021b.

(3) 쌀·밭작물 수입감소 영향완화교부금

2020년산 수입감소 영향완화교부금은 2만 7,417건으로 보전총액은 49억 2천만 엔이었다(〈표 7-12〉 참조). 2019년산 지불 건수 4,829건, 보전총액 3억 6천만 엔에 비해 크게 늘어난 상황이다.

〈표 7-12〉 쌀·밭작물 수입감소 영향완화교부금의 보전총액 현황

(단위: 건, 억 엔)

구분	2015년산	2016년산	2017년산	2018년산	2019년산	2020년산
지불 건수	93,891	57,064	18,737	19,771	4,829	27,417
보전총액	332.3	178.7	54.4	68.9	3.6	49.2

출처: 農林水産省, 2021c.

2) 점검 결과

2019년도에 실시된 정기검사에서 밭작물 직접지불제의 경우 지급신청 건수의 1.4%, 그리고 쌀·밭작물 수입감소 영향완화교부금과 수전 활용 직접지불제는 0.5%에 대해 검사가 이루어졌다. 조사비율에 대해 특별히 규정이 있는 것은 아닌데, 지난 3년간 통계로 볼 때 매우 적은 수준이었다(〈표 7-13〉 참조).

조사는 ① 전년도 지불에 대한 출하·판매실적 확인, ② 당 연도 지급신청에 대한 재배관리 등의 확인에 대해 이루어졌는데, 대상작물의 출하·판매전표의 보관이 적절하게 이루어지지 않은 1건에 대해 보관 방법 등에 대한 지도(직불금 반환 조치는 없음), 그리고 직불금이 과다하게 지불된 1건에 대해 각각 반환조치가 이루어졌다.

그리고 2017년 특별조사 결과 총 2건에 대해 위반 사항이 발견되어 직불금 반환 조치가 이루어졌다.

한편 지방농정국 등은 현장 방문조사와는 별도로 지급 전에 전체 신청자에 대해 '지불에 관한 확인·심사'를 실시하여 지급요건을 충족

〈표 7-13〉 정기점검조사 대상 건수(2017~2019년도 실적)

(단위: 건, %)

종류		밭작물 직접지불제	쌀·밭작물 수입감소 영향완화 교부금	수전 활용 직접지불제	쌀 직접지불제
2017	지급신청 건수(a)	45,345	105,884	465,263	750,833
	조사실적(b)	822	682	2,406	1,065
	b/a×100(%)	1.8%	0.6	0.5	0.1
2018	지급신청 건수(a)	44,209	101,304	386,398	-
	조사실적(b)	691	658	2,037	-
	b/a×100(%)	1.6%	0.6%	0.5%	-
2019	지급신청 건수(a)	43,307	88,209	341,574	-
	조사실적(b)	620	403	1,873	-
	b/a×100(%)	1.4%	0.5%	0.5%	-

출처: 農林水産省, 2018a; 農林水産省, 2019b; 農林水産省, 2020b.

하지 못하는 신청에 대해서는 지급대상에서 제외하는데, 2019년도에 밭작물 직접지불제에서 1,235건, 수전 활용 직접지불제에서 2만 3,245건이 지불에서 제외되었다. 생산·판매요건 부적합 등이 주요 원인이었다(〈표 7-14〉 참조).

〈표 7-14〉 2019년도 직불금의 '지불에 관한 확인·심사' 결과

(단위: 건)

종류	신청 건수	지불 제외 건수	지불 건수
밭작물 직접지불제	43,307	1,235	42,072
쌀·밭작물 수입감소 영향완화교부금	88,209	-	4,829
수전 활용 직접지불제	341,574	23,245	318,329

출처: 農林水産省, 2020b.

8장 일본형 직접지불제의 주요 내용과 실시 현황

1. 일본형 직접지불제의 도입 경과 및 관련 법규·조직 등

1) 도입 경과

앞에서 살펴보았듯이 일본형 직접지불제는 아베 정권이 2013년 12월 농림수산행정의 '그랜드 디자인'으로 수립한 「농림수산업 · 지역의 활력창조 플랜」에서 "농촌의 다원적 기능의 유지 · 발휘"를 위해 도입한 제도로, 중산간지역 등 직접지불제, 다원적 기능지불제, 환경보전형 농업 직접지불제로 구성되어 있다. 제도 명칭에 '일본형'이라고 한 것이 눈에 띄는데, 이에 대해 농림수산성은 "일본농업이 수전농업을 중심으로 마을 전체가 참여하여 유지되어왔다는 점 때문에 지역단위의 활동조직이나 집락에 직불금을 지불하는데, 이것이 유럽의 직불제도와는 다른 특징이라는 점에서 붙여진 것"이라고 설명했다(天野英二郎·

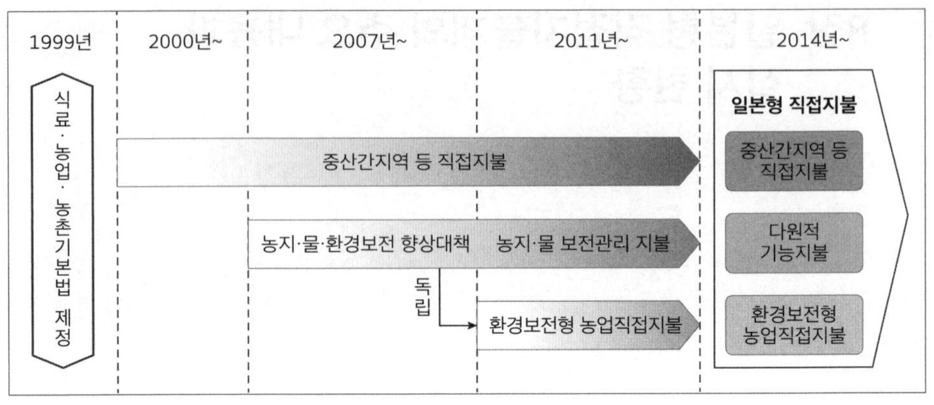

〈그림 8-1〉 일본형 직접지불제 도입 경과

출처: 農林水産省, 2016, p. 3.

山下慶洋, 2014: 63).

일본형 직접지불제도는 2014년도부터 도입되었는데, 위의 세 가지 직불제가 2014년도에 처음 실시된 것은 아니다. 중산간지역 등 직접지불제는 일본 최초의 직불제로 2000년도부터 실시되었고, 다원적 기능지불제와 환경보전형 농업 직접지불제는 2007년도에 도입한 농지·물·환경보전향상대책에 뿌리를 두고 있다(〈그림 8-1〉 참조). 각 직불제의 주요 내용을 살피기 전에 먼저 도입 경과에 대해 간단하게 정리해보기로 하자.

(1) 2000년 중산간지역 등 직접지불제도 도입

일본에서 '중산간'이라는 용어는 중산간지역 등 직접지불제도 실시 이전부터 사용되어왔으나,[40] 1990년 11월 농림수산성 통계정보부장의 통달 「농림통계에 사용하는 지역구분의 개정에 대해」에 의해 공식용어로 사용되기 시작했다. 일본 정부는 종래 농림통계에서 지역구분으로 '경제지대'를 사용했다. 그러나 급격히 변화하는 지역농업의 실태를 지역특성에 근거하여 통계적으로 더욱 정확하게 파악하기 위해 지역농업의 구조를 규정하는 기반 조건(경지나 임야면적의 비율, 농지의 경사도 등)에 의거하여 1990년부터 시정촌(市町村)을 구분하는 농업지역 유형 구분을 사용하기 시작했다. 즉, 전국의 농업지역을 〈표 8-1〉과 같이

〈표 8-1〉 농업지역 유형 구분

지역구분	정의
도시적 농업지역	• 거주 가능지에서 차지하는 DID 면적이 5% 이상이고, 인구밀도 500인/km² 이상 또는 DID 인구 2만 명 이상의 시구정촌 및 구 시구정촌 • 거주 가능지에서 차지하는 택지 등의 비율이 60% 이상으로 인구밀도가 500인/km² 이상인 시구정촌 및 구 시구정촌. 단, 임야율이 80% 이상인 것은 제외
평지 농업지역	• 경지율이 20% 이상이면서 임야율이 50% 미만의 시구정촌. 단, 경사 1/20 이상의 논과 경사 8도 이상인 밭의 합계 면적 비율이 90% 이상인 것은 제외 • 경지율 20% 이상이면서 임야율이 50% 이상으로 경사 1/20 이상의 논과 경사 8도 이상인 밭의 합계 면적 비율이 10% 미만인 시구정촌 및 구 시구정촌
중간 농업지역	• 경지율이 20% 미만으로 도시적 지역 및 산간농업지역 이외의 시구정촌 및 구 시구정촌 • 경지율 20% 이상으로 도시적 지역 및 평지농업지역 이외의 시구정촌 및 구 시구정촌
산간 농업지역	• 임야율이 80% 이상이면서 경지율이 10% 미만의 시구정촌 및 구 시구정촌

주: DID(인구집중지역, Densely Inhabited District)란 "인구밀도가 4,000인/km² 이상의 국세조사 기본단위구역 등이 시구정촌 내에서 인접하고, 이들 인접구역의 인구가 5,000인 이상인 구역"을 말한다.

출처: 農林水産省, 2021e, p. 313.

---

40 '중산간' 개념의 변용 및 중산간지역 농업구조론의 계보에 대해서는 小田切德美(1994) 제1장을 참고하기 바란다.

〈표 8-2〉 중산간지역의 주요 지표(2015년 기준)

구분	전국(A)	중산간지역(B)	비율(B/A)
인구	1억 2,709만 명	1,429만 명	11%
총 토지면적	3,780만 ha	2,741만 ha	73%
경지면적	450만 ha	184만 ha	41%
임야면적	2,480만 ha	2,174만 ha	88%
총 농가 수	216만 호	95만 호	44%
농업산출액	8조 8,631억 엔	3조 6,138억 엔	41%

출처: 農林水産省, 2020d, p. 1.

① 도시적 농업지역, ② 평지농업지역, ③ 중간농업지역, ④ 산간농업지역 등 네 지역으로 구분했다. 이 가운데 중간농업지역과 산간농업지역을 합쳐서 '중산간지역'이라고 부른다.

중산간지역은 2015년 기준 경지면적, 농가 수, 농업산출액에서 각각 전국의 41%, 44%, 41%를 차지하는 등 일본의 식료공급에 매우 중요한 위치를 차지하고 있다(〈표 8-2〉 참조). 그와 더불어 이들 지역은 하천의 상류에 위치하고, 경사지가 많은 입지조건으로 인해 농업생산활동을 통해 국토 보전, 수자원 함양 등 공익적 기능을 발휘하여 국민의 생활기반을 지키는 중요한 역할도 수행하고 있다.

그러나 동시에 중산간지역은 경제적 · 사회적 · 자연적 조건이 매우 열악하여 경작을 포기하는 농지가 늘어나고, 주민들도 크게 줄어들고 있어서 농업 · 농촌의 다원적 기능이 쇠퇴하고, 지역을 유지하는 것조차 어려운 곳이 각지에서 나타나고 있다.

이런 상황을 고려하여 1999년 제정된 「식료 · 농업 · 농촌기본법」

(「농업기본법」 폐지)에서 "중산간지역 등에서는 적절한 농업생산활동이 계속적으로 이루어질 수 있도록 불리한 농업생산조건을 개선하기 위한 지원을 실시하여 다원적 기능을 확보하기 위한 시책을 강구한다"는 내용을 규정했다(동법 제35조2). 그리고 이를 근거로 농림수산성은 2000년에 농업생산조건이 불리한 중산간지역의 다원적 기능 유지, 집락의 활성화, 경작포기농지 발생 방지 등을 목적으로 하는 중산간지역 등 직접지불제도를 도입했다.[41] 동 제도는 5년간을 1기로 하여 계속 실시되었고, 2014년도부터는 아베 정권의 농정개혁조치에 따라 일본형 직접지불제의 구성요소가 되었다.

(2) 2007년 농지·물·환경보전향상대책 도입과 개편

일본 농촌에서는 전통적으로 주민들이 힘을 합쳐 공동으로 농지, 농업용수 등과 같은 지역자원이나 농촌환경을 유지·보전해왔다. 그러나 농촌인구의 과소화, 고령화, 그리고 주민의 혼주화 등이 빠르게 이루어지면서 마을 공동체 기능이 쇠퇴하여 농지, 농업용수 등과 같은 지역자원이나 농촌환경을 보전·관리하는 것이 점점 어려워지고 있다.

이런 상황에 대해 농림수산성은 2005년 수립한 「식료·농업·농촌기본계획」[42]에서 농지·농업용수 등과 같은 자원의 보전·관리와 농촌 경관 형성 촉진 등에 대한 대책 마련을 명시했고, 같은 해 10월에 작성한 「경영소득안정대책 등 대강」에서는 경영안정대책과 더불어 농

---

41 제도의 수립과정에 대해서는 山下一仁(2001)에 상세하게 기술되어 있다.

42 「식료·농업·농촌기본법」 제15조에 근거하여 대략 5년마다 '식료·농업·농촌기본계획'을 수립한다. 현재까지 2000년, 2005년, 2010년, 2015년, 2020년 다섯 차례 제정되었다.

지·물·환경보전향상대책(가칭)을 제시했다. 그리고 이후 실태조사, 시범사업, 검토회 논의 등을 거쳐(農林水産省, 2010b) 2007년 4월부터 2011년도까지 5년간을 1기 계획(「農地·水·環境保全向上対策実施要綱」)으로 농지·물·환경보전향상대책을 실시했다. 동 대책은 2단계 지원구조로 구성되어 먼저 ① 지역에서 농업인을 비롯한 지역농협, 학교 PTA, 지역주민 등 다양한 주체가 활동조직을 만들어 농지·농업용수시설 등의 보전·관리를 위한 공동활동에 대해 지원을 실시하고, ② 공동활동에 대해 지원을 받는 지역에서 화학비료·화학합성농약의 50% 이상 절감 등과 같은 환경보전을 위한 영농활동을 실시할 경우 추가 지원했다.

이후 환경을 중시한 농업생산활동과 농업의 다원적 기능[43] 유지 등에 대해 지원정책을 강화하는 것이 필요하다는 의견이 제기되면서 농림수산성은 농지·물·환경보전향상대책을 개편했다. 첫째, 2011년도부터 기존의 농지·물·환경보전향상대책에서 환경보전을 위한 영농활동 지원 부문을 떼어내어 별도로 환경보전형 농업 직접지원대책을 실시했다. 이 대책은 2014년도 일본형 직접지불제를 도입하면서 명칭을 환경보전형 농업 직접지불로 바꾸었다.

둘째, 환경보전을 위한 영농활동 지원이 제외된 농지·물·환경보전향상대책은 2011년 농지 주변 수로·농도 등의 장기보전을 위해 수리하는 활동에 대한 지원을 추가하고, 명칭을 농지·물보전관리직불로 변경했다. 이것은 2014년에 다시 농지·물보전관리직불을 개편하여 자

43 다원적 기능에 대해 「식료·농업·농촌기본법」은 식량과 그 외 농산물 공급 기능 이외의 "국토 보전, 수자원 함양, 자연환경 보전, 양호한 경관 형성, 문화 전승 등"으로 규정한다(동법 제3조).

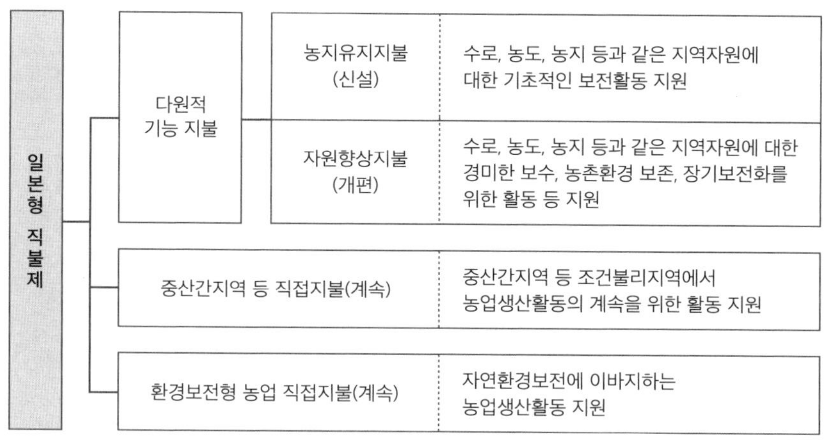

〈그림 8-2〉 일본형 직불제의 구성

원향상지불로 변경하고, 여기에 농지유지지불을 추가로 신설하여 다원적 기능지불제(자원향상지불 + 농지유지지불)로 개편했다(〈그림 8-2〉 참조).

2) 관련 법규

일본형 직접지불제는 실시 첫해인 2014년도에는 예산조치로 운용하고, 2015년도부터 새로 제정된 「농업이 가지고 있는 다원적 기능의 발휘 촉진에 관한 법률(農業の有する多面的機能の發揮の促進に関する法律)」에 근거하여 실시했다. 다원적 기능 지불제는 동 법률 제3조제3항제1호, 중산간지역 등 직접지불제는 제3조제3항제2호, 환경보전형 농업 직접지불제는 제3조제3항제3호에 근거하여 각각 운영되고 있다.

그리고 다원적 기능 지불제, 중산간지역 등 직접지불제, 환경보전

〈표 8-3〉 직불제 관련 규정

관련 규정	제정 연도
다원적 기능 지불	
•「다원적 기능 지불교부금 실시요강(多面的機能支払交付金実施要綱)」	2014
•「다원적 기능 지불교부금 실시요령(多面的機能支払交付金実施要領)」	2014
•「다원적 기능 지불교부금 실시요강(多面的機能支払交付金実施要綱)」	2014
중산간지역 등 직접지불	
•「중산간지역 등 직접지불교부금 실시요령(中山間地域等直接支払交付金実施要領)」	2000
•「중산간지역 등 직접지불교부금 실시요령의 운용(中山間地域等直接支払交付金実施要領の運用)」	2000
•「중산간지역 등 직접지불교부금 실시요강(中山間地域等直接支払交付金実施要綱)」	2000
환경보전형 농업 직접지불	
•「환경보전형 농업 직접지불교부금 실시요강(環境保全型農業直接支払交付金実施要綱)」	2011
•「환경보전형 농업 직접지불교부금 실시요령(環境保全型農業直接支払交付金実施要領)」	2011
일본형 직접지불추진교부금	
•「일본형 직접지불추진교부금 실시요령(日本型直接支払推進交付金実施要領)」	2016
•「일본형 직접지불추진교부금 실시요강(日本型直接支払推進交付金実施要綱)」	2016

형 농업 직접지불제의 구체적인 운영사항에 대해서는 각각의 정령(政令), 성령(省令) 등에서 구체적으로 규정한다(〈표 8-3〉 참조).

3) 제3자 위원회 운영

농림수산성은 다원적 기능 지불, 중산간지역 등 직접지불, 환경보전형 농업 직접지불에 대한 점검 및 효과를 평가하기 위해 직불제별로 제3자 위원회를 설치·운영한다. 제3자 위원회는 직불금 지급이 계획적이고 효율적으로 이루어질 수 있도록 도도부현에 조언하고, 직불금의 지급 상황 점검 및 효과의 평가 등을 실시한다. 또 도도부현 단계에서도 제3자 위원회를 설치하여 도도부현 내의 실시 상황 점검 및 효과 평가를 실시한다. 농림수산성 단계의 제3자 위원회 위원 수는 2020년 기준으로 각 직불제 모두 7명씩이고, 대학교수, 언론인, 소비자단체 임원 등으로 구성되어 있다. 그리고 회의내용은 인터넷으로 공개하는 회의록을 통해 구체적으로 파악할 수 있다.

4) 기본지침·방침 등 작성

일본형 직접지불을 도입하면서 중앙정부, 도도부현, 시정촌은 농업이 가지고 있는 다원적 기능의 발휘를 촉진하기 위해 「농업이 가지고 있는 다원적 기능의 발휘 촉진에 관한 법률」에 근거하여 ① 중앙정부는 「농업이 가지고 있는 다원적 기능의 발휘 촉진에 관한 기본지침」(이하 기본지침), ② 도도부현은 기본지침에 근거하여 「농업이 가지고 있는 다원적 기능의 발휘 촉진에 관한 기본방침」(이하 기본방침), ③ 시정촌은 기본방침에 근거하여 「농업이 가지고 있는 다원적 기능의 발휘 촉진에 관한 계획」(이하 촉진계획)을 각각 수립한다(동법 제4조~제6조, 〈표 8-4〉 참조).

그리고 농업인이 조직하는 단체 등은 시정촌의 촉진계획에 근거하여 「다원적 기능의 발휘 촉진사업에 관한 사업계획」을 작성하여 시정촌의 인정을 신청한다(동법 제7조).

〈표 8-4〉 각종 지침, 방침 등 작성

작성 주체	지침 등	기재 사항(법 규정)
중앙정부	기본지침	① 농업의 다원적 기능 발휘 촉진의 의의 및 목표에 관한 사항 ② 다원적 기능 발휘촉진사업의 실시를 추진해야 할 구역의 설정에 관한 기본적인 사항 ③ 다원적 기능 발휘촉진사업에 관한 기본적인 사항 ④ 이 외 농업이 가지는 다원적 기능의 발휘 촉진에 관한 중요 사항
도도부현	기본방침	① 농업이 가지는 다원적 기능의 발휘 촉진의 목표 ② 다원적 기능 발휘촉진사업의 실시를 추진해야 할 구역의 기준 ③ 시정촌의 촉진계획 작성에 관한 사항 ④ 이 외 농업이 가지는 다원적 기능의 발휘 촉진에 관한 사항
시정촌	촉진계획	① 촉진계획 구역 ② 촉진계획의 목표 ③ 다원적 기능 발휘촉진사업에 관한 사항 ④ 특히 중점적으로 다원적 기능 발휘촉진사업의 실시를 추진하는 구역을 정하는 경우 그 구역 ⑤ 이 외 촉진계획의 실시에 관해 해당 시정촌이 필요하다고 인정하는 사항
농업인이 조직하는 단체 등	사업계획	① 다원적 기능 발휘촉진사업의 목표 ② 다원적 기능 발휘촉진사업의 종류 및 실시구역 ③ 다원적 기능 지불사업을 실시하는 경우, 해당 사업 관련 시설의 주소 및 종류 등 ④ 중산간지역 등 직접지불사업을 실시하는 경우, 해당 사업 관련 농업생산활동의 내용, 농업생산활동의 계속적인 실시를 추진하기 위한 활동의 내용 등 ⑤ 환경보전형 농업직접지불사업을 실시하는 경우 자연환경의 보전에 이바지하는 농업의 생산방식 내용, 해당 생산방식을 도입한 농업생산활동의 실시를 추진하기 위한 활동의 내용 등 ⑥ 다원적 기능발휘촉진사업의 실시기간 ⑦ 그 외 농림수산성령에서 정하는 사항

출처: 「農業の有する多面的機能の發揮の促進に関する法律」

2. 다원적 기능 지불제

1) 주요 내용

(1) 취지

농촌지역에서는 인구의 과소화와 고령화, 그리고 혼주화 등으로 마을 공동체 기능이 크게 쇠퇴하여 농업용수 등과 같은 지역자원이나 농촌환경 등의 관리·보전에 어려움이 발생하고 있었다. 이에 농림수산성은 ① 농업·농촌의 다원적 기능이 제대로 유지·발휘할 수 있도록 하고, 더불어 ② 농도, 수로 등의 보전·관리를 실시해야 하는 핵심 경영체(担い手)의 부담을 줄여 농지가 핵심 경영체로 집적되는 구조개혁을 측면 지원하는 것을 목적으로 하는 다원적 기능 지불제를 도입했다.

이와 같은 제도 도입 취지와 관련하여 하나 주목할 점이 있는데, 그것은 핵심 경영체로 농지를 집적하는 구조개혁과 연계했다는 점이다. 제1장에서 살펴보았듯이 아베 내각은 「농림수산업·지역의 활력창조 플랜」에서 ① 농업을 강하게 하는 산업정책과 ② 다원적 기능의 유지·발휘를 촉진하는 지역정책을 농업정책의 양대 축으로 하여 농정개혁을 추진하기로 하고, 지역정책으로 다원적 기능 지불제를 도입한 것이다. 그럼에도 농업환경정책=지역정책으로 실시되는 다원적 기능 지불제에 '산업정책' 성격인 구조개혁에 대한 측면지원도 제도 실시 목적의 하나로 한 것은 한편으로는 다원적 기능 지불제의 특색이라고 볼 수 있지만, 다른 한편으로는 정책의 성격을 애매모호하게 할 수 있다는 점도 부정할 수 없다. 이와 같은 목적 설정에 대해 메이지(明治)대학교 오다기리 도쿠미(小田切徳美) 교수는 "다원적 기능 지불이라고 말하면서 그것이 마치 구조정책에 종속되어 있는 것 같은 발상이 살짝 감추어져 있다. 여기에서 지역정책은 산업정책과 함께 '자동차의 양축'으로 표방되고 있었지만, 어느새 지역정책은 산업정책을 위한 '보조축'이 되어버렸다"고 지적했다(田代洋一·小田切徳美·池上甲一, 2014: 67).

(2) 대상활동(지급요건)

다원적 기능 지불제는 농지유지지불과 자원향상지불의 두 종류로 구성된다. 농지유지지불과 자원향상지불은 모두 농지, 수로, 농도 등과 같은 농업생산활동 관련 공동시설 등에 대한 활동을 지원하는 것으로 활동기간은 원칙적으로 사업개시 연도부터 5년간으로 한다. 농지유지지불은 동 시설의 기본적인 유지 및 기능 관리를 위한 활동에 대한 지

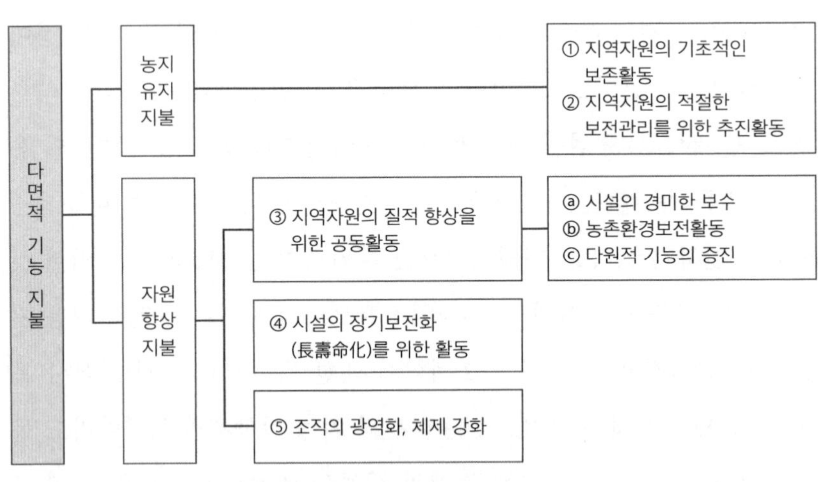

〈그림 8-3〉 다원적 기능 지불제 구성

출처: 農林水産省, 2021b에서 저자 작성.

원이고, 자원향상지불은 동 시설의 개량 및 기능 향상을 위한 활동에 대한 지원이다(「農業の有する多面的機能の發揮の促進に関する法律」 제3조제3항제1호 가목 및 나목).

지원대상인 활동은 〈그림 8-3〉에 정리한 것처럼 직불금 종류별로 다양하게 설정되어 있는데, 이하에서 자세히 살펴보기로 하자.

① 농지유지지불

농지유지지불의 대상활동에는 ㉠ 지역자원의 기초적인 보존활동, ㉡ 지역자원의 적절한 보전관리를 위한 추진활동의 두 종류가 있다.

㉠ 지역자원의 기초적인 보존활동

지역자원의 기초적인 보존활동은 ⓐ 농지, 수로, 농도 등과 같은 공동시설에 대한 점검 및 연간 활동계획 작성, ⓑ 연수, ⓒ 농지 비탈면의 풀베기, 수로에 쌓인 흙 치우기 등과 같은 실천활동으로 이루어진다(〈표 8-5〉 참조).

활동계획서에 기재한 해당 농지, 수로, 농도 등에 대해 매년 점검을 실시하고, 점검 결과를 토대로 매년 실천활동에 대한 연간계획을 작성한다. 농지, 수로, 농도 등에 대한 점검은 다음과 같은 사항을 파악하는 것을 말한다.

- 농지: 유휴농지 등의 발생 상황 파악
- 수로: 흙의 퇴적 상황, 쓰레기 투기 상황, 통수 상황 등
- 농도: 노면 상태, 측면도랑의 흙 퇴적 상황, 쓰레기 투기 상황 등

• 저수지: 흙 퇴적 상황, 쓰레기 투기 상황, 관리도로 상황, 저수지 부대시설 점검 등

연수는 활동의 원활한 실시를 위해 필요한 사무(서류작성, 신청 절차 등)나 사무·조직 운영 등에 관한 연수와 농작업 안전을 위한 기계의 안전 사용에 관한 연수 등으로 활동기간인 5년 동안 각 1회 이상 실시한다. 그리고 농지 비탈면의 풀베기, 수로에 쌓인 흙 치우기 등과 같은 실천활동은 매년 실시한다. 단, 〈표 8-5〉 실천활동의 '활동내용' 가운데 밑줄이 쳐진 '활동내용'은 점검 결과에 따라 필요한 조치를 실시한다.

ⓛ 지역자원의 적절한 보전관리를 위한 추진활동

지역자원의 적절한 보전관리를 위한 추진활동은 지역에서 농업인 등이 협의하여 농지, 수로, 농도 등과 같은 지역자원의 보전관리 목표를 정하고, 〈표 8-6〉과 같은 추진활동 가운데 매년 한 가지 이상 선택하여 실시한다.

그리고 활동기간 중 지역자원에 대한 향후 보전·관리 방안으로 지역자원의 보전관리에 관한 구상을 작성한다. 지역자원의 보전관리에 관한 구상에는 지역에서 보전 관리할 농지 및 시설, 지역 공동활동으로 실시하는 보전관리활동, 지역 공동활동의 실시체제, 지역농업의 핵심 경영체(担い手) 육성·확보, 적절한 보전·관리를 위한 조치·방법에 대해 기재한다.

〈표 8-5〉 지역자원의 기초적인 보전 활동 내용

활동 구분		활동 항목	활동 요건
점검·계획 작성	점검	점검	활동계획서에 있는 농지 및 수로 등의 시설에 대해 유휴농지의 발생 상황, 흙 퇴적 상황 등의 점검을 매년 실시
	계획 작성	연간활동계획 작성	점검 결과를 보고 실천활동에 관한 연간계획을 매년 작성
연수		사무·조직 운영 등에 관한 연수, 기계의 안전 사용에 관한 연수	사무·조직 운영 등에 관한 연수, 기계의 안전 사용에 관한 연수에 대해 5년간 각 1회 이상 실시
실천 활동	농지	유휴농지 발생 방지를 위한 보전관리	활동계획서에 있는 농지, 수로 등의 시설에 대해 유휴농지 발생 방지를 위한 보전관리, 논이나 밭의 두렁·농지 비탈면·방풍림 등의 풀베기 등을 매년 실시 단, 밑줄 친 활동에 대해서는 점검 결과에 따라 필요한 조치 실시
		논이나 밭의 두렁·농지 비탈면·방풍림 등의 풀베기	
		야생조수 피해 방지 울타리 보수관리	
	수로	수로 풀베기	
		수로 흙 치우기	
		수로 부대시설 보수관리	
	농도	농도 풀베기	
		농도 도랑의 흙 치우기	
		노면 유지	
	저수지	저수지 풀베기	
		저수지 흙 치우기	
		저수지 부대시설 보수관리	
	공통	이상기후 대응	

출처: 「多面的機能支払交付金実施要領」(2021.4. 개정) 別記1-2 「國が定める活動指針及び活動要件」

〈표 8-6〉 지역자원의 적절한 보전관리를 위한 추진활동 내용

활동 구분	활동 항목	활동 요건
지역자원의 적절한 보전관리를 위한 추진활동	농업인에 의한 검토회 개최	해당 실시활동을 선택하여 매년 실시
	농업인에 대한 의견조사, 농업인에 의한 현지조사	
	부재지주와의 연락체제 정비, 조정, 그리고 그에 필요한 조사	
	지역주민 등과의 의견교환, 워크숍·교류회 개최	
	지역주민 등에 대한 의견조사, 지역주민 등과의 집락 조사	
	전문가 초청 연수회, 전문가 참여 검토회 개최	
	기타(지역 실정에 따라 대상조직이 구체적으로 설정)	

출처: 「多面的機能支払交付金実施要領」(2021.4 개정) 別記1-2 「國が定める活動指針及び活動要件」

② 자원향상지불

자원향상지불의 지원대상은 ㉠ 지역자원의 질적 향상을 위한 공동활동, ㉡ 시설의 장기보전화(長壽命化)를 위한 수리 활동, ㉢ 조직의 광역화, 체제 강화의 세 종류가 있다(〈그림 8-3〉 참조). 단, 자원향상지불을 받기 위해서는 반드시 농지유지지불 대상활동을 함께 실시해야 한다.

㉠ 지역자원의 질적 향상을 위한 공동활동

지역자원의 질적 향상을 위한 공동활동에는 ⓐ 시설의 경미한 수리 활동, ⓑ 농촌환경보전활동, ⓒ 다원적 기능 향상을 위한 활동이 있다.

ⓐ 시설의 경미한 수리활동

시설의 경미한 수리활동은 말 그대로 농지, 수로, 농도 등에 대해 간단하게 수리하는 것을 목적으로 실시하는 활동으로서 계획수립, 기능진단, 실천활동을 매년 실행하고, 기능진단이나 보수기술 등에 관한 연수를 활동기간인 5년 동안 1회 이상 실시한다. 구체적인 활동 내용과 활동 요건은 〈표 8-7〉과 같다.

〈표 8-7〉 시설의 경미한 수리활동 내용

<table>
<tr><th colspan="2">활동 구분</th><th>활동 항목</th><th>활동 요건</th></tr>
<tr><td rowspan="5">기능 진단·계획 수립</td><td rowspan="4">기능 진단</td><td>농지의 기능진단</td><td rowspan="4">활동계획서의 농지 및 수로 등과 같은 시설에 대해 시설의 기능진단, 진단 결과의 기록관리를 매년 실시</td></tr>
<tr><td>수로의 기능진단</td></tr>
<tr><td>농도의 기능진단</td></tr>
<tr><td>저수지의 기능진단</td></tr>
<tr><td>계획 수립</td><td>연간활동계획 수립</td><td>기능진단 결과를 고려하여 실천활동에 관한 연간계획을 매년 수립</td></tr>
<tr><td colspan="2">연수</td><td>기능진단, 보수기술 등에 관한 연수</td><td>기능진단, 보수기술 등에 관한 연수를 5년간 1회 이상 실시</td></tr>
<tr><td rowspan="4">실천 활동</td><td>농지</td><td>농지의 경미한 보수 등</td><td rowspan="4">활동계획서의 농지 및 수로 등의 시설에 대해 농지의 간단한 보수 등 필요한 조치를 매년 실시</td></tr>
<tr><td>수로</td><td>수로의 경미한 보수 등</td></tr>
<tr><td>농도</td><td>농도의 경미한 보수 등</td></tr>
<tr><td>저수지</td><td>저수지의 경미한 보수 등</td></tr>
</table>

출처: 「多面的機能支払交付金実施要領」(2021.4 개정) 別記1-2「國が定める活動指針及び活動要件」

ⓑ 농촌환경보전활동

농촌환경보전활동은 생태계 보전, 경관 형성 등을 위한 활동으로 계획수립, 실천활동, 계발·보급을 매년 실시한다. 구체적인 활동 내용과 활동 요건은 〈표 8-8〉과 같다.

〈표 8-8〉 농촌환경보전활동 내용

<table>
<tr><th colspan="2">활동 구분</th><th rowspan="2">활동 항목</th><th rowspan="2">활동 요건</th></tr>
<tr><th>구분</th><th>주제</th></tr>
<tr><td rowspan="5">계획 수립</td><td>생태계보전</td><td>생물다양성보전계획 수립</td><td rowspan="5">선택한 주제에 대해 기본방침, 보전 방법, 활동 내용 등을 제시한 계획을 매년 수립</td></tr>
<tr><td>수질보전</td><td>수질보전계획, 농지보전계획 수립</td></tr>
<tr><td>경관 형성, 생활환경보전</td><td>경관형성계획, 생활환경보전계획 수립</td></tr>
<tr><td>논의 물 저장 기능 증진, 지하수 함양</td><td>논의 물 저장 기능 증진, 지하수 함양 수립</td></tr>
<tr><td>자원순환</td><td>자원순환계획 수립</td></tr>
<tr><td rowspan="12">실천 활동</td><td rowspan="3">생태계보전</td><td>생물의 서식 상황 파악</td><td rowspan="3">생태계를 보전하기 위해 생물의 서식 상황 파악 등을 매년 1개 이상 실시</td></tr>
<tr><td>외래종 퇴치</td></tr>
<tr><td>기타(생태계보전)</td></tr>
<tr><td rowspan="3">수질보전</td><td>수질 모니터링 실시·기록 관리</td><td rowspan="3">수질을 보전하기 위해 수질 모니터링 실시·기록 관리 등을 매년 1개 이상 실시</td></tr>
<tr><td>논의 토사유출대책</td></tr>
<tr><td>기타(수질보전)</td></tr>
<tr><td rowspan="3">경관 형성, 생활환경보전</td><td>식재 등의 경관형성활동</td><td rowspan="3">경관형성, 생활환경보전을 위해 식재 등의 경관형성활동 등을 매년 1개 이상 실시</td></tr>
<tr><td>시설 등의 정기적 순회 점검·청소</td></tr>
<tr><td>기타(경관형성, 생활환경보전)</td></tr>
<tr><td rowspan="2">논의 물 저장 기능 증진, 지하수 함양</td><td>논의 물 저장 기능향상활동</td><td rowspan="2">논의 물 저장 기능향상, 논의 지하수 함양을 위해 논의 물 저장 기능향상활동 등을 매년 1개 이상 실시</td></tr>
<tr><td>논의 지하수 함양 기능향상활동, 수원함양림 보전</td></tr>
<tr><td>자원순환</td><td>지역자원 활용·자원순환활동</td><td>자원순환을 위해 지역자원 활용, 자원순환활동을 매년 실시</td></tr>
<tr><td colspan="2">계발, 보급</td><td>계발, 보급활동</td><td>지역주민 등의 이해를 높이기 위한 계발, 보급활동을 매년 실시</td></tr>
</table>

출처: 「多面的機能支払交付金実施要領」(2021.4 개정) 別記1-2「國が定める活動指針及び活動要件」

ⓒ 다원적 기능 향상을 위한 활동

다원적 기능의 향상을 위한 활동은 지역의 특성에 기반하여 〈표 8-9〉의 a~h 활동 중에서 선택해 매년 실시한다. 단, a~h 활동을 실시하지 않을 경우 자원향상지불(공동)의 지급단가는 기본단가의 5/6를 적용한다.

〈표 8-9〉 다원적 기능을 높이는 활동의 내용

구분	내용
a	**유휴농지의 유효 활용** 지역 내외로부터의 영농자 확보, 지역주민에 의한 활용, 기업과 연대한 특산물의 재배 등과 같은 활동
b	**조수피해방지대책 및 환경개선활동 강화** 조수피해 방지를 위한 시설 설치나 조수완충지대 정비·보전관리, 농지 주변의 덤불 제거, 농지로 파고드는 대나무 방지 등 농지이용이나 지역환경의 개선을 위한 활동
c	**지역주민에 의한 직접시공** 농업인·지역주민이 직접 참가한 시설보수나 환경보전시설의 설치, 그를 위한 기술 습득 등 지역주민이 참가한 직접시공에 의한 활동
d	**방재·감재력(減災力) 강화** 논이나 저수지의 빗물 저장기능 활용, 위험 저수지의 관리체제 정비·강화, 재해 시 응급체제 정비 등 지역이 협력하여 방재·감재력을 강화하는 활동
e	**폭넓은 농촌환경보전활동 전개** 농지 등에 대해 환경자원으로의 기능을 살린 경관 형성, 생태계의 보전·재생 등 농촌환경의 양호한 보전을 위한 폭넓은 활동
f	**마음의 평온·복지 및 교육기능의 활용** 지역 의료·복지시설 등과 연대하는 활동이나 지역 내외의 법인, 전문가 등과 연대한 지역자원이 가지고 있는 마음의 평온이나 교육 현장으로서의 기능향상을 위한 활동
g	**농촌문화의 전승을 통한 농촌 커뮤니티 강화** 농촌 특유의 경관이나 문화를 형성해온 전통적인 농업기술, 농업에서 유래하는 행사의 계승 등 문화의 전승을 통한 농촌 커뮤니티 강화에 이바지하는 활동
h	a~g 외에 도도부현이 실시요강에 근거하는 기본방침에서 대상활동으로 정한 활동
i	홍보활동

주: f는 2020년도에 개정된 것으로 2019년도까지는 「의료·복지와의 연대」였다.

출처: 農林水産省, 2021b, p. 5.

그리고 2017년도 이후에 새로 다원적 기능의 향상을 위한 활동을 실시한 경우에는 a~h의 선택한 활동과 함께 i의 홍보활동도 매년 실시한다.

㉡ 시설의 장기보전화(長壽命化)를 위한 활동

시설의 장기보전을 위한 활동은 노후화되는 농지 주변의 농업용 배수로, 농도 등과 같은 시설을 오랜 기간 활용할 수 있도록 하기 위한 수리 활동이며, 구체적인 활동 내용과 활동 요건은 〈표 8-10〉과 같다.

동 활동은 직불금의 효율적이고 효과적인 집행을 위해 2019년도부터 공사 1건당 비용을 200만 엔 미만으로 했다. 1건당 공사비가 200만 엔 이상인 공사를 실시할 경우에는 장수보전화 정비계획서를 작성하여 활동계획에 첨부하여 시정촌에 제출하여 심사를 받아야 한다.

〈표 8-10〉 시설의 장기보전화를 위한 활동 내용

활동 구분		활동 항목	활동 요건
	시설 구분		
계획 수립	수로	수로 보수	원칙적으로 공사 1건당 비용은 200만 엔 미만. 또 도도부현 지사가 수립하는 요강 기본방침에 근거하여 대상조직이 공사 1건당 200만 엔 이상인 활동을 실시할 경우, 도도부현 또는 추진조직이 해당 활동에 대해 기술지도 실시
		수로 교체 등	
	농도	농도 보수	
		농도 교체 등	
	저수지	저수지 보수	
		저수지(부대시설) 교체 등	

출처: 「多面的機能支払交付金実施要領」(2021.4 개정) 別記1-2「国が定める活動指針及び活動要件」

㉢ 조직의 광역화, 체제 강화

최근 빠르게 진행되는 농업인구의 고령화와 감소 등으로 소규모 활동조직에서는 공동활동을 계속 시행하는 데 여러 가지 어려움에 직면하고 있다. 이에 농림수산성은 활동조직의 사무처리 부담 경감, 활동의 효율화, 지속가능한 조직체제의 구축 등을 위해 활동조직보다 광범한 지역을 대상으로 광역활동조직을 설립하거나 활동조직을 특정비영리활동법인화(NPO 법인화)로 전환하는 것에 대해 지원한다. 광역활동조직은 구(舊) 시구정촌[44] 단위 등과 같은 광역구역에서 복수의 집락(활동조직), 토지개량구, 지역의 관련 단체 등으로 구성하고, 1950년 2월 1일 시점의 시구정촌 구역 정도 또는 협정농지면적이 200ha 이상(홋카이도는 3,000ha 이상)인 조직이다.

(3) 지원 대상자

지원은 개인이 아니라 ① 활동조직, ② 광역활동조직이라는 단체를 대상으로 한다. 따라서 지원을 받기 위해서는 먼저 활동조직 또는 광역활동조직 설립이 필요하다. 활동조직은 집락 등을 구성하는 구역(일반적으로 집락별)에서 농업인, 지역주민, 주민자치회, 농업인 단체 등으로 구성하고, 광역활동조직은 활동조직을 구성하는 집락보다 좀 더 넓은 광역지역에서 집락의 농업인, 지역주민, 지역단체 등으로 구성한다. 단 농지유지지불의 경우 농업인만으로도 활동조직 또는 광역활동조직을 구성할 수 있는데, 자원향상지불은 농업인 이외에 지역주민, 단체

44 구(舊) 시구정촌이란 1950년 2월 1일 시점의 시구정촌을 말한다.

등과 함께 구성한다.

(4) 대상 농지

직불금 산정 대상이 되는 농지는 농지유지지불의 경우 ① 농업진흥지역 내의 농지[45]와 ② 도도부현 지사가 다원적 기능 발휘의 관점에서 필요하다고 인정하는 농지이고, 자원향상지불의 경우에는 농업진흥지역 내의 농지다.

(5) 지급단가

다원적 기능 지불금의 단가는 기본단가와 가산단가의 2단계 구조로 되어 있다.

① 기본단가

다원적 기능 지불의 10a당 단가(기본단가)는 지목과 지역에 따라 차이를 두고 설정했다(〈표 8-11〉 참조). 지목별로 보면 논의 단가를 밭이나 초지에 비해 높게 설정했고, 지역별로는 도부현을 홋카이도보다 높게 설정했다.

단, 자원향상지불을 받는 활동 중 자원의 질적 향상을 위해 실시하는 공동활동(〈표 8-11〉에서 ②)은 반드시 농지유지지불 활동(①)과 함께 실시해야 한다(직불금은 도부현 논의 경우 ①+②=5,400엔/10a 지급). 또 ①, ②와 함께 시설의 장기보전화(장수화)를 위한 활동(③)을 실시하는 지역은

45 「농업진흥지역의 정비에 관한 법률」에 근거하여 농업진흥을 도모하기 위해 우량농지로 유지할 필요가 있는 농지를 농업진흥지역 내의 농용지로 정한다.

〈표 8-11〉 다원적 기능 지불제의 지급단가

(단위: 엔/10a)

구분	① 농지유지 지불	② 자원향상 지불(공동)	①+②를 할 경우	③ 자원향상 지불 (장기보전화)	①+②+③을 할 경우
도부현					
논	3,000	2,400	5,400	4,400	9,200
밭	2,000	1,440	3.440	2.000	5,080
초지	250	240	490	400	830
홋카이도					
논	2,300	1,920	4,220	3,400	7,140
밭	1,000	480	1,480	600	1,960
초지	130	120	250	400	620

출처: 農林水産省, 2021b, p. 7.

③이 가산되고, ②에는 75% 단가가 적용된다(도부현 논의 경우 ①+(②×0.75)+③=9,200엔/10a 지급).

이전의 농지·물 보전관리 직불금 활동을 포함하여 5년 이상 실시한 지역은 본 제도의 활용에 의한 활동이 정착하여 효율적인 실시가 이루어질 것으로 판단하고 ②의 단가를 75%만 적용한다. 그리고 농업인 1인당 받을 수 있는 총액은 최대 500만 엔이다(이전에는 최대 250만 엔). 단, 다수의 오퍼레이터를 고용하는 제3 섹터 및 구성원이 다수인 생산조직 등은 제외한다.

직불금의 재원은 중앙정부 50%, 도도부현 25%, 시정촌 25%의 비율로 부담한다. 단, 지자체 부담분에 대해서는 중앙정부가 보통교부세, 특별교부세 같은 지방재정조치를 실시하여 지자체를 지원한다. 따라서 직불금에 대한 중앙정부의 실제 부담액은 예산액보다 훨씬 크다고 보아야 할 것이다.

② 가산단가

농지유지지불과 자원향상지불에서 실시하는 활동 이외에 추가조치를 실시할 경우 농지유지지불과 자원향상지불에 적용하는 단가 이외에 추가로 단가를 적용하여 지불하는데, 이를 '가산단가'라고 한다. 가산조치는 연도에 따라 변동이 있는데, 2021년도에는 농지유지지불에서 ㉠ 소규모 집락 지원, 그리고 지원향상지불에서 ㉡ 다원적 기능을 한층 더 향상시키기 위한 활동 지원, ㉢ 농촌협동력 강화를 위한 활동 지원, ㉣ 논의 빗물저장기능 강화(논댐)를 추진하는 활동 지원을 실시한다. 가산액 역시 국가와 지자체가 50%씩 부담한다.

㉠ 소규모 집락 지원

기존의 활동조직이 지역자원을 보전·관리하는 데 어려움을 겪는 다른 소규모 집락과 연대하여 보전관리를 할 경우 농지유지지불의 기본단가 외에 〈표 8-12〉의 가산단가를 추가로 적용한다. 이 경우 기존 활동조직에는 농지유지지불의 기본단가만 적용하고, 새로 합류한 소규모 집락이 보전·관리하는 구역 내 농지면적에 대해서는 기본단가에 가산단가를 추가하여 적용한다.

소규모 집락이란 총 농가 수가 10호 이하로, 이전에 다원적 기능지불 교부금에 참여한 적이 없어야 한다. 보전·관리를 실시하기 어려운 소규모 집락을 지원하여 공동활동에 더욱 수월하게 합류할 수 있도

〈표 8-12〉 가산조치별 단가

(단위: 엔/10a)

<table>
<tr><th colspan="2">종류</th><th>지목</th><th>도부현</th><th>홋카이도</th></tr>
<tr><td rowspan="3">농지
유지
지불</td><td rowspan="3">① 소규모 집락 지원</td><td>논</td><td>1,000</td><td>700</td></tr>
<tr><td>밭</td><td>600</td><td>300</td></tr>
<tr><td>초지</td><td>80</td><td>40</td></tr>
<tr><td rowspan="7">자원
향상
지불
(공동)</td><td rowspan="3">② 다원적 기능을 한층 더 향상시키기 위한 활동 지원</td><td>논</td><td>400</td><td>320</td></tr>
<tr><td>밭</td><td>240</td><td>80</td></tr>
<tr><td>초지</td><td>40</td><td>20</td></tr>
<tr><td rowspan="3">③ 농촌협동력 강화를 위한 활동 지원</td><td>논</td><td>400</td><td>320</td></tr>
<tr><td>밭</td><td>240</td><td>80</td></tr>
<tr><td>초지</td><td>40</td><td>20</td></tr>
<tr><td>④ 논의 빗물저장기능 강화(논댐)를 추진하는 활동 지원</td><td>논</td><td>400</td><td>320</td></tr>
</table>

주: 단가 중 50%는 국가 조성.

출처: 「多面的機能支払交付金実施要綱」(別紙1)「農地維持支払交付金に係る事業の実施方法」; (別紙2)「資源向上支払交付金に係る事業の実施方法」에서 저자 작성.

록 하기 위해 2018년도부터 추가된 조치다.

단, 교부액에는 상한선이 있어 소규모 집락 한 곳당 지급액은 연간 최대 20만 엔(정부지원 10만 엔), 그리고 대상조직 한 곳당 지급액은 연간 최대 40만 엔이다.

ⓛ 다원적 기능을 한층 더 향상시키기 위한 활동 지원

앞에서 살펴본 다원적 기능 증진을 위한 활동을 실시하는 대상조직이 다원적 기능 증진을 위한 활동을 1개 이상 추가로 실시할 경우, 또는 새로 설립하는 대상조직 및 다원적 기능 증진을 위한 활동을 실시하지 않는 대상조직이 다원적 기능 증진을 위한 활동(단, 홍보활동 제외)에서 2개 활동 이상 선택하여 실시할 경우 〈표 8-12〉의 가산단가를 적용한다.

㉢ 농촌협동력 강화를 위한 활동 지원

가산조치인 다원적 기능을 한층 더 향상시키기 위한 활동의 지원을 받는 대상조직에서 다음의 두 가지 경우 중 어느 하나에 해당할 경우 ② 지원의 단가에 〈표 8-12〉의 단가를 추가로 적용하여 지불한다.

- 구성원 중 농업인이 아닌 자의 비율이 40% 이상이고, 또 해당 조직의 활동에 참가하는 총 구성원의 80% 이상이 참가하는 실천활동을 매년 실시하는 경우
- 구성원 중 농업인이 아닌 자의 비율이 40% 이상이고, 또 임원 중 여성이 2명 이상이면서 해당 대상조직의 활동에 참가하는 구성원의 60%가 참여하는 실천활동을 매년 2종 이상 서로 다른 날에 실시하는 경우

㉣ 논의 빗물저장기능 강화(논댐)를 추진하는 활동 지원

호우 시 하천이나 수로의 수위가 급상승하는 것을 억제함으로써 하류 지역의 담수피해 위험을 줄이는 것을 목적으로 하는 제도로 논 배수구에 유출량을 억제하기 위한 배수조정판을 설치하는 등 빗물저장능력을 인위적으로 높이는 활동인 '논댐'에 일정 요건(사업계획 작성 등)을 충족할 경우 자원향상지불(공동)에 〈표 8-12〉의 단가를 가산한다.

〈표 8-13〉 활동의 광역화, 체제 강화에 대한 지원

도부현	홋카이도	지불액 (연·조직)	총액 (5년간)
3개 집락 이상 또는 50ha 이상 200ha 미만	3개 집락 이상 또는 1,500ha 이상 3,000ha 미만	4만 엔	20만 엔
200ha 이상 1,000ha 미만 또는 특정비영리활동법인	3,000ha 이상 15,000ha 미만 또는 특정비영리활동법인	8만 엔	40만엔
1,000ha 이상	15,000ha 이상	16만 엔	80만 엔

주: 면적은 인정농용지면적

출처: 農林水産省, 2021b, p. 9.

이 조치는 2021년도에 신설되었다.

한편, 이상의 가산조치에 대한 지원 이외에 '활동의 광역화, 체제 강화'에 대해서도 광역활동조직의 면적 규모 등에 따라 〈표 8-13〉의 지불액을 최장 5년간(당해 활동 기간 중) 계속 지원한다.

2) 추진 체계

(1) 활동 실시 및 직불금 지급

지원을 받기 위해서는 먼저 활동조직(또는 광역활동조직)을 설립하고, 활동조직의 대표자가 사업계획서, 활동계획서, 활동조직규약 등을 활동 개시연도의 6월 30일까지 시정촌에 제출한다(〈그림 8-4〉 참조). 다원적 기능 지불 사업과 더불어 중산간지역 등 직접지불사업, 환경보전형 농업 직접지불사업도 실시할 경우 사업계획서에 함께 작성한다.

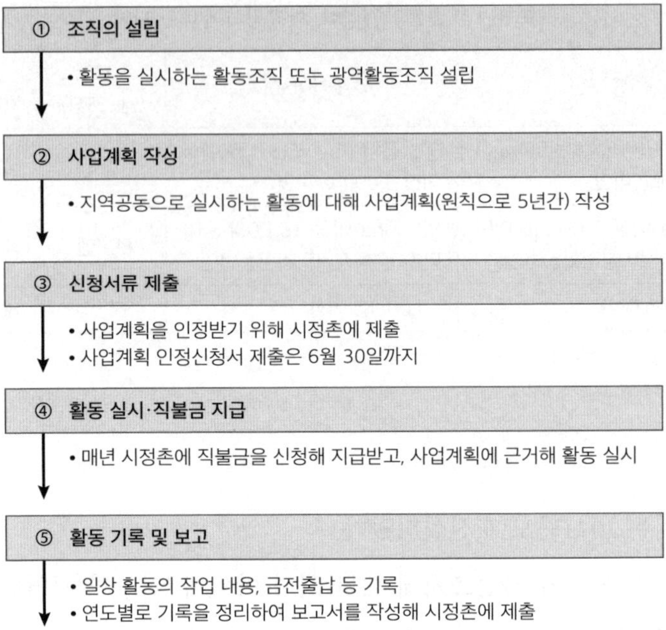

① 조직의 설립

• 활동을 실시하는 활동조직 또는 광역활동조직 설립

② 사업계획 작성

• 지역공동으로 실시하는 활동에 대해 사업계획(원칙으로 5년간) 작성

③ 신청서류 제출

• 사업계획을 인정받기 위해 시정촌에 제출
• 사업계획 인정신청서 제출은 6월 30일까지

④ 활동 실시·직불금 지급

• 매년 시정촌에 직불금을 신청해 지급받고, 사업계획에 근거해 활동 실시

⑤ 활동 기록 및 보고

• 일상 활동의 작업 내용, 금전출납 등 기록
• 연도별로 기록을 정리하여 보고서를 작성해 시정촌에 제출

〈그림 8-4〉 활동 실시 및 지급 절차

출처: 農林水産省, 2021b, p. 11.

시정촌은 제출된 사업계획서 등을 심사하여 문제가 없다고 판단되면 사업을 인정하고, 활동조직에 통지한다. 그리고 활동조직은 사업을 인정받은 후 시정촌에 직불금을 신청하고, 사업계획에 근거하여 활동을 실시한다.

직불금은 중앙정부(국비) → 도도부현(국비+도도부현비) → 시정촌(국비+도도부현비+시정촌비)을 거쳐 활동조직에 지급된다.

활동조직은 활동을 실시하면 정해진 양식에 활동 일시, 내용, 참가인원 수 등을 기록하고, 또 매년 시정촌이 정한 날까지 실시 상황보고서, 금전출납장부를 작성하여 제출한다. 활동조직은 관련서류를 5년간 보관해야 한다.

활동조직은 사업에 관한 사무의 일부(직불금 관련 회계, 활동기록 정리 등)를 외부에 위탁할 수 있다. 위탁은 농협, 토지개량구,[46] 농업생산법인 등의 단체나 지방공공단체 · 농업단체의 퇴직자 등을 상대로 실시한다.

(2) 점검

활동조직이 활동 실시 상황을 시정촌에 보고하면 시정촌은 해당 조직이 활동계획서에서 정한 농지유지활동, 자원향상활동(공동활동, 장기보전화 활동)의 실시 상황에 대해 서류 확인과 현지 확인을 실시한다(「多面的機能支払交付金実施要領」 別記3-1「市町村が行う対象組織の農地維持活動及び資源向上活動の実施状況の確認について」).

① 서류 확인

시정촌은 매년 농지유지활동, 자원향상활동(공동활동, 장기보전화 활동)을 실시한 모든 조직에 대해 농림수산성이 만든 「실시 상황 확인 체크 시트」를 활용하여 보고서류를 점검한다.

② 현지 확인

㉠ 농지유지활동

시정촌은 매년 활동보고서에서 정한 모든 농지와 대상 시설의 보

46 토지개량구(土地改良區)는 「토지개량법」에서 규정하는 토지개량사업을 시행하기 위해 동 법에 근거하여 설립된 법인을 말한다. 토지개량구는 일반적으로 '水土里(みどりネット)'라고 한다.

전관리 상황에 대해 현지 확인을 실시한다. 현지 확인은 활동조직의 사무 간소화를 위해 풀베기나 진흙 치우기 등의 작업 상황을 확인하는 것이 아니라 시정촌이 현지방문하여 인정농지나 수로, 농도 등과 같은 시설의 보전관리 상황을 확인한다. 확인할 때는 농림수산성이 만든 「인정농용지확인야장(野帳)」을 활용하여 점검한다.

ⓛ 자원향상활동(지역자원의 질적향상을 위한 공동활동)

시정촌은 매년 대상조직에 대해 서류확인의 결과 등에 따라 필요할 경우 현지확인을 실시한다. 현지확인은 농림수산성이 만든 「자원향상활동(지역자원의 질적향상을 위한 공동활동) 실시 상황 확인 체크시트」를 활용한다.

ⓒ 자원향상활동(시설의 장기보전화를 위한 활동)

시정촌은 매년 대상조직에 대해 조직의 활동기간 중 1회 이상 현지 확인을 실시한다. 현지 확인은 농림수산성이 만든 「자원향상활동(시설의 장기보전화를 위한 활동) 실시 상황 확인 체크시트」를 활용한다.

③ 확인 결과 통지

시정촌장은 서류 확인 및 현지 확인이 끝난 뒤 체크시트에 대해서는 실시 상황 확인 보고서에 첨부하여 도도부현 지사에게 제출하고, 또한 필요 시 확인 통지서에 첨부하여 대상조직에 발송한다.

④ 추출조사

한편 지방농정국장 등은 매년 대상조직 중에서 일부를 선정하여 증거서류 등의 추출조사를 실시한다(「多面的機能支払交付金実施要領」 제1의10, 제2의11). 추출방법 등에 대해서는 구체적으로 규정하고 있지 않다.

⑤ 확인업무 위탁

시정촌장은 서류 확인과 현지 확인 업무를 다음과 같은 조건을 갖춘 조직에 위탁할 수 있다(「多面的機能支払交付金実施要領」 別記3-1 「市町村が行う対象組織の農地維持活動及び資源向上活動の実施状況の確認について」).

- 법인격을 갖춘 조직
- 실시 확인에 필요한 기술적인 능력을 갖춘 조직
- 실시 확인을 적정하게 행할 수 있는 절차, 체제 등에 관한 규정을 갖춘 조직
- 대상조직의 구성원이 참여하지 않은 조직

단, 이 경우 시정촌장은 업무를 위탁한 조직에 대해 처리가 적절하게 이루어졌는지 확인한다.

(3) 실적 등 보고

시정촌장은 매년 사업의 실시 상황 및 실적을 도도부현 지사에게, 그리고 도도부현 지사는 다시 지방농정국장에게 보고한다. 농림수산성은 보고된 실시 상황을 종합하여 매년 인터넷 홈페이지를 통해 공개

한다.

(4) 서류보관

도도부현 지사와 시정촌장은 예산서 및 결산서, 직불금 지급에서 실적보고까지의 신청서류 및 승인서류 등을, 그리고 직불금을 지급받는 대상조직 역시 직불금 관련 서류 등을 5년간 보관한다.

(5) 직불금 반환

시정촌장은 활동조직이 대상활동을 제대로 실시하지 못한 것을 확인한 경우 활동조직에 대해 직불금의 전부 또는 일부의 반환을 요구한다. 단, 자연재해나 그 외 정당한 사유가 인정될 경우에는 직불금 반환을 면제한다.

(6) 사업평가

농림수산성은 다원적 기능 지불의 실시 상황 점검과 제도의 효과 검증을 실시하여 정책에 반영하기 위해 농림수산성과 도도부현 단계에 각각 설치한 제3자 위원회의 논의를 거쳐 2022년도에 중간평가, 2024년도에 시책평가를 실시한다(農林水産省, 2021d).

사업평가는 ① 지역자원의 적절한 보전관리, ② 농촌환경의 보전·향상, ③ 농업용 시설의 기능증진, ④ 농촌의 지역 커뮤니티 유지·강화에 공헌, ⑤ 구조개혁 후원 등 지역농업에 공헌, ⑥ 자연재해의 방재·감재·복구의 관점에서 실시한다(〈그림 8-5〉 참조).

5년간 실시한 다원적 기능 지불의 효과를 평가하기 위해 활동조

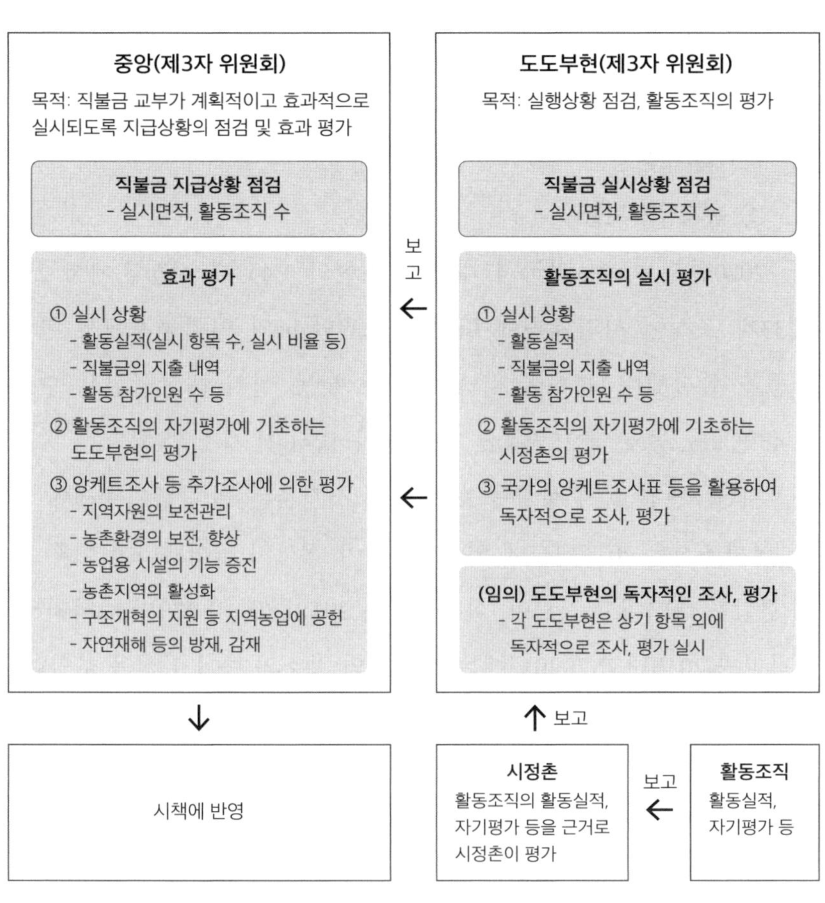

〈그림 8-5〉 제3자 위원회의 검토 사항 및 보고 관계

출처: 農林水産省, 2021d, p. 10.

직 등에 대한 앙케트조사에 의한 정성적 평가와 실시보고 및 농림업 센서스 등의 통계데이터 등을 활용하는 정량적 평가를 실시하고, 효과의 '가시화'를 위해 정부와 민간기업 등에서 추진하고 있는 「지속가능한 개발목표(SDGs)」와 직불금 활동과의 관계를 정리한다(農林水産省, 2021d).

3) 실시 상황 및 평가

(1) 실시 상황

① 농지유지지불

2020년도 기준, 전국 47개 도도부현의 1,443개 시정촌에서 2만 6,233개 조직이 사업계획에 따라 약 229만 ha의 인정농지에서 관련 활동을 실시했다(〈표 8-14〉 참조). 그리고 활동 실시 대상시설은 수로 약 43만 km, 농로 약 25만 km, 저수지 약 4만 6천 개소였다.

지난 7년간 실시 상황을 보면 실시 시정촌은 계속 증가추세에 있고, 실시조직은 2016년도에 약 2만 9천여 개까지 늘어났다가 이후 감소 경향을 나타내고 있으며, 실시면적은 2018년도 약 229만 ha까지 늘어났다가 2019년과 2020년에는 소규모의 감소와 증가 양상을 보였다.

〈표 8-14〉 농지유지지불 실시 상황

구분	실시 시정촌 수	실시 조직 수	실시 면적(ha)
2014	1,325	24,885	1,961,681
2015	1,404	28,145	2,177,554
2016	1,422	29,079	2,250,822
2017	1,429	28,290	2,265,742
2018	1.434	28,348	2,292,522
2019	1.437	26,618	2,274,027
2020	1,443	26,233	2,290,820

주: 2014년도는 예산조치로 실시하고 2015년도부터 법률에 근거하여 실시

출처: 農林水産省, 2021a, p. 1.

② 자원향상지불(공동활동)

2020년도 기준 전국 46개 도도부현의 1,301개 시정촌에서 2만 815개 조직이 사업계획에 따라 약 204ha의 인정농지에서 관련 활동을 실시했다(〈표 8-15〉 참조).

지난 7년간 실시 상황을 보면 실시 시정촌은 계속 증가추세에 있고, 실시 조직은 2016년도에 약 2만 2천여 개까지 늘어났다가 이후 감소 경향을 보이고 있으며, 실시 면적은 2018년도 약 202만 ha까지 늘어났다가 2019년과 2020년에는 소규모의 감소와 증가 양상을 보였다.

〈표 8-15〉 자원향상지불(공동) 실시 상황

구분	실시 시정촌 수	실시 조직 수	실시 면적(ha)
2014	1,247	21,299	1,792,816
2015	1,271	22,731	1,930,358
2016	1,286	23,279	1,996,037
2017	1,284	22,299	2,001,220
2018	1,287	22,223	2,023,175
2019	1,295	20,923	2,013,793
2020	1,301	20,815	2,042,052

출처: 農林水産省, 2021a, p. 5.

③ 자원향상지불(장기보전활동)

2020년도 기준 전국 47개 도도부현의 901개 시정촌에서 1만 1,116개 조직이 사업계획에 따라 약 76만 ha의 농지에서 관련 활동을 실시했다(〈표 8-16〉 참조). 보수 등의 대상 시설 수는 수로 약 3.6만 km,

〈표 8-16〉 자원향상지불(시설의 장기보전화 활동) 실시 상황

구분	실시 시정촌 수	실시 조직 수	실시 면적(ha)
2014	831	10,280	550,446
2015	873	11,471	636,996
2016	879	11,880	676,408
2017	869	11,586	689,393
2018	871	11,616	710,587
2019	885	11,134	741,169
2020	901	11,116	757,628

출처: 農林水産省, 2021a, p. 9.

농도 약 1.7만 km, 저수지 약 5천 개소이고, 실시 시설 수는 수로 약 1,625km, 농도 645km, 저수지 1,033개소였다.

(2) 실시 평가

농림수산성은 지난 5년간 실시한 사업에 대해 ① 지역자원의 적절한 보전·관리, ② 농촌환경의 보전·향상, ③ 농업용 시설의 기능증진, ④ 농촌의 지역 커뮤니티 유지·강화에 공헌, ⑤ 구조개혁에 대한 지원 등 지역농업에 공헌, ⑥ 자연재해의 방재·감재·복구 등 여섯 가지 관점에서 효과를 평가했다(農林水産省, 2019a). 그에 따르면 사업실시를 통해 농업·농촌이 가지고 있는 다원적 기능이 적절하게 유지·발휘되었고, 또한 핵심 경영체(担い手)로 농지를 집적하는 구조개혁에도 도움을 준 것으로 나타났다. 항목별 평가 내용을 좀 더 구체적으로 살펴보면 다음과 같다(農林水産省, 2019b).

① 유휴농지의 해소 · 발생 억제 및 지역자원의 적절한 보전 · 관리

2014~2017년에 유휴농지를 보전 · 관리하여 725ha의 유휴농지가 해소되어 경작 가능한 상태로 복구되었고, 또 5년간 약 1.3~3.3ha의 유휴농지가 발생하는 것을 억제한 것으로 추정되었다.

대상조직에 대한 앙케트조사(2015)에서는 대상조직의 85%가 본 제도를 실시하지 않았을 경우 농업용 시설 관리의 조방화, 기능 저하가 "상당히 이루어지고 있다고 생각한다" 등으로 응답했다.

② 농촌환경의 보전 · 향상

대상조직에 대한 앙케트조사에서는 대상조직의 85%가 경관 형성 · 생활환경보전에 관해 "상당한 효과가 있었다고 생각한다" 등으로 응답했고, 모든 도부현(道府縣)이 지역경관이 보전 · 향상했다고 평가했다. 그리고 수전에 의존하는 생태적 특징을 가지고 있는 황새의 비행 영역이 넓어지는 등 생태계 보전에 대한 효과도 나타난 것으로 평가했다.

③ 농업용 시설의 기능증진

대상조직에 대한 앙케트조사에서는 대상조직의 96%가 자원향상지불(장기보전화)을 실시하지 않을 경우 10년 후에는 농업 시설의 "파괴, 노후화 등으로 인한 농업생산이나 주변 지역에 대한 피해가 있고, 대처가 필요하다" 등으로 응답했다.

④ 농촌의 지역 커뮤니티 유지 · 강화에 공헌

본 제도에 참여하는 비농업인 등의 구성 비율이 2014년도 27.8%

에서 2017년도에는 30.3%로 서서히 늘어났고, 제도에 참여하는 집락의 평균 모임 횟수는 그렇지 않은 집락보다 약 1.6배 많았다. 그리고 시정촌에서는 본 활동을 계기로 "아이들이 참가하는 지역활동 등이 활발해졌다" 등으로 평가하여 지역 커뮤니티에 긍정적인 영향을 미친 것으로 나타났다.

⑤ 구조개혁에 대한 지원 등 지역농업에 공헌

제도에 참여하는 농업집락은 핵심 경영체(担い手)에 대한 농지 집적률이 전국 평균에 비해 높은 것으로 나타났고, 대상조직에 대한 앙케트조사에서는 대상조직의 53%가 농지집적이나 집적에 관한 논의 등에서 직불금이 도움이 되었다고 응답했다.

⑥ 자연재해의 방재·감재·복구

대상조직의 73%가 "수로의 적정 관리에 의한 수해 방지"를 실시하는 등 직불금을 자연재해의 방재·감재 등을 위한 조치에 활용한 것으로 나타났다.

한편 앞으로 해결해야 할 과제로 ㉠ 농업용 시설의 노후화로 다원적 기능의 유지·발휘에 지장 초래, ㉡ 농업용 시설에 대한 좀 더 효과적·효율적인 장기보전화 대책 필요, ㉢ 서류 작성이나 확인 등에 대한 업무 부담이 크기 때문에 시스템화 등의 검토 필요 등을 지적했다.

3. 중산간지역 등 직접지불제

1) 주요 내용

(1) 취지

중산간지역 등 직접지불제는 농업생산조건이 불리하여 경작을 포기하는 농지가 늘어나고, 농업의 다원적 기능 저하가 크게 우려되는 중산간지역 등에서 농업인에게 면적에 따라 일정액을 지불하여 농업생산활동이 계속 이루어지도록 하여 경작포기가 발생하는 것을 방지하고, 농업의 다원적 기능을 지속적으로 확보하는 것을 목적으로 한다.

(2) 실시 기간

동 제도는 2000년도 일본에서 최초로 실시된 직접지불제도로, 5년을 1기로 추진하여 현재 제5기 대책이 2020년 4월부터 시행되고 있다.[47]

- 제1기 대책: 2000~2004년도
- 제2기 대책: 2005~2009년도
- 제3기 대책: 2010~2014년도
- 제4기 대책: 2015~2019년도
- 제5기 대책: 2020~2024년도

---

47 경작을 포기하고 방치하는 농지가 생기는 것을 막기 위해 5년간 생산활동을 지속하는 것이 조건 중의 하나인데, 최근 급속한 고령화로 인해 5년은 너무 길다는 불만도 나오고 있다(김태연 · 이명헌 · 배민식, 2019).

농림수산성은 제1기 대책 이후 사업 내용이 중산간지역을 둘러싼 상황 변화에 맞추어 지속적으로 개편했는데, 제5기 대책에서는 심각한 농촌인구의 고령화와 과소화에 동 제도가 더욱 효율적으로 대처하기 위해 다음과 같은 사항에 대한 개정을 실시했다.

첫째, 대상지역의 확대(계단논 지역)
둘째, 6~10년 후의 마을 미래상을 만드는 것을 촉진하기 위해 체제정비의 활동요건을 '집락전략의 작성'으로 단일화
셋째, 사업 참가자의 감소와 고령화, 핵심 경영체(担い手) 부족 같은 문제에 직면한 중산간지역에서 농업생산활동이 계속 이루어질 수 있도록 하기 위해 집락협정의 광역화, 집락기능 강화, 농업생산성 향상 등과 같은 가산조치의 신설, 확충
넷째, 농업생산활동 등을 계속할 수 없게 될 경우 직불금을 반환해야 하는데, 농업인 등이 안심하고 대응할 수 있도록 소급 반환의 대상농지를 '협정농지 전체'에서 '해당 농지만'으로 개정

(3) 대상지역

직접지불 대상지역은 지역진흥 관련 9개 법률(「特定農山村法」,[48] 「山村振興法」, 「過疎地域自立促進特別措置法」, 「半島振興法」, 「離島振興法」, 「沖縄振興特別措置法」, 「奄美群島振興開発特別措置法」, 「小笠原諸島振興開発特別措置法」, 「棚田地域振興法」)

---

48 정식 법률명은 「特定農山村地域における農林業等の活性化のための基盤整備の促進に関する法律」이다.

에서 지정하는 지역과 지역의 특성에 맞추어 도도부현 지사가 특별히 정한 지역('특인지역'이라고 함)이다. 이들 지역은 일반적으로 농업생산조건뿐만 아니라 사회적·경제적 조건이 모두 불리한 지역이다.[49]

대상지역 가운데 「계단논지역진흥법」(棚田地域振興法, 2019년 8월 시행)에서 지정하는 지역은 지정계단논지역(指定棚田地域)인데, 이 지역은 2020년부터 시작된 제5기 대책에서 새롭게 추가된 내용이다. 지정계단논지역은 경사가 1/20 이상인 계단논이 1ha 이상 있는 시정촌 지역 중에서 도도부현의 신청을 받아 주무부처(총무성·문부과학성·농림수산성·국토교통성·환경성)가 지정한다(「계단논지역진흥법」 제7조).

(4) 대상농지

대상지역에서 다음과 같이 농업생산조건이 불리하고, 경작포기 발생 우려가 큰 농지(논, 밭, 초지, 채초방목지)가 직접지불 대상이고, 최소한 1ha 이상이어야 한다.

① 급경사지(논: 1/20 이상, 밭·초지·채초방목지: 15도 이상)

② 완경사지(논: 1/100 이상 1/20 미만, 밭·초지·채초방목지: 8도 이상 15도 미만)

③ 자연조건에 의한 소규모 구획, 부정형 논[50]

④ 고령화율·경작방기율이 높은 집락에 있는 농지

---

49 중산간지역 등 직접지불제는 이처럼 중산간지역 외에 지역진흥 관련 9개 법률 등에서 지정하는 대상지역도 포함하므로 '중산간지역 등'이라고 표기한다. 「食料·農業·農村基本法」 제35조에서 "산간지역 및 그 주변 지역, 기타 지형 등 지리적 조건이 나쁘고, 농업생산조건이 불리한 지역"을 '중산간지역 등'으로 규정하고 있다(www.maff.go.jp).

50 산허리 경사지나 골짜기 등 지리조건에 따라 이루어진 논 등을 고려한 것이다.

⑤ 적산기온이 낮고, 초지비율이 70% 이상인 시정촌에 있는 초지[51]

⑥ 도도부현 지사가 정하는 기준에 해당하는 농지

논·밭의 경사도 표시에 대해 약간 생소할 수 있는데, 잠깐 살펴보면 다음과 같다. 논은 담수하는 농지의 특성상 수평거리에 대한 고저차를 분수 표시로 나타내고, 밭은 경사면에서도 경작이 가능하므로 도수로 표시한다. 예를 들어 1/20 이상의 논이란 20m마다 1m 이상의 고저 차가 있는 논을 말한다(〈그림 8-6〉 참조). 논·밭의 경사 구분은 「특정농

〈급경사지〉

수전 경사 1/20
0.5m
10m
밭 경사 15도
2.7m
10m

〈완경사지〉

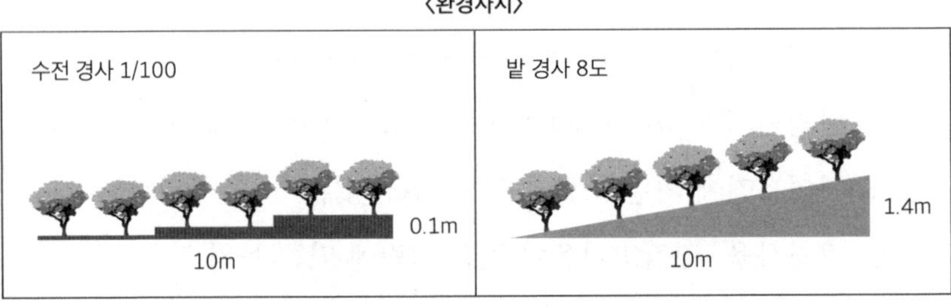

〈그림 8-6〉 논·밭의 급경사지와 완경사지 구분

출처: 農林水産省, 2013c, 2p.

51 적산(積算)온도가 현저하게 낮아 목초 이외의 밭작물을 경작할 수 없거나, 경작해도 수량이 다른 지역에 비해 크게 적어 경작포기 우려가 큰 지역의 초지를 말한다.

산촌법」의 지정지역 기준에서 사용되어온 것으로, 경사도에 의한 구분 및 생산조건의 불리성은 다음과 같다.

① 1/20 이상의 논: 30a 구획 이상의 포장(圃場) 정비가 곤란
② 1/100 이상의 논: 30a 구획 이상의 포장 정비는 가능하지만, 1ha 이상의 포장 정비는 곤란
③ 15도 이상의 밭: 농업기계의 이용 곤란
④ 8도 이상의 밭: 농업기계작업의 정밀도, 효율 저하

(5) 대상자

중산간지역에서 집락 등을 단위로 농지를 유지·관리하는 것 등을 내용으로 하는 '협정'(일종의 사업계획서임)을 작성하고, 이에 따라 5년간 농업생산활동 등을 실시하는 농업인 등이 대상이다. 단, 농업소득이 동일 도도부현의 도시지역 근로자 1인당 평균소득을 상회하는 자로서 농림수산성 농촌진흥국장이 정하는 자는 제외한다.

중산간지역 등 직접지불제도에서 '집락'을 중시하는데, 이는 ① 농업경영 규모가 작은 일본에서 개별 농업인에 대해 직접지불을 실시하면 행정비용이 커지게 된다는 점, ② 이전부터 보조금사업이 다수가 참여하는 공동행위를 대상으로 했다는 점, ③ 무엇보다 중요한 것은 중산간 등에서 영농활동을 정착시키고, 경작포기를 방지한다는 제도의 목적을 달성하기 위해서는 집락이 가지는 제반 기능을 활용하는 집락협정에 의한 대응이 효율적이라는 점 등을 고려한 조치다(山下一仁, 2001: 213).

집락협정에서의 집락이란 "일단의 농지에서 협정 참가자의 합의 하에 농업생산활동 등을 협력하여 실시하는 집단"을 말하는 것으로 일본에서 사회통념상 말하는 집락과는 차이가 있다. 따라서 일반적인 집락에 대상농지가 다수 있을 경우 '일단의 농지'별로 협정을 체결할 수 있다. '일단의 농지'는 1ha 이상의 단지를 말한다.

'협정'에는 집락협정과 개별협정의 두 종류가 있는데, 집락영농의 중요성을 고려하여 집락협정 체결을 원칙으로 하고, 만일 집락협정이 체결되지 않아 경작포기가 발생할 것 같은 농지를 인정농업자 등이 개별적으로 맡는 예외적인 경우에는 개별협정으로 한다. 협정체결은 5년간의 사업 기간 중 언제든지 체결할 수 있는데, 직불금 지급은 체결 이후 남은 연도에만 지급된다. 예를 들어 사업 기간 첫해에 협정을 체결하면 5년간 지급되지만, 4년째 체결하면 남은 2년간만 지급된다. 집락협정과 개별협정의 주요 내용은 다음과 같다.

① 집락협정

집락협정은 사업에 참여하는 집락의 농업인들이 논의하여 다음과 같은 사항을 정하여 협정을 작성한 후 시정촌에 제출하여 시정촌장의 인정을 받는다.

- 협정 대상 농지의 범위
- 구성원의 역할 분담[52]

52 집락 구성원들의 역할 분담과 그에 대한 정당한 보수 분배 등이 협정에서 명확하게 규정되지 않으면 리더에 대한 역할 부담이 커져 집락영농이 장기간 유지될 수 없으므로 역할

- 농업생산활동 등으로 실시할 사항
- 집락 마스터플랜[53]
- 농업생산활동 등의 체제정비로서 실시할 사항(집락전략 작성 포함. 기초단가가 적용되는 집락협정의 경우에만 필수사항)
- 가산조치 적용을 위해 실시할 사항(가산조치 적용을 받는 경우에만 필수사항)
- 직불금의 사용 방법
- 「농업이 가지고 있는 다원적 기능의 발휘 촉진에 관한 법률」(「農業の有する多面的機能の發揮の促進に関する法律」 제6조)의 실시에 관련하여 해당 시정촌이 필요하다고 인정하는 사항으로 정해진 내용에 의해 규정할 사항

② 개별협정

개별협정은 인정농업자나 제3 섹터 등이 농지의 소유권 등을 가지고 있는 자와 이용권 설정이나 농작업 수위탁 등을 체결하여 경작포기가 발생하지 않도록 농업생산활동 등을 실시하는 협정으로, 다음과 같은 사항을 규정한다. 역시 협정 작성 후 시정촌에 제출하여 시정촌장의 인정을 받는다.

분담을 명확하게 규정한 집락협정 체결을 요구한 것이다(山下一仁, 2001: 213).

53 집락 마스터플랜은 10~15년 후 집락의 미래상을 정하고, 미래상의 실현을 위해 5년간 집락이 실시할 구체적인 활동 계획으로 협정 참여자들이 논의하여 결정한다. 마스터플랜에서 집락이 추구해나갈 미래상은 양식서류에 제시되어 있는 ① 향후 농업생산활동이 가능한 집락 내 실시체제 구축, ② 새로운 인재 육성, 확보, ③ 재생산 가능한 소득 확보, ④ 기타(자유기재)의 네 항목에서 선택(복수선택 가능)하여 표시한다.

- 협정 대상 농지
- 설정 권리 등의 종류
- 설정 권리자, 위탁자명
- 설정 권리 등의 계약 연월일, 계약기간
- 직불금의 사용 방법
- 가산조치 적용을 위해 실시할 사항

(6) 대상활동(지급요건)

직불금을 받기 위해서는 집락협정 또는 개별협정에 근거하여 5년 이상 계속되는 농업생산활동 등을 실시해야 하는데, 구체적인 대상활동을 집락협정과 개별협정으로 나누어보면 다음과 같다.

① 집락협정의 대상활동

집락협정에서 실시하는 활동은 ㉠ 농업생산활동 등을 계속하기 위한 활동, ㉡ 체제정비를 위한 전향적인 활동으로 구성된다(〈표 8-17〉 참조).

㉠ 농업생산활동 등을 계속하기 위한 활동

농업생산활동 등을 계속하기 위한 활동은 직불금을 받는 모든 협정이 반드시 실시해야 할 필수요건으로 '농업생산활동 등'과 '다원적 기능을 증진시키는 활동'으로 구성된다.

'농업생산활동 등'에는 ⓐ 경작포기 방지 등의 활동, ⓑ 수로·농도 등의 관리활동의 두 가지가 있는데, 두 가지 모두 실시해야 한다(필

〈표 8-17〉 집락협정의 대상활동과 구체적 행위

분류			구체적 행위
① 농업생산 활동 등을 계속하기 위한 활동	농업생산활동 등(필수사항)	경작포기 방지 등의 활동	적정한 농업생산활동을 통한 경작포기 방지, 황폐농지의 복구나 축산에 이용, 고령농가·이농자의 농지를 임대차 설정, 비탈면 보호·수리, 조수피해 방지, 임지화(林地化) 등
		수로, 농도 등의 관리활동	적절한 시설관리·보수(진흙 치우기, 풀 깎기 등)
	다원적 기능을 높이는 활동(선택적 필수사항)	국토보전기능을 높이는 활동	토양유실을 막는 영농 실시, 농지 주변 임지의 공동 관리 등
		보건휴양기능을 높이는 활동	경관작물 식재, 시민농원·체험농원 설치, 계단논 오너제도, 그린 투어리즘
		자연생태계를 보전하는 활동	어류·곤충류의 보호(생태서식공간 확보), 조류 먹이장소 확보, 조방적 축산, 환경보전에 이바지하는 활동
② 체제정비를 위한 전향적인 활동			집락전략 작성

출처: 「中山間地域等直接支払交付金実施要領の運用」(2021.4. 개정) 제7.

수요건).

그리고 '다원적 기능을 증진시키는 활동'에는 ⓐ 국토보전기능을 높이는 활동, ⓑ 보건휴양기능을 높이는 활동, ⓒ 자연생태계를 보전하는 활동이 있는데, 이 중 집락의 상황에 적합한 활동을 한 가지 이상 선택하여 협정에 기재하고 실시한다(선택적 필수요건).

'다원적 기능을 증진시키는 활동'은 2000년 중산간지역 직불제가 처음 도입될 당시 EU가 도입하는 교차준수의무(cross-compliance)를 염두에 둔 것인데, 농림수산성은 비료나 농약의 사용을 줄이는 등 농법을 전환하는 행위를 요구하는 것은 더욱 높은 수준의 환경 관련 직접지불제에서 요구하는 요건에 해당한다고 판단하고, 그보다 완화된 수준에서 설정한 것이다(山下一仁, 2001: 186).

ⓛ 체제정비를 위한 전향적인 활동

체제정비를 위한 전향적인 활동은 집락의 미래지향적인 체제정비를 위해 농업생산활동을 지속적으로 유지할 수 있는 더욱 적극적인 활동을 규정한 것으로 제2기 대책(2005~2009년도) 때부터 도입된 후 계속 개정되어왔다. 제4기 대책에서는 <표 8-18>에 정리한 A 요건(생산성 향상), B 요건(여성·젊은이가 참여하는 활동), C 요건(집단적이며 지속가능한 체제정비) 중 한 가지를 선택하여 실시했다.

그런데 제5기 대책에서는 활동요건을 전면 개편하여 집락전략만 작성하는 것으로 대폭 변경했다. 집락전략이란 중산간지역에서 집락

<표 8-18> 제4기 대책의 체제정비를 위한 전향적인 활동 요건

요건	활동 항목
A 요건(농업생산성 향상) • 활동항목 5개 중 2개 이상 선택하여 실시	• 기계·농작업 공동화 • 고부가가치형 농업 실천 • 생산조건 강화 • 핵심 경영체(担い手)에 농지집적 • 핵심 경영체에 농작업 위탁
B 요건(여성·젊은이가 참여하는 활동) • 협정 참가자에 여성, 젊은이, NPO 등이 1명 이상 새로이 참여하고, 다음의 항목에서 1개 이상 선택하여 실시	• 신규취농자 등의 확보 • 지역농산물 등의 가공·판매 • 소비·출자 확대
C 요건(집단적이며 지속가능한 체제정비)	• 협정 참가자가 활동을 계속하는 것이 곤란하게 된 경우를 대비하여 활동을 계속할 수 있는 체제 구축

출처: 「中山間地域等直接支払交付金実施要領の運用」(2019.4. 개정) 제7에서 정리, 작성.

전체에 대한 미래상, 집락이 직면하고 있는 문제 등에 대해 협정 참가자들이 논의하여 작성하는 집락 발전계획안으로 원래 제4기 대책 실시기간인 2016년도에 도입한 조치다. 당시 급속한 고령화나 과소화로 인해 공동활동이나 농업생산활동을 계속 유지하는 것을 우려하여 사업을 중도에 포기하거나, 또는 참여를 꺼리는 움직임이 계속 나타나고 있어 이에 대한 대응책으로 도입했다. 집락전략을 작성하는 집락협정에 대해서는 농지가 경작방기 되었을 때 중산간지역 직불금의 반환대상을 종전에 협정농지 전체에 적용하던 것을 경작방기 된 농지만으로 한정하는 완화조치를 적용한다. 이 조치는 처음에는 임의 사항이었는데[農林水産省,「中山間地域等直接支払交付金実施要領」(2016년 개정) 제6의2(1)ア], 집락전략 작성에 대해 긍정적인 효과가 있는 것으로 조사되자(農林水産省, 2019d: 17) 농림수산성은 제5기 대책에 참여하는 농지면적을 유지 · 확대하기 위한 방안의 하나로 집락전략 작성을 체제정비를 위한 전향적인 활동요건으로 규정했다. 집락전략은 다음과 같은 내용으로 구성된다.

- 협정농지의 미래상(6~10년 후를 상정하여 기입)
- 협정농지의 미래상을 고려한 집락 현상
- 집락 현상을 고려한 대책의 방향성
- 구체적인 대책에 대한 검토
- 향후 대책의 구체적 내용 및 스케줄
- 지속적인 농업생산활동을 위한 지원체제

이와 같은 집락전략의 내용을 농업인 등이 직접 구체적으로 서류에 기재하는 것은 아니다. 농림수산성은 농업인 등의 서류작성 부담을 줄이고, 집락전략 작성의 편의를 위해 양식서류에서 기본적으로 해당 항목에 '○'를 기입하는 형식을 채택했다(農林水産省, 2020e). 작성한 집락전략은 시정촌에 제출한다.

② 개별협정의 대상활동

경작을 포기한 농지에서 이용권 설정이나 농작업 수위탁으로 인정농업자 등이 실시하는 농업생산활동 등이 대상이다.

(7) 직불금 및 지급단가

직불금은 대상 농지의 면적에 따라 〈표 8-19〉의 지급단가를 적용하여 지급한다. 지급단가는 지원이 없는 평지지역과의 균형을 맞추고, 생산성 향상 의욕을 저해하지 않는 관점에서 평지지역과 대상농지의 생산조건 격차(비용 차이)의 80%로 설정하여 지목별, 그리고 각각 급경사와 완경사별로 구분한다. 농업인 1인당 받을 수 있는 총액은 최대 500만 엔이다. 단, 다수의 오퍼레이터를 고용하는 제3섹터 및 구성원이 다수인 생산조직 등은 제외한다.

그런데 대상자에 대해 〈표 8-19〉의 지급단가를 일률적으로 적용하는 것은 아니다. 앞에서 살펴본 농업생산활동 등을 계속하기 위한 활동만 실시할 경우에는 지급단가의 80%('기초단가'라고 함)를 적용하고, 농업생산활동 등을 계속하기 위한 활동과 함께 체제정비를 위한 전향적인 활동을 실시할 경우에는 지급단가 100%('체제정비단가'라고 함)를 적용한다. 이처럼 지급단가를 기초단가와 체제정비단가의 2단계로 설정

〈표 8-19〉 지급단가

(단위: 엔/10a)

지목	구분	지급단가	중앙정부 부담액
논	급경사(1/20 이상)	21,000	10,500
	완경사(1/100 이상)	8,000	4,000
밭	급경사(15도 이상)	11,500	5,750
	완경사(8도 이상)	3,500	1,750
초지	급경사(15도 이상)	10,500	5,250
	완경사(8도 이상)	3,000	1,500
	초지 비율이 높은 초지(한랭지)	1,500	750
채초 방목지	급경사(15도 이상)	1,000	500
	완경사(8도 이상)	300	150

주: 소규모 구획, 부정형 논, 고령화·경작방기율이 높은 집락에 있는 농지는 완경사의 단가와 동일
출처: 農林水産省,「中山間地域等直接支払交付金実施要領」(2021.4 개정)

하여 적용하기 시작한 것은 중산간지역 직접지불제도 제2기 대책 때부터인데, 이는 농업생산의 핵심 경영체(担い手) 형성을 유도하기 위한 조치의 하나로 실시한 것이다(小田切德美, 2010: 44).

소요예산은 중앙정부 50%, 도도부현 25%, 시정촌 25%의 비율로 부담한다. 그리고 중앙정부는 지자체의 부담을 줄이기 위해 소요예산에 대해 지방재정조치를 실시한다.

(8) 가산조치

앞에서 살펴본 농업생산활동 등을 계속하기 위한 활동 이외에 추가로 지역농업 유지·발전에 도움이 되는 조치를 실시할 경우 일정액을 가산하여 지불한다. 가산조치는 계속 개편되었는데, 제5기 대책에

서는 제4기 대책에서 실시한 두 가지 가산조치(계속, 확충)와 더불어 세 가지를 신설하여 총 다섯 가지 가산조치를 실시한다. 가산조치는 각각 활동 목표를 설정하여 달성해야 하며, 조치 실시기간은 1~5년이다.

① 계단논(棚田)지역진흥활동 가산(신설)

계단논지역진흥활동 가산은 「계단논지역진흥법」에서 규정하는 「인정계단논지역진흥활동계획」에 따라 실시하는 계단논 보전이나 지역발전 같은 활동에 대해 추가로 지원하는 것으로 논은 1/20 이상, 밭은 15도 이상인 경우가 대상농지다. 제5기 대책부터 새롭게 실시한 조치다.

단가는 논, 밭 모두 10a당 1만 엔이고, 상한액은 없다(〈표 8-20〉 참조). 단, 뒤에서 설명하는 초급경사 농지보전관리 가산, 집락협정 광역화 가산, 생산성 향상 가산 등과 중복 지급할 수 없다(農林水産省, 2020e).

그리고 협정에 ㉠ 계단논 등의 보전(예: 계단논 경사면 보수, 경작도로나 계단논 진입로 등의 농작업 안전대책 실시, 계단논의 토양유출방지대책 실시 등), ㉡ 계단

〈표 8-20〉 제5기 대책의 가산조치 및 단가

가산조치	10a당 단가
계단논(棚田)지역진흥활동 가산(신설): 상한액 없음	10,000엔(논·밭)
초급경사 농지보전관리 가산(계속): 상한액 없음	6,000엔(논·밭)
집락협정 광역화 가산(확충): 상한액 200만 엔/년	3,000엔(지목 관계없음)
집락기능 강화 가산(신설): 상한액 200만 엔/년	3,000엔(지목 관계없음)
생산성 향상 가산(신설): 상한액 200만 엔/년	3,000엔(지목 관계없음)

출처: 農林水産省, 2020e, p. 8-10.

논 등의 보전을 통한 다원적 기능의 유지·발휘(예: 농산물 공급 촉진, 자연환경 보전·활용, 양호한 경관 보전, 전통문화 계승 등), ㉢ 계단논을 중심으로 한 지역의 진흥(예: 도농교류를 통한 관련 인구 창출·확대에 의한 지역진흥, 계단논을 관광자원으로 한 지역진흥, 계단논 쌀 등을 활용한 6차 산업화 추진 등)의 각각에 대해 구체적인 정량적 목표를 한 가지 이상, 총 세 가지 이상을 정해 활동한다. 여기서 정량적 목표란 예를 들면, 수리할 계단논의 면적, 계단논 생산 쌀 브랜드화를 통해 판매할 목표금액, 민박 등의 목표매출액 등을 구체적으로 제시하는 것을 말한다.

② 초급경사 농지보전관리 가산(계속)

초급경사 농지보전관리 가산은 초급경사지(논: 1/10 이상, 밭: 20도 이상)의 농지보전이나 유효 활용을 위한 활동을 실시할 경우 추가로 지원하는 조치로 단가는 10a당 6천 엔이고, 상한액은 없다. 협정에서 목표로 ㉠ 초급경사 농지의 보전(석축 등 경사면 보전, 경작도로나 경작지 진입로 등의 농작업 안전대책 실시, 단지 밖으로 토양유출 방지 대책 실시 등), ㉡ 초급경사 농지에서 생산되는 농산물 판매촉진(농산물의 브랜드화, 전략적인 판매 활동 등)의 각각에 대해 한 가지 이상을 설정하여 실시한다.

③ 집락협정 광역화 가산(확충)

집락협정 광역화 가산은 복수의 집락이 새로운 광역 협정을 체결하고, 협정에 따라 실시하는 활동에서 주도적인 역할을 담당하는 인재를 확보하고 활동을 실시하는 것에 대해 추가로 지원하는 조치로 지목에 관계 없이 10a당 3천 엔을 지원하고, 상한액은 연간 200만 엔이다.

목표설정은 활동기간에 따라 두 가지 형태가 있다. 활동기간이 단년도인 경우에는 주도적인 역할을 담당하는 인재를 먼저 확보하고, 집락협정의 체제 강화를 목표로 설정한다. "주도적인 역할을 담당하는 인재를 먼저 확보한다는 것"은 출신지역을 불문하고 집락협정조직, 집락협정 내의 농업생산조직, 가공·판매 등의 6차 산업화 실시 조직이 행하는 지역활동에서 중심적인 역할을 담당할 것이 예상되는 사람을 이들 조직의 구성원으로 하는 것을 말한다. 그리고 활동기간이 다년도인 경우에는 주도적인 역할을 담당하는 인재를 확보하고, 광역화한 집락협정에서 달성할 목표를 정량적으로 한 가지 이상을 정하고 실시한다.

④ 집락기능 강화 가산(신설)

집락기능 강화 가산은 새로운 인재 확보나 집락기능(영농에 관한 것 외)을 강화하는 활동을 실시할 경우 지원하는 조치로 제5기 대책에서 새로 도입했다. 목표로 인턴십, 영농자원봉사자, 커뮤니티 살롱 개설, 지역자치기능 강화(마을 고령자 돌봄, 장보기 지원 등) 등과 같은 활동 중에서 정량적으로 한 가지 이상 정해서 실시한다. 단가는 10a당 3천 엔이고, 상한액은 연간 200만 엔이다.

⑤ 생산성 향상 가산(신설)

생산성 향상 가산은 농산물 브랜드화·가공·판매, 핵심 경영체(担い手)로 농지집적, 기계나 농작업의 공동화, 드론 방제작업 등과 같이 생산성 향상을 위해 추진하는 활동에 대해 추가로 지원하는 조치로 역시 제5기 대책부터 실시했다. 단가는 10a당 3천 엔이고, 상한액은 연간

200만 엔이다. 목표를 정량적으로 한 가지 이상 정해 실시한다.

이상의 가산조치를 실시할 때는 다음과 같은 몇 가지 주의사항이 있다(農林水産省, 2020e). 첫째, 복수의 가산조치를 활용할 수 있는데, 이 경우 가산조치별로 서로 다른 활동과 목표를 실시한다. 동일한 활동과 목표에 대해서는 복수의 가산조치를 적용받을 수 없다. 둘째, 초급경사 가산 이외의 가산조치는 협정 참가자들이 논의하여 달성 목표를 정량적으로 정한다. 그리고 정한 목표에 대해 계단논지역진흥활동 가산의 경우 도도부현 제3자 위원회가 타당성을 확인하고, 그 외 가산조치에 대해서도 중앙정부, 도도부현, 시정촌이 적절한 실시를 지도한다. 셋째, 복수의 가산을 실시할 경우에는 정해진 단가에서 10a당 1천 엔을 감액하여 지급한다. 넷째, 가산단가를 적용받기 위해서는 원칙적으로 체제정비단가 적용이 필요하다. 단, 초급경사 농지보전관리 가산에 한해 제4기 대책과 마찬가지로 기초단가만 적용하는 경우에도 활용할 수 있다.

(9) 직불금 반환

협정에서 정한 농업생산활동이 제대로 이루어지지 않은 경우에는 원칙적으로 소급하여 직불금을 반환한다. 소급 반환할 경우 제4기 대책에서는 협정농지 전체가 대상이었는데, 제5기 대책에서는 농업인이 좀 더 안심하고 사업에 참여하도록 하기 위해 농업생산활동이 제대로 이루어지지 않은 해당 농지만 대상으로 하는 방식으로 바뀌었다.

협정에 참가한 농업인의 사망, 고령, 자연재해 등과 같은 사유가 발생할 경우에는 반환 의무가 면제된다.

2) 추진 체계

(1) 협정 작성, 활동 실시, 직불금 지급

제도 참여를 위해서는 먼저 집락에서 전체 참여자의 논의를 거쳐 집락협정 또는 개별협정 내용을 작성한다. 그리고 작성한 협정을 「농업이 가지고 있는 다원적 기능의 발휘 촉진에 관한 법률」에 근거하여 작성하는 사업계획과 함께 해당 연도 6월 30일까지 시정촌에 제출하여 협정 인정을 신청한다. 인정신청은 사업 첫해에만 실시하고, 이후 협정 내용에 변경 사항이 있을 경우 변경신청을 한다(〈그림 8-7〉 참조).

시정촌은 인정신청서를 심사한 후 계획이 타당하면 집락협정 대표자 또는 개별협정 신청자에게 7월 31일까지 인정사실을 통보한다.

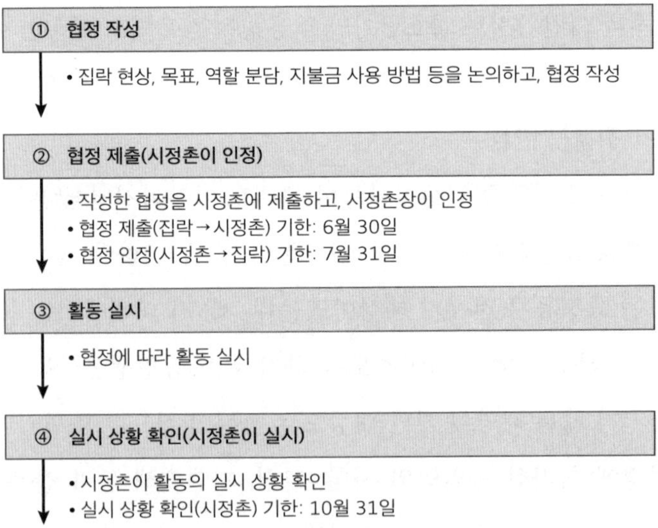

① 협정 작성

- 집락 현상, 목표, 역할 분담, 지불금 사용 방법 등을 논의하고, 협정 작성

② 협정 제출(시정촌이 인정)

- 작성한 협정을 시정촌에 제출하고, 시정촌장이 인정
- 협정 제출(집락→시정촌) 기한: 6월 30일
- 협정 인정(시정촌→집락) 기한: 7월 31일

③ 활동 실시

- 협정에 따라 활동 실시

④ 실시 상황 확인(시정촌이 실시)

- 시정촌이 활동의 실시 상황 확인
- 실시 상황 확인(시정촌) 기한: 10월 31일

〈그림 8-7〉 협정 작성, 활동 실시 및 확인 절차

출처: 農林水産省, 2021g, p. 16.

시정촌장이 집락협정을 인정할 때 참여 농업인의 농업소득이 동일 도도부현 내 도시부의 근로자 평균소득 상회 여부를 확인한다. 그리고 인정 후 집락 등은 협정에서 정한 활동을 실시하고, 시정촌에 직불금을 신청한다. 시정촌은 협정에 따른 활동실시 상황을 해당 연도 10월 31일까지 확인한다. 직불금은 집락의 활동내용이나 활동 실적에 따라 지급한다. 단, 활동실시가 확실한 것으로 예상되는 집락에 대해서는 실시 상황을 확인하기 전에 직불금을 조기에 지급할 수도 있다. 집락협정은 직불금을 공동활동과 협정 참여개인에게 분배 지급하는데, 개인에게 1인당 500만 엔이 상한이다.

(2) 농업생산활동 등의 실시 상황 확인

시정촌은 집락협정 및 개별협정에 따라 실시하는 농업생산활동 등의 실시 상황과 관련하여 ① 작물 재배 또는 농지관리의 적정한 실시, ② 집락협정에서 정하는 다원적 기능을 높이는 활동 실시, ③ 가산 조치, ④ 수령액에 대해 해당 연도의 10월 31일까지 〈표 8-21〉과 같은 관련 자료 확인, 현장방문 등의 방법을 통해 확인작업을 실시한다.

시정촌은 집락협정 또는 개별협정에 규정한 내용이 제대로 이루어지지 않은 집락(자연재해 등 불가항력인 경우 제외)에 대해 개선을 위한 적절한 지도·조언을 실시하고, 개선이 이루어지지 않는 협정에 대해서는 규정에 따른 조치를 취한다.

시정촌은 현지 확인을 원활하게 실시하기 위해 「협정농용지 확인 야장(野帳)」을 작성한다. 확인야장의 점검 항목인 협정농지·황폐농지의 관리, 수로·농도 등의 유지·관리, 다원적 기능 증진 활동 등에 대

〈표 8-21〉 확인 사항 및 확인 방법

확인 사항	확인 방법
① 작물재배 또는 농지 관리의 적정한 실시	• 현장방문, 황폐농지 발생·해소상황에 관한 조사요령에 따라 조사 결과 (항공)사진, 위성영상, 항공기 또는 현지상황을 파악할 수 있는 자료 등으로 확인 • 소유권 이전, 임대차 등에 대해서는 「농지법」 제3조의 허가 또는 농지이용집적계획의 공고, 농작업 수위탁계약서로 확인
② 집락협정에서 정하고 있는 다원적 기능을 높이는 활동 실시	• 현장방문 또는 관련 자료 등으로 확인
③ 집락협정에서 정하고 있는 농업생산활동 등의 체제정비로서 실시하는 사항 실시	• 현장방문 또는 관련 자료 등으로 확인
④ 가산조치	• 목표의 달성상황에 대해 현장방문 또는 관련 자료 등으로 확인 • 집락협정 광역화 가산에 대해서는 상기 방법과 더불어 지역 활성화를 담당하는 인재의 정착 등과 같은 활동에 대해 현지 확인 또는 관련 자료 등으로 확인
⑤ 수령액	• 「중산간지역 등 직접지불교부금 실시요령」 제6의3의(5) 규정 확인(직불금 수령을 나타내는 수령증 확인)
⑥ 농업소득 및 중핵적 리더	• 농업소득은 「중산간지역 등 직접지불교부금 실시요령의 운영」제6의1 규정에 대해 관련 자료 등으로 확인

출처: 「中山間地域等直接支払交付金実施要領の運用」(2021.3 개정) 別記7 「集落協定及び個別協定の実施状況の確認について」

해 별도로 「현지 확인 체크리스트」로 확인하고, 확인야장에 필요사항을 기입한다.

(3) 사무 위탁

집락협정은 직불금 관련 사무의 일부를 행정서사 등과 같은 집락협정과 관계가 없는 사람에게 위탁할 수 있다. 그리고 집락협정의 업무가 협정 참가자에게 부담이 될 경우 시정촌은 업무위탁 추진에 노력한다.

(4) 회계·경리의 적정화

직불금을 지급받는 집락협정 대표자는 회계·경리를 실시하는데, 직불금 경리를 위해 별도의 장부를 만들어 작성하고, 규정에 따라 직불금을 사용할 때 영수증을 수령한다. 그리고 직불금으로 취득가격이 50만 엔 이상인 공유자산 등을 구입할 경우에는 공유자산관리대장, 기계 등 이용관리규정 등을 정리해둔다.

(5) 추출검사 실시

중앙정부와 도도부현은 매년 대상 협정 중에서 무작위로 증거서류 등을 검사하고 필요 시 현지 확인을 실시한다. 그리고 중앙정부와 도도부현은 추출검사에서 집락협정 또는 개별협정의 규정 내용이 제대로 이루어지지 않은 집락(자연재해 등 불가항력인 경우 제외)에 대해 개선을 위한 적절한 지도·조언을 실시하고, 시정촌은 개선이 이루어지지 않는 협정에 대해서는 규정에 따른 조치를 취한다.

(6) 실적 보고, 실시 현황 공표 등

시정촌장은 매년 직불금 지급실적을 도도부현 지사에게 보고하고, 도도부현 지사는 보고를 종합하여 농림수산성 지방농정국장(홋카이도는 농촌진흥국장, 오키나와현은 오키나와 종합사무국장)에게 제출한다.

그리고 농림수산성, 도도부현 및 시정촌은 매년 ① 집락협정의 개요, ② 협정농지의 기준별 면적 및 지불액, ③ 협정체결 수 및 각 집락별 지불액, ④ 농업생산활동 등의 실시 현황, ⑤ 농업생산활동 등의 체제 정비 실시 현황 등을 일반인이 자유롭게 열람할 수 있도록 공표한다.

(7) 사업 평가

농림수산성은 집락협정 등에서 정한 활동의 실시, 효과 등을 검토하고 앞으로의 시책 검토를 위해 사업실시 기간 중 중간년 평가(2023년 8월 말까지 실시)와 최종평가(2024년 8월 말까지 실시)를 실시한다. 중간년 평가는 집락협정 등에서 정한 활동이 불충분한 집락에 대해 개선을 위한 지도·조언을 실시하기 위해 제2기 대책 때부터 도입되었다.

평가의 진행 과정을 보면, 먼저 시정촌은 집락 등의 활동 상황을 평가하여 그 결과를 도도부현 지사에게 보고하고, 도도부현은 시정촌장의 보고내용을 바탕으로 중립적인 제3자 기관에서 검토한 후 결과를 농림수산성의 지방농정국장을 경유하여 농촌진흥국장에게 보고한다. 그리고 농촌진흥국장은 농림수산성 단계의 제3자 기관에서 전체적인 제도의 효과 등을 검토하고 평가한다.

평가는 집락협정에서 규정한 농업생산활동, 집락 마스터플랜에서 정한 사항 등의 추진 상황, 자율적이고 계속적인 농업생산활동 등의 진행 상황 및 「중산간지역 등 직접지불교부금 실시요령의 운용」 별기7(「집락협정 및 개별협정의 실시 상황의 확인에 대해」)에서 규정하는 작물의 재배 또는 농지관리의 적정한 실시에 대한 확인 방법 등에 대해 이루어진다.

농림수산성은 최종평가의 결과와 중산간지역 농업을 둘러싼 제반 상황변화 등을 고려하여 제도 실시 5년 후 제도 전체에 대한 재검토를 실시하고, 만약 필요하다면 제도 실시 3년 후에도 재검토를 실시한다.

한편 시정촌은 중간년 평가에서 집락협정 또는 개별협정에서 규정한 활동이 제대로 이루어지지 않은 집락에 대해서는 활동개선을 위한 지도와 조언을 실시한다. 만약 개선을 기대할 수 없는 협정에 대해서는 직불금 지급대상 제외나 직불금 반환 등의 조치를 실시한다.

3) 실시 현황 및 평가

(1) 실시 현황

제4기 대책 기간(2015~2019년도)의 마지막 해인 2019년도에 제도 참여 시정촌은 1,002곳(협정을 체결하는 데 있어 지침이 되는 촉진계획을 수립한 1,029개 시정촌의 97%)이고, 2만 5,953건의 협정이 체결되었다. 협정 가운데 집락협정이 2만 6,013건으로 전체 협정의 약 97.9%로 대부분이고, 개별협정이 559건으로 2.1%였다. 그리고 참여인원은 60만 5,429명이고, 665,394ha의 협정농지를 유지 · 관리했다(〈표 8-22〉 참조). 직불금은 총 533억 3,700만 엔(지방부담금 포함)이 지급되었고, 이 중 개인에게 분배(개별협정 포함)된 것이 52%, 공동활동에 배분된 것이 48%였다. 제4기 대책이 실시된 5년간 지불 시정촌 수, 협정 수, 지불 면적, 협정 참가자 수, 직불금 모두 증가추세를 나타냈다.

제5기 대책 기간(2020~2024년도)의 첫해인 2020년도의 실시 현황은 실시 시정촌 990곳, 실시 협정 건수 2만 3,985건, 실시 면적 638,911ha

〈표 8-22〉 중산간지역 등 직불제 실시 현황

구분	2015	2016	2017	2018	2019	2020
총 시정촌 수	1,718	1,718	1,718	1,718	1,718	1,718
촉진계획책정 시정촌 수(a)	1,019	1,018	1,022	1,027	1,029	1,033
지불 시정촌 수(b)	990	994	996	997	1,002	990
b/a(%)	97	98	97	97	97	96
협정 수	25,635	25,883	25,868	25,958	26,013	23,985
집락 협정 수	25,123	25,350	25,320	25,405	25,454	23,421
개별 협정 수	512	533	548	553	559	564
대상농지 면적(ha)(c)	810,355	810,427	790,537	793,363	791,536	752.165
지불 면적(d)	653,815	660,728	662,583	664,315	665,394	638,911
d/c(%)	80.7	81.5	83,8	83,7	84.1	84.9
협정 참가자 수(인)	586,656	594,103	602,678	604,367	605,429	533,076
직불금(백만 엔)	51,405	52,329	52,874	53,090	53,337	52,180

출처: 農林水産省, 각 연도b; 農林水産省, 2020d.

등으로, 전체적으로 제4기 대책 기간에 비해 실적이 낮은 것으로 나타났다. 이처럼 집락협정 수가 크게 줄어든 것은 ① 고령화·핵심 경영체(担い手) 부족 등으로 5년간 제도를 계속할 자신이 없거나, ② 집락을 이끌 리더의 부재 등으로 집락협정이 폐지된 것이 주요 요인인 것으로 알려지고 있다(農林水産省, 2021h).

(2) 실시 평가

이와 같은 제4기 대책 실시에 대해 농림수산성은 약 3.9만 ha의 경작방기 발생 방지를 포함하여 약 7.5만 ha의 농지감소를 방지한 것으로 자체 추계하면서 수로·농도의 유지관리, 조수피해 방지 등 농업생산활동을 유지해가기 위한 기초적인 조건을 마련하는 데 큰 효과를 발휘했다고 평가했다. 또 농업의 구조개혁과 농촌 협동력 향상·유지에도 기여했다고 평가했다(農林水産省, 2019d).

한편 급속한 고령화와 인구감소 속에서 다음과 같은 문제점이 지적되었다(農林水産省, 2019e).

① 핵심 경영체(担い手), 집락활동의 리더 등 인재 부족
② 농촌협동력(집락기능) 저하
③ 영농에서 농작업의 자동화·합리화 및 농업수입 감소
④ 본 제도를 실시하는 데 있어 사무부담, 직불금 반환조치에 대한 불안

농림수산성은 이와 같은 문제점을 해결하기 위해 앞에서 살펴보았듯이 제5기 대책에서 직불금 상환조치 개선, 가산조치의 확충 및 신설 등과 같은 몇 가지 개편 조치를 실시했고, 이런 개편 작업은 앞으로도 계속 이어질 것으로 보인다.

4. 환경보전형 농업 직접지불제

1) 주요 내용

(1) 취지

환경보전형 농업 직접지불제는 농업생산에서 화학비료·화학합성농약 사용을 원칙적으로 50% 이상 줄이고, 이와 함께 지구온난화 방지나 생물다양성 보전에 효과가 큰 영농활동을 실시하는 농업인 단체 등에 대해 직불금을 지원하여 농업이 지속적으로 발전하고, 농업의 다원적 기능이 원활하게 이루어지는 것을 목적으로 한다.

(2) 실시 기간

환경보전형 농업 직접지불제 역시 5년을 1기로 사업을 추진하여 2015~2019년도에 제1기 대책이 실시되었고, 2020년도부터 제2기 대책이 실시 중이다. 제2기 대책에서는 지원대상 활동과 지급단가 등을 일부 개정하고, 환경보전 효과가 큰 활동에 중점을 두고 있다.

(3) 대상자

지원대상(신청 주체)은 농업인이 조직하는 단체와 일정 조건을 갖춘 농업인의 두 종류가 있다.

① 농업인이 조직하는 단체

농업인이 조직하는 단체(이하 농업인 단체)란 "복수의 농업인 또는 복수의 농업인 및 지역주민 등으로 구성하는 임의조직"으로, 환경보전형 농업을 추진하는 임의 그룹, 농협의 생산자조직(生産部會),[54] 다원적 기능 지불이나 중산간지역 등 직접지불의 대상이 되는 활동조직, 집락영농[55] 등 지역의 실정에 따라 다양한 형태의 단체가 있다. 농업인 단체에는 환경보전형 농업 직접지불의 대상활동을 실시하는 농업인뿐만 아니라 실시하지 않는 농업인과 농업인이 아닌 마을주민 등도 포함할 수 있는데, 반드시 환경보전형 농업 직접지불의 대상활동을 실시하는 농업인이 2명 이상 포함되어야 한다.

② **일정 조건을 갖춘 농업인**(개인, 법인)

'일정 조건을 갖춘 농업인'은 다음 조건 중 어느 하나에 해당하면서 동시에 시정촌이 인정하는 경우를 말한다.

첫째, 집락의 경작면적 중 일정 비율(대략 1/2) 이상의 농지에서 대상이 되는 생산활동을 하는 농업인

둘째, 환경보전형 농업을 지향하는 다른 농업인과 연대하여 환경보전형 농업을 확대하려는 농업인

셋째, 복수의 농업인으로 구성되는 법인(농협은 제외)

---

54 농협의 생산자조직은 조합원들의 수도작, 채소, 과수, 화훼, 축산 등 작목별 생산조직으로 각 작목의 생산, 판매, 기술개선 등과 같은 활동을 실시한다.

55 집락을 단위로 농업생산과정의 전부 또는 일부를 공동으로 실시하는 조직을 말한다. 농업 분야에서는 인구의 과소화, 고령화, 후계자 부족 등이 심각한 문제가 됨에 따라 같은 집락에 사는 농업인들이 공동으로 농업생산활동을 실시하는 집락영농이 빠르게 확대되었다. 2020년 기준 전국 집락영농은 1만 4,800여 개이고, 이 가운데 법인은 5,500여 개다. 농림수산성은 집락영농의 법인화를 지원하고 있다.

(4) 지원대상이 되는 농업인 요건

지원대상인 농업인 단체의 구성원, 또는 일정한 조건을 충족하는 농업인이 직접지불 대상이 되기 위해서는 다음과 같은 요건('농업인 요건'이라고 함)을 충족해야 한다.

첫째, 주작물[56]에 대해 판매 목적으로 하는 생산 실시

둘째, 국제수준 GAP(Good Agricultural Practice) 실천

2017년도까지는 에코파머 인증[57]과 「환경과 조화를 이룬 농업생산활동규범」(「농업환경규범」이라고도 함)[58]에 대한 본인 확인이 요건 중의 하나였는데, 2018년도부터 국제수준 GAP 실천으로 요건이 바뀌었다. 국제수준 GAP 실시를 지급요건으로 바꾼 것은 일본농업의 지속성을 확

---

56 "주작물"은 화학비료와 화학합성농약 사용을 도도부현의 관행 수준에서 원칙적으로 50% 이상 저감한 생산물 또는 유기농업 생산물이어야 한다.

57 「지속성이 높은 농업생산방식 도입 촉진에 관한 법률(持続性の高い農業生産方式の導入の促進に関する法律)」에 근거하여 흙 만들기 기술, 화학비료 저감기술, 화학합성농약 저감기술을 내용으로 하는 「지속성이 높은 농업생산방식의 도입에 관한 계획」을 작성하여 도도부현 지사의 인증을 받은 농업인을 말한다. 에코파머 인증 건수는 2020년 3월 말 기준 8만 3,767건인데, 최근 수년간 감소추세를 나타내고 있다.

58 환경과 조화를 이루는 농업생산활동을 하는 데 있어 필요한 기본적인 사항으로 농업인이 자신의 영농활동을 스스로 점검하는 데 사용하도록 농림수산성이 작성한 농업생산활동에 대한 규범으로 2005년 3월에 만들어졌다. 「농업환경규범」은 '작물의 생산 편'과 '가축의 사육·생산 편'의 두 종류가 있다. '작물의 생산 편'은 총 7항목(① 흙 만들기 노력, ② 적절하고 효과적·효율적인 시비, ③ 효과적·효율적이며 적정한 방제, ④ 폐기물의 적정한 처리·이용, ⑤ 에너지 절감, ⑥ 새로운 지식·정보 수집, ⑦ 생산정보 보존), '가축의 사육·생산 편'은 총 6항목(① 「가축배설물법」 준수, ② 악취·해충의 발생을 억제·저감하는 조치 장려, ③ 「가축배설물법」 이용 추진, ④ 환경 관련 법령에 대한 적절한 대응, ⑤ 에너지 절감, ⑥ 새로운 지식·정보 수집)으로 구성되어 있고, 점검시트 형식으로 1년간 실시한 농업생산활동 상황을 매년 자가 체크하도록 되어 있다.

보하고, 경쟁력을 높이는 데 매우 중요하다는 판단에 따른 것이다(김태연 · 이명헌 · 배민식, 2019: 241).

국제수준의 GAP 실천을 위해서는 먼저 국제기준 GAP에 관한 지도 또는 연수를 받아야 한다. 지도나 연수는 GAP 지도자에 의한 지도, 지방공공단체가 주관하는 연수, 민간단체가 주최하는 연수, 온라인 연수(http://gap.maff.go.jp)를 통해 받을 수 있는데, 지도 · 연수 내용에는 ① 식품 안전, ② 환경 안전, ③ 노동 안전, ④ 인권보호, ⑤ 농장경영관리의 다섯 가지 항목이 반드시 포함되어야 한다.

GAP 지도나 연수를 받은 농업인 등은 농업생산활동에서 GAP 조치를 실시하고, 최종적으로 「GAP 이해도 · 실시내용 확인서」를 작성하여 제출한다. 「GAP 이해도 · 실시내용 확인서」는 '과제 이해'란과 '실시 내용'란으로 구성되어 있는데, 먼저 '과제 이해'란에 연수 · 교육받은 내용에 기초해 자신에게 필요한 조치 및 과제를 기재하고, '실시 내용'란에는 '과제 이해'란 기재 사항별로 실제 실시한 내용을 기재한다(김태연 · 이명헌 · 배민식, 2019: 242). 그리고 GAP 실시를 증명하는 서류[예를 들면 포장(圃場)대장, 재배계획, 농약의 사용계획, 농약 · 비료 등의 재고장부, 출하기록장부 등]를 보관하고, 행정기관의 요구가 있으면 제출한다.

민간단체에 의한 제3자 GAP 인증을 받은 경우에는 이미 GAP에 관한 지식을 가지고 실시하고 있는 것이므로 GAP에 대한 지도 · 연수나 「GAP 이해도 · 실시내용 확인서」 제출을 생략하고 인증서를 제출한다.

(5) 사업요건(추진활동 실시)

지원대상 농업인은 "자연활동의 보전에 이바지하는 농업의 생산방식을 도입한 농업생산활동의 실시를 추진하는 활동"(일반적으로 '추진활동'이라 함)으로 〈표 8-23〉의 ①~⑪ 활동 가운데 한 가지 이상을 실시해야 한다. 이것을 '사업요건'이라고 하는데, 농림수산성이 지역 농업인들의 연대 등을 통해 환경보전형 농업을 보급·추진할 수 있도록 하기 위해 도입했다(農林水産省北海道農政事務所, 2015).

〈표 8-23〉 사업요건(추진활동 실시)

자연환경 보전에 이바지하는 농업 생산방식을 도입한 농업생산활동의 기술향상에 관한 활동

① 기술매뉴얼이나 보급 계발자료 등의 작성·배포
② 실증포 설치 등을 통한 자연환경 보전에 이바지하는 농업 생산방식의 실증·조사
③ 선도적인 농업인 등에 의한 기술지도
④ 자연환경 보전에 이바지하는 농업의 생산방식에 관한 공통기술의 도입이나 공동방제 등의 실시
⑤ ICT나 로봇기술 등을 활용한 환경 부하 저감 조치

자연환경 보전에 이바지하는 농업 생산방식을 도입한 농업생산활동의 이해 증진이나 보급에 관한 활동

⑥ 지역주민과의 교류회(모심기나 수확 등과 같은 농작업 체험 등) 개최
⑦ 토양진단이나 생물조사 등 환경보전 효과 측정

기타 자연환경 보전에 이바지하는 농업생산활동의 실시를 추진하는 활동

⑧ 경작방기지를 복구하고, 해당 농지에서 자연환경 보전에 이바지하는 농업생산활동 실시
⑨ 중산간지 및 계단논지역에서 자연환경 보전에 이바지하는 농업생산활동 실시(농업인 단체 등의 작업면적의 과반이 중산간지 또는 지정 계단논지역인 경우에 한함)
⑩ 농업생산활동에 따른 환경 부하 저감 조치나 지역자원의 환경 이용
⑪ 그 외 자연환경 보전에 이바지하는 농업생산활동 실시를 추진하는 활동 실시

출처: 「環境保全型農業直接支払交付金実施要領」(2021.2. 개정) 제3

추진활동을 실시하면 대상자는 실시 내용을 확인할 수 있는 서류를 보관하고, 도도부현 또는 시정촌이 서류를 요구할 때 제출한다.

(6) 대상농지

농업진흥지역 내의 농지와 생산녹지지구[59] 내의 농지가 지원대상이다.

(7) 대상활동

화학비료와 화학합성농약 사용을 도도부현의 관행 수준[60]에서 원칙적으로 50% 이상 줄이는 조치와 함께 실시하는 지구온난화 방지나 생물다양성 보전에 효과가 큰 영농활동 등이 지원 대상이다(〈그림 8-8〉 참조). 구체적으로 ① 유기농업(화학비료 및 화학합성농약을 사용하지 않는 농업을

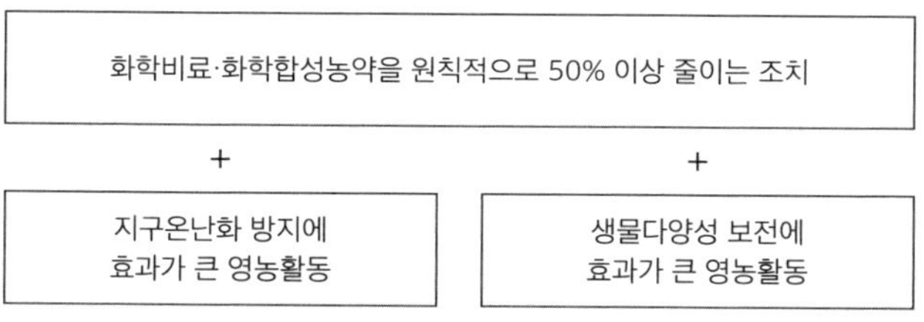

〈그림 8-8〉 대상활동 구성

출처: 農林水産省, 2020f, p. 4.

---

59 도시계획에서 정하는 지역지구의 하나다. 시가지화 구역 내에 있는 농지 등으로 양호한 생활환경을 확보할 수 있고, 공공시설 등의 부지로 공급할 수 있는 토지가 지정되며, 개발행위 등이 규제된다.

60 관행수준은 개별 농업인의 현재 사용량이 아니라 도도부현이 정한 화학비료와 화학합성농약의 관행 수준을 말하는 것으로 50% 절감은 화학비료의 경우 질소 성분량, 그리고 화학합성농약의 경우 성분 사용 횟수로 산정한다.

말함), ② 퇴비 시용,[61] ③ 커버크롭(cover crop/녹비) 재배, ④ 리빙멀칭(living mulching), ⑤ 초생재배, ⑥ 무경운 파종, ⑦ 장기 중간물빼기, ⑧ 가을갈이(추경), 그리고 ⑨ 지역의 환경이나 농업실태 등을 고려하여 도도부현 지사가 특별히 필요하다고 인정하여 해당 지역에 한정하여 실시하는 활동 등이다. 이 중 ①~⑧의 활동은 전국공통활동, ⑨는 지역특인활동이라고 한다.[62]

원래 제1기 대책(2015~2019년도)에서는 유기농업, 커버크롭 재배, 퇴비 사용의 세 종류가 전국공통활동이었고, 리빙멀칭, 초성재배 등은 지역특인활동이었는데, 제2기 대책에서는 지구온난화 방지와 생물다양성 보전 같은 환경보전 효과가 큰 활동에 대한 정책 강화를 위해 리빙멀칭, 초성재배 등을 전국공통활동에 추가했다(農林水産省, 2020b). 지원대상 활동은 다음과 같은 각각의 요건을 반드시 준수해야 한다.

① 유기농업

유기농업을 실시할 때는 ㉠ 주작물[63] 생산에서 화학비료·화학합성농약의 사용금지, ㉡ 도도부현의 「지속성이 큰 농업생산방식의 도입에 관한 지침」[64] 등에서 정한 흙 만들기 기술 적용, ㉢ 주변에서 사용금지 자재가 날아오거나 유입되지 않도록 필요한 조치 실시, ㉣ 파종 또

61 탄소저장 효과가 큰 퇴비를 수질보전에 도움이 되도록 시용하는 것을 말한다.

62 제1기 대책의 지역특인활동 가운데 제3자 위원회에서 "효과가 낮다"고 평가된 활동은 제2기 대책에서 제외했다(山梨県, 10).

63 주작물은 도도부현 및 시정촌에 따라 다르므로 해당 지역의 주작물이 지원대상인지 사전에 도도부현 및 시정촌에서 확인한다.

64 「지속성이 높은 농업생산방식의 도입 촉진에 관한 법률(持続性の高い農業生産方式の導入の促進に関する法律)」 제3조제1항에 근거하여 작성한다.

는 식재하기 전 2년 이상 사용금지 자재의 미사용, ⓜ 유해동식물 방제 실시, ⓗ 유전자변형 DNA 기술 이용 금지, ⓢ 방사선 조사 금지 같은 조치를 취해야 한다.

이와 같은 유기농업에 대한 요건은 제2기 대책에서 강화된 부분이다. 원래 제1기 대책에서는 「유기농업 추진에 관한 법률」의 유기농 정의[65]에 근거하여 ㉠, ㉡, ㉥의 세 가지 조치를 규정했다. 그런데 제2기 대책에서는 유기농업을 국제수준의 유기농업=「유기농산물의 일본농림규격」(유기JAS)[66] 수준으로 실시[67]하는 것으로 강화하여 ㉢, ㉣, ㉤, ㉦의 조치를 추가했다. 그렇다고 해서 이와 같은 조치가 유기JAS 인증 취득을 요구하는 것은 아니다.

한편 유기농업을 실시하는 모든 지원대상 농업인은 〈표 8-24〉와 같은 항목에 대해 실시 상황 확인(현지 확인)을 받아야 한다.

---

65 「유기농업 추진에 관한 법률(有機農業の推進に関する法律)」에서는 유기농업을 "화학적으로 합성된 비료 및 농약을 사용하지 않고, 또한 유전자변형기술을 이용하지 않는 것을 기본으로 하여 생산활동에서 발생하는 환경부하를 가능한 한 줄이는 농업생산 방법을 사용하는 농업"으로 규정한다(동법 제2조).

66 「유기농산물의 일본농림규격(有機農産物の日本農林規格)」(농림수산성 고시)은 「일본농림규격 등에 관한 법률(日本農林規格等に関する法律)」(일반적으로 'JAS법'이라고 함)에 근거하여 유기농산물의 생산방법에 대한 기준을 규정한다.

67 「유기농산물의 일본농림규격」은 코덱스위원회의 지침에 근거하여 작성한 것으로 주요 기준을 보면 다음과 같다.

- 화학비료, 농약을 사용하지 않는 것이 기본
- 퇴비 등으로 흙 만들기를 실시하고, 파종 또는 식재하기 전 2년 이상 사용이 금지된 농약, 비료, 토양개량자재를 사용하지 않은 포장에서 재배
- 유전자변형기술을 사용하지 않음
- 경작지 주변에서 사용 금지 자재가 날아오는 것 등에 대한 방지조치 강구
- 수확한 농산물에 유전자변형농산물이나 관행농산물 혼입 방지 등

〈표 8-24〉 유기농업 실시 현황 확인

실시 현황 확인 항목	기준
화학비료·화학합성농약 등의 사용 금지 자재의 사용 유무	다년생 식물의 수확 농산물은 최초의 수확 전 3년 이상, 그 외 농산물은 파종 또는 옮겨심기 2년 이상, 사용 금지 자재를 사용하지 않는다.
흙 만들기 실시	퇴비 등 유기질 자재 시용 기술, 녹비작물 이용기술 또는 도도부현이 정한 기술 실시
유해 동식물 방제	원칙적으로 경종적 방제, 물리적 방제, 생물적 방제 또는 이것들을 적절하게 조합한 방법만으로 유해 동식물 방제 실시
종자, 종묘 등	원칙적으로 사용 금지 자재를 사용하지 않는 등 유기재배로 생산한 종자, 종묘 등의 사용
주변에서 사용 금지 자재가 날아오거나 또는 유입되지 않도록 필요한 조치 실시	완충지대 설치 및 물관리, 기계·기구 세척 실시
유전자변형 DNA 기술 이용 유무	유전자변형 DNA 기술을 이용하지 않는다.
방사선 조사 유무	방사선 조사를 실시하지 않는다.

출처: 農林水産省, 2021f, p. 7.

② **퇴비시용**(탄소저장 효과가 높은 퇴비를 수질보전에 도움이 되도록 시용)

- 주작물의 재배기간 전이나 후에 퇴비 시용
- C/N율(탄소율, 유기물 속의 질소량에 대한 탄소량 비율) 10 이상인 퇴비(계분 등을 주원료로 하는 것은 제외)로 부숙한 것을 사용
- 퇴비 시용 후 재배하는 작물이 벼일 경우 10a당 대략 1.0톤 이상, 벼 이외의 경우 10a당 대략 1.5톤 이상의 퇴비 시용
- 토양진단을 실시한 후, 질소 성분량이 원칙적으로 도도부현의 시비 기준 등을 상회하지 않도록 적절히 퇴비 시용
- 그리고 퇴비와 그 외 사용하는 자재의 질소 및 인산의 각 성분

량 합계가 필요투입 성분량을 넘지 않도록 시비 관리계획을 세우도록 노력

③ 커버크롭 재배

- 토양에 유기물을 공급하기 위해 주작물의 재배기간 전이나 후에 재배하는데, 품질이 확보된 종자를 재배 효과가 확실하게 기대될 수 있는 파종량 이상[68]으로 파종
- 적정한 재배관리[69]를 실시한 후 수확하지 않고, 농지를 갈아 작물 전체를 토양에 환원

④ 리빙멀칭, 초생재배

- 리빙멀칭은 주작물의 고랑에, 그리고 초생재배는 과수 또는 차밭에 녹비를 재배하는데, 준수요건은 커버크롭에 준한다.

⑤ 무경운 파종

- 작물은 맥류(소맥, 두줄보리, 여섯줄보리, 쌀보리)와 대두
- 주작물에 대해 전작(前作)의 이랑을 이용하고, 이랑의 파종 부분만 땅갈이 하는 전용 파종기로 파종
- 파종 전에 경엽처리형 제초제 살포

---

68 종묘회사의 카탈로그나 도도부현의 재배기술지침 등에 기재된 표준 파종량 이상을 말한다.

69 커버크롭 재배기간은 봄·여름 파종의 경우 대체로 2개월 이상, 가을·겨울 파종의 경우에는 대체로 4개월 이상 확보해야 한다. 단, 도도부현의 재배기술지침 등에서 이보다 짧은 재배기간이 제시된 경우에는 거기에 따를 수도 있다.

⑥ 장기 중간물빼기

• 주작물은 벼이고, 벼의 생육 기간 중 논에 10a당 하나 이상의 배수로를 만들어 14일 이상 중간물빼기 실시

⑦ 가을갈이

• 주작물은 벼이고, 주작물 수확 후에 경운을 실시하며, 다음 해 봄에 모 심기 실시(담수)
• 경운은 담수 4개월 이상 이전에 실시

⑧ 지역특인활동

• 화학비료와 화학농약의 시용을 도도부현의 관행 수준에서 원칙적으로 50% 이상 줄임
• 지구온난화 방지, 생물다양성 보전, 그리고 그 외 도도부현 지사가 필요하다고 인정하는 지역 환경보전 조치로서 효과가 크다고 인정하는 활동 실시
• 지역특인활동은 지역의 환경, 농업실태 등을 고려해 실시하는 것으로 도도부현 지사가 지방농정국장에게 신청해 허가를 받음
• 2021년도에 전국 47개 도도부현 가운데 34개 지역에서 겨울철 담수관리, 종합 병충해 · 잡초관리(IPM), 완효성 비료 사용 등 다양한 특인활동 설정[「環境保全型農業直接支払交付金実施要領」(2021.4. 개정) 別表1].

(8) 지급단가 및 직불금

대상활동에 대한 지급단가는 친환경 영농활동을 실시함으로써 늘어나는 비용을 고려하여 설정한다(〈표 8-25〉 참조). 유기농업의 지급단가는 메밀 등 잡곡과 사료작물 이외의 작물은 10a당 1만 2천 엔이고, 지구온난화 방지에 공헌하기 위해 '탄소저장 효과가 큰 유기농업'을 실시할 경우 2천 엔을 가산하여 1만 4천 엔을 지급한다. '탄소저장 효과가 큰 유기농업'을 선택할 경우 반드시 토양진단과 함께 퇴비시용, 커버크롭, 리빙멀칭 또는 초생재배 중 하나를 선택하여 실시한다. 그리고 유기농업에서 메밀 등 잡곡과 사료작물의 단가는 3천 엔이다. 제1기 대책에서는 유기농업 단가를 작물 구분 없이 10a당 8천 엔으로 설정했는데, 제2기 대책에서 비용 등을 고려하여 작물별로 단가를 구분했다.

퇴비시용의 단가는 제1기 대책 때와 마찬가지로 10a당 4,400엔이고, 커버크롭의 단가는 이전에 비해 2천 엔이 줄어든 6천 엔이다. 그리고 그 외 제2기 대책에서 새롭게 전국공통활동으로 추가된 활동들의 지급단가는 〈표 8-25〉와 같다. 지역특인활동은 지역에 따라 실시하는 활동이 다르고, 교부단가도 다른데, 최저 2,800엔에서 최고 8,400엔이다[「環境保全型農業直接支払交付金実施要領」(2021.4. 개정) 別表1].

직불금은 대상활동이 이루어진 농지의 면적에 따라 단가를 적용하여 지급하는데, 중앙정부와 지자체가 50%씩 부담한다. 단, 중앙정부는 지자체의 부담을 줄이기 위해 소요 예산에 대해 지방재정조치를 실시한다.

직불금 배분은 유기농업 등의 전국공통활동을 우선으로 하고, 남는 예산 범위 내에서 도도부현이 자유롭게 운영하도록 제2기 대책에

〈표 8-25〉 활동별 지급단가

대상 활동			지급단가
전국 공통 활동	유기 농업	메밀 등 잡곡, 사료작물 이외(이 중 탄소저장 효과가 큰 유기농업을 실시하는 경우)	12,000엔/10a (14,000엔/10a)
		메밀 등 잡곡, 사료작물	3,000엔/10a
	퇴비시용		4,400엔/10a
	커버크롭		6,000엔/10a
	리빙멀칭(이 중 소맥·대맥 등)		5,400엔/10a (3,200엔/10a)
	초생재배		5,000엔/10a
	무경운 파종		3,000엔/10a
	장기 중간물빼기		800엔/10a
	가을갈이		800엔/10a
지역특인활동			도도부현이 설정

주: 지급단가는 중앙과 지자체가 50%씩 부담
출처: 農林水産省, 2021f, p. 5.

서 개정되었다. 그리고 본 제도는 예산의 범위 내에서 직불금을 지급하는 방식으로 운영되므로 전국 총 신청액이 예산액을 초과할 경우 직불금이 축소될 수 있다.

(9) 직불금 반환

시정촌장은 지급조건을 충족하지 못한 것이 확인되면 확인된 면적에 해당하는 직불금의 반환을 요구한다. 특히 면적의 허위신고 등과 같은 부정행위나 질이 매우 나쁜 사안에 대해서는 직불금 전액 또는 일부 반환을 명령하고, 다음 연도 이후의 사업 참여를 제한할 수 있다.

2) 추진 체계

(1) 사업계획 및 영농활동계획서 제출 · 인정

환경보전형 농업 직불제 사업에 참여하는 농업인 단체 등은 원칙적으로 5년간을 실시 기간으로 하는 사업계획을 작성하여 영농활동계획서와 함께 시정촌에 제출한다(〈그림 8-9〉 참조). 유기농업을 실시하는 농업인 단체 등은 대상 농업인별로 농장관리 시트, 현지 확인 체크리스트를 추가로 매년 제출한다.

시정촌은 제출된 서류를 심사하여 타당하다고 인정되면 사업계획

① 5년간의 사업계획, 영농활동계획서 제출·인정(2021년 6월 말까지)

- 농업인 단체의 구성원이 실시하는 대상 활동의 총면적, 추진활동 계획을 기재하여 제출하고, 시정촌으로부터 계획 인정을 받음

② 매년 교부신청서 제출(시정촌이 정하는 날까지), 활동 실시

- 직불금을 받기 위해 교부 예정 금액 등을 기재하여 제출
- 대상활동, 추진활동 실시
- 국제수준 GAP 실시

③ 실시 상황보고서 등 제출(2022년 1월 말까지)

- 농업인 단체의 구성원별로 실시 면적, 국제수준 GAP 실시 내용, 농업인 단체가 실시한 추진활동을 기재하고, 생산기록 등의 필요서류를 함께 제출

④ 실적보고서 제출(시정촌이 정한 날까지)

- 직불금 사용 용도 등을 기재하여 제출 (도도부현, 시정촌이 내용을 확인한 후 직불금 지급)

⑤ 영농활동실적보고서 제출(2022년 4월 말까지)

- 실시 상황보고서의 변경내용을 기재하여 제출

〈그림 8-9〉 농업인 등의 신청 및 보고 절차

출처: 農林水産省, 2021f, p. 15.

을 인정하고, 결과를 농업인 단체 등에 통보한다. 그리고 인정 통보를 받은 농업인 단체 등은 시정촌에 직불금 신청서를 제출하는 한편, 사업계획에 따라 활동을 실시한다. 직불금은 사업 기간 중 1년 단위로 수령하므로 매년 시정촌이 정한 기일까지 지급신청서를 제출한다.

(2) 실시 상황보고서 등 제출

농업인 단체의 구성원 등이 실시한 지원대상활동과 추진활동을 기재한 실시 상황보고서를 사업 실시 기간 중 매년 1월 말까지 시정촌에 제출한다. 이때 지원대상 농업인의 생산과정 등에 사용한 비료, 농약, 도입한 기술 등 대상활동 내용을 기재한 생산기록, GAP 이해도·실시내용 확인서, GAP 지도·연수 등의 수강증명 서류, 기타 시정촌 등이 요구하는 서류 등도 함께 제출한다. 그리고 유기농업을 실시할 경우에는 토양개량 자재, 농약 등 사용 자재에 관한 증명서류 등의 사본, 그리고 탄소저류 효과가 큰 유기농업의 경우에는 토양진단 결과 서류의 사본을 각각 제출한다.

(3) 실시 상황 확인

지원을 받은 활동의 실시 상황에 대해서는 시정촌이 확인작업을 실시하는데, 확인작업은 농업인 단체 등이 제출한 신청서류와 첨부서류의 서면심사를 기본으로 하고, 다음과 같은 방법을 통해 보완한다.

첫째, 현지점검에 의한 확인이다. 시정촌은 유기농업 활동에 대해 현지방문 점검을 실시한다. 그리고 그 외 화학비료·화학합성농약의 50% 저감조치, 커버크롭 재배 상황, 리빙멀칭 등의 활동에 대해서는 필요할 경우 현지방문 점검을 실시하고, 농업인 단체가 시정촌에 제출한 경작지 사진 확인으로 현지점검을 대체할 수 있다.

둘째, 무작위 추출에 의한 보관서류 확인이다. 시정촌은 지원대상 농업인을 무작위 추출하여 농업인 단체 등이 보관하는 해당 농업인에 관한 서류를 확인한다. 단, 해당 시정촌에서 지원대상 농업인의 합계가 5인 미만인 경우에는 전원을 대상으로 실시한다.

시정촌 및 도도부현은 교부금 지급에 관한 확인업무를 다음과 같은 요건을 충족하는 조직에 위탁할 수 있다.

- 법인격
- 실시 확인에 필요한 기술적 능력
- 실시 확인을 적정하게 하기 위한 절차, 체제 등에 관한 규정 등
- 대상활동에 직접 관여하지 않은 제3자에 의한 객관적인 확인체제 확보

이와 같은 시정촌의 확인 방법 외에 도도부현 등의 농산물인증제도 또는 「농림물자의 규격화 및 품질표시의 적정화에 관한 법률」(일반적으로 「JAS 법」이라고 함) 제16조의 등록인증기관에 의한 유기농산물의 생산행정관리자 인증에서 생산기록 등의 확인이 이루어질 경우 해당 확인항목의 전부 또는 일부가 확인된 것으로 대체할 수 있다.

(4) 사업실적 등의 보고

농업인 단체 등의 대표자는 매년 사업실적을 다음 연도 4월 말까

지 시정촌장에게, 시정촌장은 5월 15일까지 도도부현 지사에게, 도도부현 지사는 5월 말까지 지방농정국장에게 각각 보고한다.

(5) 서류보관

농업인 단체 등은 ① 지급대상 농지면적을 확인할 수 있는 서류, ② 추진활동 실시 내용 등을 파악할 수 있는 서류, ③ 주작물의 출하·

〈표 8-26〉 증거서류 보관

대상		증거서류
공통 증거서류		• 경작면적 등 확인 가능한 서류(직불금 산정 근거 서류) • 추진활동의 실시 내용 등을 알 수 있는 서류 • 주작물의 출하·판매전표 등의 사본(실시 면적이 10a 이상의 경우는 생략 가능) • GAP 실시 내용을 알 수 있는 서류(장부 사본, 사진 등) • 특별재배농산물 등의 인증을 받은 경우에는 인증서 사본
대상 활동별 증거 서류	퇴비시용	• 퇴비 구입 전표 등의 사본 • 퇴비의 성분증명서 등의 사본 • 토양진단 결과 서류 사본 • 시비관리계획(작성한 경우) 사본
	커버크롭 리빙멀칭 초생재배	• 커버크롭, 리빙멀칭 또는 초생재배의 종자 구입량을 증명하는 구입 전표 등의 사본 • 표준적인 파종량을 증명하는 카탈로그 등의 사본
	무경운 파종	• 파종 전에 적정하게 제초제가 살포된 것을 증명하는 구입 전표 등의 사본
	탄소저장 효과가 큰 유기농업 (가산조치 실시)	• 퇴비시용, 커버크롭, 리빙멀칭 또는 초생재배를 실시한 경우에 필요한 서류
	지역특인활동	• 도도부현이 필요하다고 인정하는 서류

주: 무상으로 퇴비를 입수한 경우에는 전표 등 거래내용을 알 수 있는 서류 등으로, 그리고 자급퇴비의 경우에는 퇴비 원료 및 양, 퇴비 제조 기간 및 장소, 제조한 퇴비량 등을 기재한 서류로 대체 가능

출처: 農林水産省, 2021f, p. 18.

판매전표, ④ 「GAP 이해도·실시내용 확인서」에 기재한 GAP 조치를 증명하는 서류 등과 대상활동별 증거서류(〈표 8-26〉 참조)를 보관하고, 도도부현 또는 시정촌에서 관련 서류 제출 요구가 있으면 제출한다.

지불 관련 증거서류, 경리서류, 지급신청의 기초서류는 5년간 보관한다.

(6) 사업평가

중앙정부와 도도부현은 5년간 실시하는 환경보전형 농업 직접지불금의 효과적인 운용을 위해 농림수산성과 도도부현 단계에 각각 제3자 위원회를 설치하여 중간년 평가와 최종평가를 실시한다.

도도부현 지사는 시정촌의 협력을 받아 도도부현의 제3자 위원회에서 사업실시 상황 점검과 평가를 실시하고, 그 결과를 농림수산성 지방농정국장 등을 경유하여 생산국장에게 보고한다. 그리고 보고를 받은 농림수산성 역시 제3자 위원회에서 전국의 사업실시 상황 점검과 효과 등을 검토하고, 사업평가를 실시한다(〈그림 8-10〉 참조). 농림수산

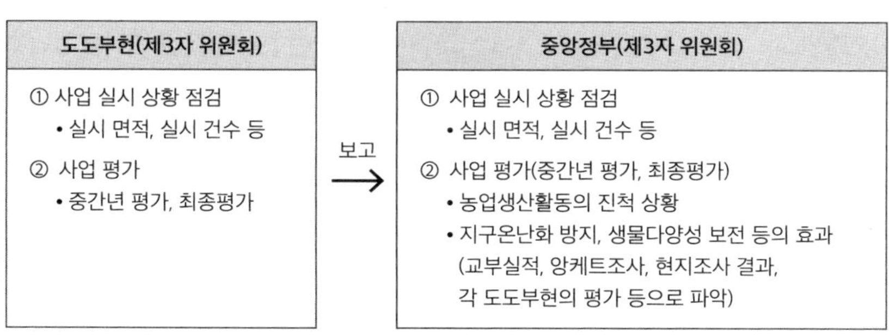

〈그림 8-10〉 제3자 위원회의 검토 사항 및 보고 관계

출처: 農林水産省, 2021i.

성은 사업의 평가 결과와 친환경농업을 둘러싼 제반 상황변화 등을 검토하여 사업종료 후 제도 전체에 대해 재검토를 실시한다. 필요할 경우에는 사업 실시 기간 중에도 재검토를 할 수 있다.

사업평가는 다양한 항목에 대해 다양한 형태로 이루어지는데, 한 가지 주목할 점은 지구온난화 방지와 생물다양성 보전의 효과 등 환경보전 효과에 대한 평가 실시다. 직불금제도의 효과적인 추진을 위해서는 정책효과를 정량적으로 파악하는 것이 중요하다. 그런데 환경보전형 농업 직불금제도 실시가 지구온난화 방지나 생물다양성 보전이라는 목적 달성에 어느 정도 효과가 있는지를 정량적으로 파악하는 것은 사실 용이한 일이 아니다. 일반적으로 사업 참여 농가 수, 실시 면적, 실시 건수 등을 평가지표로 고려할 수 있는데, 이와 같은 지표들은 동 사업이 목적으로 하는 효과를 정확하게 나타내는 지표라고는 말할 수 없다. 이에 농림수산성은 지구온난화 방지나 생물다양성 보전을 위한 사업의 활동효과를 파악하는 수법을 개발하여 사업평가에 활용하고 있다.

제1기 대책의 경우[70] 지구온난화 방지 활동의 효과계측을 위해 개량 RothC모델(Rothamsted Carbon Model)을 활용한 「토양의 CO_2 흡수량 가시화(土壌のCO_2吸収量「見える化」)」[71] 사이트를 이용하거나 또는 동 사이트를 이용할 수 없는 그 외 활동은 전문가의 의견을 들어 계산식을 설정하여 조사했다(農林水産省, 2019h). 조사 결과 실시한 활동으로 인해 온실가스가 줄어든 것이 확인되면(화학비료 50% 감소에 의한 온실가스 삭감

---

70 제1기 대책에서는 지구온난화 방지 효과와 생물다양성 보전 효과에 대한 조사를 2017년도와 2018년도에 각 2회씩 실시했다.

71 「토양의 CO_2 흡수량 가시화」는 토양이나 기상 등과 같은 데이터를 활용하여 향후 20년간의 토양산소량 증감을 계산하여 그래프로 표시하는 방식이다.

량 0.03tCO_2/ha/년을 초과하는 것) "효과가 크다", 확인되지 않으면 "효과가 적다"로 평가했다.

생물다양성 보전 활동의 효과에 대해서는 「농업에 유용한 생물다양성의 지표생물조사·평가 매뉴얼(農業に有用な生物多様性の指標生物調査·評価マニュアル)」[72]로 측정이 가능한 활동의 경우 동 매뉴얼을 활용하여 평가하고, 동 매뉴얼을 활용할 수 없는 그 외 활동은 전문가의 의견을 참조하여 별도의 조사 방법으로 평가했다. 동 매뉴얼에 의한 종합평가는 활동의 효과를 S, A, B, C의 4단계로 구분하여 S 또는 A 평가의 경우 "효과가 크다", B 또는 C 평가의 경우 "효과가 적다"로 판정했다. 생물다양성 보전 효과 조사의 결과 "효과가 적다"고 판정된 조치에 대해서는 1회에 한해 재조사를 실시하고, 해당 조사 결과로 평가를 실시한다. 실적이 없어 조사가 이루어지지 않은 경우 "효과가 적다"로 평가한다.

농림수산성은 제2기 대책에서 이와 같은 환경보전형 농업 직불금제도의 환경보전 효과에 대한 평가조사를 확대할 계획이다. 농림수산성은 제1기 대책에서 경작지 내에서의 생물다양성 보전 효과는 높은 것으로 나타났으나 지역 차원(경작지 주변)의 생물다양성 보전 효과는 파악하지 못했다고 평가하고, 제2기 대책에서 생물다양성 보전 효과의 향상과 지역 차원의 생물다양성 보전 효과를 파악하기 위한 조사를

72 농림수산성은 2008년도부터 「농업에 유용한 생물다양성의 지표 및 평가수법의 개발」 연구를 시작하여 2012년 「농업에 유용한 생물다양성의 지표생물조사·평가 매뉴얼(農業に有用な生物多様性の指標生物調査·評価マニュアル)」을 공개했고, 이후 관련 연구를 계속 추진하여 2018년 「조류 친화적인 논을 알 수 있는 생물다양성의 조사·평가 매뉴얼(鳥類に優しい水田がわかる生物多様性の調査·評価マニュアル)」, 그리고 같은 해 「물고기가 살기 편한 농업수로를 목표로 농업수로의 어류조사·평가 매뉴얼(魚が棲みやすい農業水路を目指して～農業水路の魚類調査·評価マニュアル)」 등을 공개했다.

실시하기로 했다. 그리고 생물다양성 보전 효과에 대한 조사 수법으로 제1기 대책에서 활용한 「농업에 유용한 생물다양성의 지표생물조사·평가 매뉴얼」 외에 벼를 대상으로 「조류 친화적인 논을 알 수 있는 생물다양성의 조사·평가 매뉴얼(鳥類に優しい水田がわかる生物多様性の調査·評価マニュアル)」도 활용하기로 계획을 세웠다(農林水産省, 2021c).

3) 실시 상황 및 평가

(1) 실시 상황

제1기 대책의 최종 연도인 2019년도 환경보전형 농업 직접지불금 사업실시 상황을 보면 사업실시 시정촌은 전체 시정촌의 52%인 887곳이고, 실시 건수는 3,479건, 실시 면적은 79,839ha, 그리고 지불액은 45억 4,331만 엔이었다(〈표 8-27〉 참조). 처음 실시된 2015년도와 비교해

〈표 8-27〉 환경보전형 농업 직접지불제 실시 상황

구분	2015	2016	2017	2018	2019	2020
전체 시정촌 수(a)	1,718	1,718	1,718	1,718	1,718	1,718
실시 시정촌 수(b)	872	888	899	885	887	841
b/a(%)	51	52	52	52	52	49
실시 건수	4,081	3,740	3,822	3,609	3,479	3,155
실시 면적(ha)	74,180	84,566	89,082	79,465	79,839	80,789
지불액(천 엔)	4,212,808	4,577,614	4,588,807	4,514,224	4,543,309	4,451,324

출처: 農林水産省, 각 연도a.

보면 실시 건수는 14.8% 줄어든 반면, 실시 시정촌은 1.7%, 실시 면적은 7.6%, 지불액은 7.8% 늘어났다.

그리고 제2기 대책의 첫해인 2020년의 실시 상황은 전년도에 비해 실시 면적만 1.2%(950ha) 늘어났을 뿐 실시 시정촌, 실시 건수, 지불액은 모두 줄어들었다.

한편 2020년도 지원대상 활동별 실시 면적을 보면 지역특인활동이 25,959ha(전체의 32%)로 가장 큰 비중을 차지했고, 그다음은 퇴비시용 19,127ha(24%), 커버크롭 18,596ha(23%), 유기농업 10,986ha(14%) 순이었다(〈표 8-28〉 참조).

〈표 8-28〉 지원대상 활동별 실시 면적

(단위: ha, %)

활동		실시 면적	구성 비율
전국 공통 활동	퇴비 시용	19,127	24
	커버크롭	18,596	23
	리빙멀칭	2,196	3
	초생재배	60	0.1
	무경운 파종	259	0.3
	장기 중간물빼기	3,043	4
	가을갈이	564	1
	유기농업	10,986	14
지역특인활동		25,959	32
합계		80,789	100

출처: 農林水産省, 2021j.

2020년도 작물별 실시 면적을 보면 수도(水稻)가 55,679ha(전체 면적의 69%)로 가장 큰 비중을 차지했고, 그다음은 맥류·두류 10,236ha(13%), 화훼·기타 7,191ha(9%) 순이었다(〈표 8-29〉 참조).

〈표 8-29〉 작물별 실시 면적

(단위: ha, %)

작물	실시 면적	구성 비율
수도	55,679	69
맥류·두류	10,236	13
서류·채소류	5,986	7
과수·차	1,697	2
화훼·기타	7,191	9
합계	80,789	100

출처: 農林水産省, 2021j.

(2) 실시 평가

앞에서 설명했듯이 농림수산성은 5년간 실시한 사업활동에 대해 지구온난화 방지 효과와 생물다양성 보전 효과를 평가하는데, 2015~2019년 실시한 제1기 대책의 효과는 높은 것으로 나타났다.

지구온난화 방지 활동에 대해 「토양의 CO_2 흡수량 가시화」 사이트 또는 시산식을 활용하여 2017년도와 2018년도에 실시한 조사 결과(〈표 8-30〉 참조)에 따르면 일부 조치의 경우(완효성 비료×장기물빼기 조치 가운데 완효성 비료 투입 실시 등) "효과가 낮다"고 평가되었지만, 전체적으로는 효과가 높은 것으로 평가되었다. 그리고 대상활동 전체의 온실가스 감소량은 연간 총 143,393tCO_2인 것으로 추계되었다.

〈표 8-30〉 지구온난화 방지 효과 평가

대상활동 종류		조사 건수	단위당 온실가스 감소량 (tCO_2/ha/년)	실시 면적(ha) 2018년도 실적	(참고 시산) 온실가스 감소량 (tCO_2/년)
전국 공통 활동	유기농업	48	0.93	13,471	12,528
	커버크롭	465	1.77	18,833	33,334
	퇴비시용	385	2.26	18,316	41,394
지역 특인 활동	리빙멀칭	34	1.02	1,561	1,592
	초생재배	30	1.09	141	154
	풀 깔아주기용 자연초지(敷草用半自然草地) 육성관리	1	1.72	3	5
	무경운 파종	1	1.00	21	21
	완효성 비료×장기물빼기	3	(완효성 비료) 0.01 (장기물빼기) 2.19	5,936	59 13,000
	완효성 비료×무경운	2	(완효성 비료) 0.31 (무경운) 1.00	333	103 333
	완효성 비료×심경	1	(완효성 비료) 0.72 (심경) 무평가	1	1 –
	IPM×장기물빼기	3	3.87	6,523	25,244
	IPM×심경	7	6.85	2,281	15,625

주: IPM×장기물빼기 및 IPM×심경은 장기물빼기와 심경 활동에서의 지구온난화 방지 효과 평가
출처: 農林水産省, 2019f, p. 34.

생물다양성 보전 활동 효과에 대해 2017년과 2018년 두 차례에 걸쳐 「농업에 유용한 생물다양성의 지표생물조사·평가 매뉴얼」로 조사한 결과를 보면 활동을 실시한 전체 구역에서 '생물다양성이 매우 높음' 단계인 S와 '생물다양성이 높음' 단계인 A가 88%를 차지하고, 각각의 조치에서도 높은 효과가 있었던 것으로 나타났다(〈그림 8-11〉 참조).

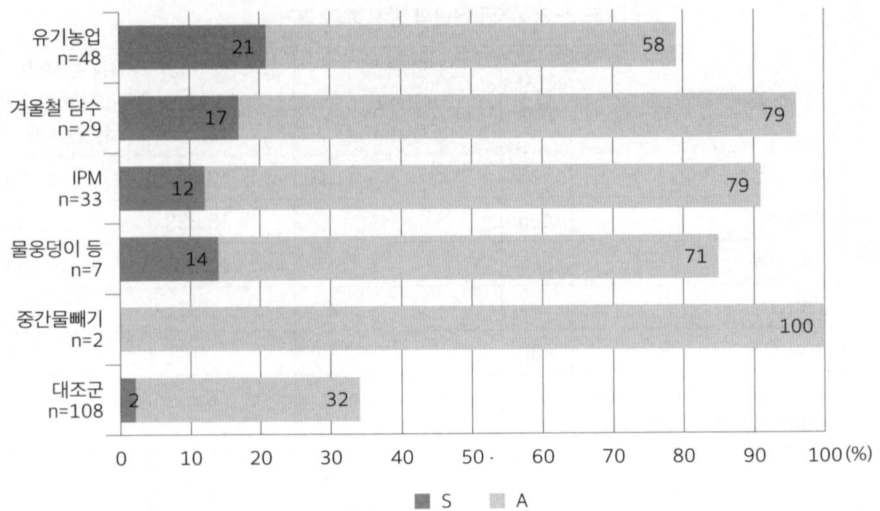

주) S: 생물다양성이 매우 높음. 활동을 계속하는 것이 바람직함.
A: 생물다양성이 높음. 활동을 계속하는 것이 바람직함.
B: 생물다양성이 약간 낮음. 활동의 개선 필요
C: 생물다양성이 낮음. 활동의 개선 필요

〈그림 8-11〉 생물다양성 보전 효과 평가

출처: 農林水産省, 2019f, p. 38.

맺는말

2022년 3월에 치러진 제20대 대통령 선거에서 직불제는 후보들의 주요한 농정공약의 하나로 제시되었다. 그것은 직불제가 농업계에서 그만큼 중요한 위치를 차지하고 있다는 것을 단적으로 나타내는 것인데, 아쉬운 것은 직불제를 활용해서 어떤 농정 목적을 이루겠다는 구체적인 언급이 없다는 것이다. 직불제를 단지 소득지원의 도구로만 인식하는 우리나라 농정의 전반적인 현실을 나타내는 것이다.

직불제가 우리나라 농정에서 중요한 부분을 차지하고 있음에도 불구하고 그동안 직불제와 관련된 논의는 주로 농업분야 전문연구자들과 정책 담당자들만이 참여하는 영역이었다. 농업인의 참여는 현실적인 상황이나 자신들의 요구사항을 전달하는 수준에 그쳤다고 해도 과언이 아니다. 특히, 직불제에 대한 문헌들이 주로 연구보고서나 정책 토론회에서 발표되었기 때문에 농업인들이나 활동가 또는 관련 업체 종사자들이 손쉽게 그 내용을 알기 어려웠던 것이 현실이었다. 따라서 직불제가 이미 세계 여러 국가에서 중요한 농정 수단으로 운용되고 있음에도 불구하고 우리나라에서는 이에 대한 다양한 관련 주체들의 광범위한 논의 전개가 이루어지기 어려운 상황이었다.

그래서 이 책은 무엇보다도 직불제 선진국인 EU와 다소 뒤늦게 제도를 도입한 일본에서 직불제가 어떻게 활용되고 있는지를 좀 더 자세하게 전달하는 데 초점을 맞추었다. 즉, 이 책을 활용해서 농업인들과 일반인들이 직불제와 관련된 논쟁과 이를 정책으로 추진했을 때 고려해야 하는 것이 무엇인지를 잘 이해할 수 있도록 했다. 그리고 EU와 일본의 직불제에 대한 전반적인 내용을 설명하는 정책문헌과 세부적인 법 규정을 조사해서 되도록 자세하게 설명하려고 노력했다.

직불제 도입과정에서 세계적인 논쟁으로 번진 농업의 다원적 기능에 대한 논의는 좀 더 특별히 자세하게 논쟁을 소개했고, 이것을 국내에서 공익적 가치로 전환하면서 잘못 해석된 부분에 대해서도 지적했다. 직불제를 단지 정부 예산에서 직접 현금으로 보조금을 주는 정책이라고 인식했던 것에 대해서는 직불제에 대한 다양한 개념 정의와 이에 대한 세부적인 논쟁을 소개해서 직불제 개편이라는 것이 단지 아이디어 수준에서 개편되는 정책이 아니라 세밀한 이론적 근거를 갖고 추진되는 정책임을 밝혔다. EU와 일본의 사례는 정책의 전환과정에서 국가와 사회의 현실적인 상황을 고려하면서도 정책 개혁의 이론적 기반을 명확히 제시하여 국민을 설득하고 있다는 것을 보여주는 한 사례로 주목할 필요가 있다고 생각한다.

이와 같이 직불제와 관련된 이론적인 부분과 EU와 일본의 사례를 통해서 우리가 얻을 수 있는 시사점이 무엇인지를 정리해보면, 먼저, 직불제는 농업인에게 소득을 지원함으로써 특정한 정책적 목적을 달성하기 위해서 도입되는 제도라는 점을 인식해야 한다. 즉, 단순히 소득 지원 자체가 목적이 되어서는 안 된다는 것이다. EU에서는 1992년에 처음 도입할 때부터 경종작물 재배 농업인들이 정부의 시장지지 가격 정책에 더 이상 의존하지 말고 자신들의 판단에 따른 시장지향적 생산으로 전환하라는 것을 알려주기 위해서 시작한 것이다. 즉, 장기적인 EU 농정의 전환 방향을 알려주고 농업인들이 서서히 대비하게 하려고 도입한 것이다. 20여 년이 지난 지금에서 보면, EU는 자신들의 정책적인 지향을 그대로 실천하고 있는 것이라고 할 수 있다. 일본의 경우 직불제 실시 역사가 짧아 여러 가지 문제점이 노출되고 있지만 경영소득안정대책에서 환경과의 조화와 농지의 유효 이용, 품질에 따른 지급단가 설정, 그리고 농업의 다원적 기능을 높이는 다양한 활동의 실시 요구 등은 눈여겨볼 필요가 있는 부분이다. 따라서 직불제는 본질적으로 농업인들의 농업보조금에 대한 의존성을 장기적으로 약화시키기 위해서 도입하는 시장지향적 성격의 정책임을 명확하게 인식해야 할 것이다.

둘째, 직불제는 정책 목적을 달성할 수 있는 대상 주체들이나 행위를 명확하게 제시하여 정책의 성과를 직접적이고 가시적으로 높일 수 있는 정책임을 인식해야 한다. 즉, 정책 담당자에게는 본인들이 추진하는 정책의 성과를 높일 수 있는 매우 효과적인 정책 수단인 것이다. 이러한 직불제의 성격을 잘 활용하기 위해서는 농업인들의 농업활동을 어떤 방향으로 어떻게 전환하도록 해야 새로운 정책 목적을 달성할 수 있는지를 사전에 명확하게 인식하고 있어야 한다. 이와 관련해서는 관련 분야에 대한 과학적 연구 결과뿐만 아니라 농업인들의 현장

경험이 전반적으로 잘 확산되어 있어야 무리 없이 정책을 적용할 수 있다. 그리고 직불제의 성과를 객관적으로 평가할 수 있는 평가시스템을 구축하여 지속적으로 평가하고, 평가결과를 신속하게 제도 개선에 반영하는 작업이 반드시 필요하다.

셋째, 직불제의 적용 범위가 점점 확대되고 있다는 것이다. 초기에는 시장지지가격 하락에 대한 보상으로만 고려되었지만 이후 조건불리지역 직불제와 같이 지역적 격차에 대한 보상으로 확대되고 나서 농업의 환경보전 활동 분야 전반에 걸쳐서 확대되었다. 그리고 이제는 청년농직불제와 같이 농업구조정책에도 적용되고 있고, 생산연계지원제도와 같이 특정 품목에 대한 생산과 연계되는 직불로도 활용되고 있다. 즉, 농업인에 대한 소득지원을 매개로 다양한 정책 목표를 달성하는 데 사용하고 있는 것이다.

마지막으로, 직불제 정책은 농업인과 국가가 직접적으로 대면하는 정책인데 이 정책을 효과적으로 집행할 수 있도록 하기 위해서는 농업인과 국가의 중간에서 다양한 기관들의 활동이 필수적이다. 단지, 행정절차에 포함되어있는 기관만으로는 농업 활동과 농촌환경에 대한 전문성이 떨어져서 직불제를 효율적으로 수행하기 어려운 것이다. EU에서는 이를 위해 EU 차원의 직불제 담당 기구도 만들었지만, 개별 회원국에서는 전담기구와 함께 농업인들의 활동에 대해 자문해주는 기관도 설립했다. 여기에는 전문연구자, 행정 담당자뿐만 아니라 전직 농업인들도 참여하고 있어서 농업인들이 현장에서 겪는 어려움을 잘 해결할 수 있도록 하고 있다.

우리나라에서도 이제 직불제가 전반적으로 확대되는 단계에 돌입했다고 할 수 있다. 농식품부 입장에서는 직불제 확대를 위해서 기재부 예산 담당자들을 설득시키는 것이 일차적인 과제겠지만, 관련 정책에 대한 인식이 전국적으로 확산되면, 담당 공무원을 설득시키는 것은 큰일이 아닐 것이다. 이를 위해서는 직불제의 효과에 대해 다양한 연구를 수행하도록 지원하고 이를 정책 토론회나 세미나로 확산시켜서 직불제를 이해하는 사람을 점차적으로 늘리는 것이 필요하다. 직불제 정책에 대한 일반적인 논의가 자주 이루어지면, 직불제는 그제서야 농정의 가장 핵심적인 정책으로 그 위상이 정립될 것이다.

참고문헌

2장. 농업의 공익적 가치 개념 정립

공기서 · 이충열 · 이명훈(2013), “기후변화를 고려한 논농업의 다면적 기능 가치”, 「농업경영정책연구」 40(2): 352-380, 한국농식품정책학회.

김광임(2006), “농촌 경관 보전에 대한 지불의사액 추정: 경기도 지역을 중심으로”, 「환경정책」 14(2): 37-55, 한국환경정책학회.

김용렬 · 정학균 · 민자혜(2013), “농업 농촌의 공익적 가치에 관한 국민 지불의사와 지불금액평가”, 「KREI 농정포커스」 53, 한국농촌경제연구원.

김태곤 외(2010), 『공익형직불제 세부실시 프로그램 연구』, 농림수산식품부.

김태연(2015), “농정패러다임 전환, 그 방향과 방법”, 「시선집중」 200, GS&J Institute.

______(2015), “한국농업의 다면적 기능: 그 불편한 진실”, 「시선집중」 190, GS&J Institute.

______(2016), “우리나라 농정개혁의 필요성과 방향”, 「농업 · 농촌의 길 2016」 발표 자료, GS&J Institute.

김태연 외(2017), “농업의 존재이유 구현을 위한 공익형 직불”, GS&J Institute.

김태훈 외(2018), 『농업직불제 개편 세부추진 방안: 공익형 직불제 확대 개편』, 한국농촌경제연구원.

박준기(2019), “직불제를 다시 생각한다”, 「농업전망 2019 발표자료집」, 한국농촌경제연구원.

신용광 · 이상영 · 김영(2004), “농촌 다면적 기능의 경제적 가치와 편익이전”, 「농촌계획」 10(1): 1-7, 한국농촌계획학회.

오세익 · 김수석 · 강창용(2001), 「농업의 다면적 기능의 가치평가 연구」, 농림부.

유진채(1999), “농업의 시장과 비시장적 총합가치 평가모델 개발: 조건부가치측정법을 중심으로”, 「농업정책연구」 26(1): 3-12. 한국농업정책학회.

유찬희(2018), “다면적 기능의 이론적 검토”, 「농정연구센터 월례세미나 발표자료」, 2018.2.8, 농정연구센터.

유찬희 · 이명기 · 남숙경 · 임정빈 · 심영규 · 김상태(2017), 「주요 국가의 다면적 기능 관련 법 · 제도 현황 분석 및 국내 활용 방안 연구」, 한국농촌경제연구원.

임정빈(2017), “우리나라 농업직불제 개편의 필요성과 방향”, GS&J Institute.

허남혁 외(2013), 『직불금 제도 개선방안 연구: 최종보고서』, 충남연구원.

Cahill, C. (2001), *The Multifunctionality of Agriculture: What Does It Mean? The Multifunctionality Word*, Spring 2001 Edition.

Dijk, G. (1995), “Policy failure and endogenous development in European agriculture,” Ch. 4, in Ploeg and Dijk (eds.): *Beyond Modernization: The Impact of Endogenous Rural Development*, Van Gorcum, Asses.

European Commission (1968), *Memorandum on the Reform of Agriculture in the European Economic Community*, COM(68) 1000, Commission of the European Community.

______(2003), “Council Regulation (EC) No. 1782/2003 of 29 September 2003 establishing common rules for direct support schemes under the common agricultural policy and establishing certain support schemes for farmers and amending Regulations (EC) No 2019/93, (EC) No 1452/2001, (EC) No 1453/2001, (EC) No 1454/2001, (EC) No 1868/94, (EC) No 1251/1999, (EC) No 1254/1999, (EC) No 1673/2000, (EEC) No 2358/71 and (EC) No 2592/2001,” *Official Journal of the European Communities*, L 270, p. 1-69, Brussels, Commission of the European Community.

FAO (1999), Issues Paper: “The Multifunctional Character of Agriculture and Land,” Paper prepared for FAO/Netherlands Conference on “The Multifunctional Character of Agriculture and Land” 12-17 Septermber 1999, Maastrict, The Netherlands, Food and Agriculture Organization of the United Nations.

House of Common (2002), *The Role of DEFRA*, Tenth Report of Session 2001-02, Environment, Food and Rural Affairs Committee, House of Commons, HC 991, The Stationery Office, London.

Jack, B. (2009), *Agriculture and EU Environmental Law*, Surrey, Ashgate.

OECD (2001), *Multifunctionality: Towards an Analytical Framework*. OECD Publishing.

Ollikainen, M. and Lankoski, J. (2005), “*Multifunctional Agriculture: The Effect of Non-public Goods on Socially Optimal Policies*.” Paper prepared for presentation at the XIth International Congress of the EAAE, ‘The Future of Rural Europe in Global Agri-Food System.; Gopenhagen Denmark, August 24-27.

Sociaal-Economische Raad (2008), *CAP Reform and Public Services of Agriculture, Advisory Report*, 08/05e, Hague, Sociaal-Economische Raad in the

Netherlands.

van Huylenbroeck, G., Vandermeulen, V., Mettepenningen, and E., Verspecht (2007), *Multifunctionality of Agriculture: A Review of Definitions, Evidence and Instruments*. Living Review Landscape Research. vol. 1. No. 3, 2007.

3장. 직접지불제의 기본 개념

김태연(1994), 「EU 공동농업정책의 구조정책 변화에 관한 연구: 직접소득보조정책을 중심으로」, 고려대학교 석사학위논문.

_____(2016), "우리나라 농정개혁의 필요성과 방향", 「농업·농촌의 길 2016: 발표 자료」, GS&J Institute.

신원상(2018), 「직접지불제의 개념적 차이에 따른 예산 편성 체계 분석」, 단국대학교 석사학위논문.

한국농촌경제연구원(1994), 『우루과이라운드 농업협정문 해설』, 한국농촌경제연구원.

失口芳生(1992), "EC担い手對策から何を學ぶか", 「農業と經濟」 58(10).

Bergmann, D. (1972), "European agricultural policy: a French viewpoint," in Priebe, H., Bergmann, D. and Horring, J. (eds.): *Fields of Conflict in European Farm Policy*, Agricultural Trade Paper No. 3, Trade Policy Research Centre, London.

Brandow, G. (1977), "Policy for commercial agriculture," in Martin, L. (ed.), *A survey of agricultural economics literature 1940s-70s*, Vol. 1, Minnesota Press.

Harris, S., Swinbank, A., & Wilkinson, G. (1983), *The Food and Farm Policies of the European Community*, John Wiley & Sons. Hampshire.

Josling, T. (1974), "Agricultural policies in developed countries: a review," *Journal of Agricultural Economics*, Vol. 25, No. 3, pp 229-263.

Koester, U. & Tangermann, S. (1977), "Supplementing farm price policy by direct income payments: Cost-benefit analysis of alternative farm policies with a special application to German agriculture," *European Review of Agricultural Economics*, Vol. 4, No.1, p. 7-31.

Marsh, J. (1970), *A new agricultural policy for Europe: Proposals submitted by the Agricultural Study Group of the Federal Trust*, Federal Trust for Education and Research, London.

_____(1981), "The response of the CAP to the needs of Europe in the 1980s", In Marsh, J., Mahe, L. & roudet, M. (eds.), *The Changing Role of the Common Agricultural Policy: the Future of Farming in Europe*. Belhaven, London.

Nash, E. (1965), "A policy for agriculture," in McCrone, G. and Attwood, E. A. (eds.): *Agricultural Policy in Britain: selected papers*, University of Wales Press, Cardiff.

Nash, E. & E. Attwood (1961), *Agricultural Policies of Britain and Denmark: A study in reciprocal trade*, Land Books, London.

OECD (1990), *Reforming Agricultural Policies: Quantitative restrictions on production, direct income support*, OECD. Paris,

______(1994), *Agricultural Policy Reform : New Approaches; The role of direct income payments*, OECD, Paris.

______(1996), *Agricultural Policies, Markets and Trade in OECD Countries – Monitoring and Evaluation 1996*, OECD, Paris

Priebe, H. (1980), "Towards a sloution of the conflict between incomes and market prices", in Smith, L.P.F. (ed.), *Alternative Proposals for the Common Agricultural Policy, A Symposium of Views*, Irish Section, European League for Economic Cooperation, Dublin.

Uri, P. (1970), *A future for European Agriculture: A report by a panel of experts*, The Atlantic Institute, Paris.

5장. 2021년 CAP 농정개혁에 대한 논의

김태연(2014), "EU 농업환경정책의 현황과 국내도입방안", 「한국유기농업학회 추계학술대회 자료집」, 2014.10.21~23, 제주대학교, 한국유기농업학회.

______(2015), "EU 농업환경정책의 변화과정 분석", 『한국유기농업학회지』 23(3), 401-421쪽, 한국유기농업학회.

______(2016), "영국 농업환경정책의 도입 및 정착과정 분석", 『한국유기농업학회지』 24(3), 315-336쪽, 한국유기농업학회.

김태연 · 이관률 · 조영주(2017), 『선진국 농촌자원관리 정책의 현황과 법률운영체계 연구: EU와 영국을 중심으로』, 국회입법조사처.

김태연 · 이명헌 · 김배성 · 박재홍(2013), 『농업환경프로그램 도입방안 연구』, 농림축산식품부.

김태연 · 이정환(2020), 『EU 공동농업정책(2014~2020)의 성과와 한계 및 향후 전망에 관한 연구: 직불제 및 농촌개발정책을 중심으로』, NARS 정책연구용역보고서, 국회입법조사처.

김태연 · 최재훈(2020), 『농업통합 시각에서 본 유럽연합(EU) 경제통합 및 동유럽 국가의 EU 가입 사례와 남북 농업통합에의 시사점』, R925 연구자료-1, 한국농촌경제연구원.

김태훈 · 유찬희 · 정문수 · 오내원 · 박지연(2018), 『농업직불제 개편 세부추진 방안: 공익형 직불제 확대 개편』, 한국농촌경제연구원.

박준기(2019), "직불제를 다시 생각한다", 『농업전망 2019 발표자료집』, 한국농촌경제연구원.

안병일(2014), "EU CAP 개혁의 주요 내용", 『세계농업』 169, 한국농촌경제연구원.

_____(2014), "2014~2020 CAP 농촌개발정책의 주요 내용", 『세계농업』 171, 한국농촌경제연구원.

유찬희 · 이명기 · 남숙경 · 임정빈 · 심영규 · 김상태(2017), 「주요 국가의 다면적 기능 관련 법 · 제도 현황 분석 및 국내 활용방안 연구」, 한국농촌경제연구원.

이명헌(2013), "EU 직접지불제: 현황과 개혁을 둘러싼 논쟁들", 『세계농업』 149, 한국농촌경제연구원.

임정빈(2017), 「우리나라 농업 직불제 개편의 필요성과 방향」, GS&J.

European Commission (1985), "Council Regulation No. 797/85 on improving the efficiency of agricultural structures," *Official Journal of the European Communities*. L 93, pp. 1–18. Brussels.

_____(1992a), ""Council Regulation No. 2078/92 on agricultural production methods compatible with the requirements of the protection of the environment and the maintenance of the countryside," *Official Journal of the European Communities*. L 215, pp. 85–90. Brussels.

_____(1992b), Council Directive 92/43/EEC of 21 May 1992 on the conservation of natural habitats and of wild fauna and flora. *Official Journal of the European Union*, L206, pp. 7–50, 22.7.1992, Brussels.

_____(2000), Directive 2000/60/EC of 23 October 2000 establishing a framework for Community action in the field of water policy, *Official Journal of the European Union*, L327, pp. 1–72, 22.12.2000, Brussels.

_____(2005), Council Regulation (EC) No 1698/2005 of 20 September 2005 on support for rural development by the European Agricultural Fund for Rural Development (EAFRD) *Official Journal of the European Communities*, L 277, 21.10.2005

_____(2007), Regulation (EU) No. 834/2007 of 28 June 2007 on organic production and labelling of organic products and repealing Regulation*EEC) No 2092/91. *Official Journal of the European Union*, L189, pp. 1–23, 20.7.2007, Brussels.

_____(2009a), *Why do we need a Common Agricultural Policy*?, Discussion paper by DG Agricultural and Rural Development, European Commission.

_____(2009b), Council Directive 2009/147/EC of 30 November 2009 on the conservation of wild birds, *Official Journal of the European Union*, L20, pp. 7–24, 26.1.2010, Brussels.

_____(2009c), Council Regulation (EC) No 73/2009 of 19 January 2009 establishing common rules for direct support schemes for farmers under the common agricultural policy and establishing certain support schemes for farmers, amending Regulations (EC) No 1290/2005, ((EC) No 247/2006, (EC) No 378/2007 and repealing Regulation (EC) No 1782/2003, *Official Journal of the European Union*, L30, pp. 16–99, 31.1.2009, Brussels.

______(2010), *Europe 2020: A strategy for smart, sustainable and inclusive growth*, Communication from the Commission, COM(2010) 2020 final. 3.3.2010, Brussels.

______(2010), *The CAP towards 2020: Meeting the food, natural resources and territorial challenges of the future*, COM(2010) 672 final, Brussels, European Commission.

______(2011), *The Future of CAP direct payments*, Agricultural Policy Perspectives Briefs, Brief No. 2, January 2011, European Commission.

______(2013a), *Overview of CAP Reform 2014~2020*, Agricultural Policy Perspectives Brief, No. 5/ December, 2013, European Commission.

______(2013b.), *Overview of the rural development programmes for 2014~2020*. Agricultural Policy Perspectives Brief, No. 5/December 2013, European Commission.

______(2013c), Regulation (EU) No. 1305/2013 of 17 December 2013 on support for rural development by the European Agricultural Fund for Rural Development(EAFRD) and repealing Council Regulation (EC) No 1698/2005. *Official Journal of the European Union*, L347, 20.12.2013, pp. 487-548, Brussels.

______(2013d), Regulation (EU) No 1306/2013 of 17 December 2013 on the financing, management and monitoring of the common agricultural policy and repealing Council Regulations (EEC) No 352/78, (EC) No 165/94, (EC) No 2799/98, (EC) No 814/2000, (EC) No 1290/2005 and (EC) No 485/2008. *Official Journal of the European Union*, L347, pp. 549-607, 20.12.2013, Brussels.

______(2013e), Regulation (EU) No. 1307/2013 of 17 December 2013 establishing rules for direct payments to farmers under support schemes within the framework of the common agricultural policy and repealing Council Regulation (EC) No 637/2008 and Council Regulation (EC) No 73/2009. *Official Journal of the European Union*, L347, pp. 608-670, 20.12.2013, Brussels.

______(2017), *CAP Explained: Direct payments for farmers 2015-2020*, Brussels. European Commission.

______(2018a), *Commission Staff Working Document Impact assessment*, Accompanying the document Proposals for a Regulation of the European Parliament and of the Council establishing rules on support for strategic plans to be drawn up by Member States under the Common agricultural policy (CAP Strategic Plans) and financed by the European Agricultural Guarantee Fund (EAGF) and by the European Agricultural Fund for Rural Development (EAFRD) and repealing Regulation (EU) No 1305/2013 of the European Parliament and of the Council and Regulation (EU) No 1307/2013 of the European Parliament and of the Council, SWD(2018) 301 Final, 1.6.2018. Brussels. pp. 6-13p.

_____(2018b), *Direct Payments*, Brussels. European Union.

_____(2018c), *Report from the Commission to the European Parliament and the Council on the implementation of the Common Monitoring and Evaluation Framework and first results on the performance of the Common Agricultural Policy*, COM(2018) 790 final. 5.12.2018, Brussels.

_____(2018d), Proposal for a Regulation of the European Parliament and of the Council establishing rules on support for strategic plans to be drawn up by Member States under the Common agricultural policy (CAP Strategic Plans) and financed by the European Agricultural Guarantee Fund (EAGF) and by the European Agricultural Fund for Rural Development (EAFRD) and repealing Regulation (EU) No 1305/2013 of the European Parliament and of the Council and Regulation (EU) No 1307/2013 of the European Parliament and of the Council {SEC(2018) 305 final} - {SWD(2018) 301 final}, COM(2018) 392 final.

_____(2018e-1), *CAP Specific Objectives Explained: Ensuring viable farm income*, Brief No. 1, Brussels. European Commission.

_____(2018e-2), *CAP Specific Objectives Explained: Increasing Competitiveness: The role of productivity*, Brief No. 2, Brussels. European Commission.

_____(2018e-3), *CAP Specific Objectives Explained: Farmer Position in value chains*, Brief No. 3, Brussels. European Commission.

_____(2018e-4), *CAP Specific Objectives Explained: Agriculture and climate mitigation*, Brief No. 4, Brussels. European Commission.

_____(2018e-5), *CAP Specific Objectives Explained: Efficient soil management*, Brief No. 5, Brussels. European Commission.

_____(2018e-6), *CAP Specific Objectives Explained: Biodiversity and farmed landscapes*, Brief No. 6, Brussels. European Commission.

_____(2018e-7), *CAP Specific Objectives Explained: Structural change and generational renewal*, Brief No. 7, Brussels. European Commission.

_____(2018e-8), *CAP Specific Objectives Explained: Jobs and growth in rural areas*, Brief No. 8, Brussels. European Commission.

_____(2018e-9), *CAP Specific Objectives Explained: Health, food & Antimicrobial resistance*, Brief No. 9, Brussels. European Commission.

_____(2018f), *Agriculture and environment*, Unit Farm Economics, DG Agriculture and Rural Development, https://ec.europa.eu/info/sites/info/files/food-farming-fisheries/farming/documents/agriculture-environment_en.pdf

_____(2019), *Common Agricultural Policy : Key graphs and figures- Graph 2 CAP*

expenditure and CAP reform path.

European Economic and Social Committee (2017), *The Future of Food and Farming*, Communication from the Commission to the European Parliament, the Council, the European Economic and Social Committee and the Committee of the Regions, [COM(2017) 713 final]

European Parliament (2018f), *Research for AGRI Committee – The CAP support beyond 2020 : Assessing the future structure of direct payments and the rural development interventions in the light of the EU agricultural and environmental challenges*, Policy Department for Structural and Cohension Policies, Directorate-General for Internal Policy, European Parliament.

EU 사이트: https://ec.europa.eu/info/food-farming-fisheries/key-policies/common-agricultural-policy/future-cap_en#a-new-way-of-working (2020년 12월 4일 최종 접속)

Farming Advice Service (2016), CAP 2016 Update for farm advisors, Farming Advice Service, London.

Nowicki, P., V. Goba, A. Knierim, H. van Meijl, M. Banse, B. Delbaere, J. Helming, P. Hunke, K. Jansson, T. Jansson, L. Jones-Walters, V. Mikos, C. Sattler, N. Schlaefke, I. Terluin and D. Verhoog (2009), *Scenar 2020-II – Update of Analysis of Prospects in the Scenar 2020 Study. – Contract No. 30-CE-0200286/00-21. European Commission, Directorate-General Agriculture and Rural Development, Brussels*.

Pe'er, G., Y. Zinngrebe, F. Moreira, R. Müler, C. Sirami, G. Passoni, D. Clough, V. Bontzorlos, P. Bezá, A. Möckel, B. Hansjürgens, A. Lomba, S. Schindler, C. Schleyer, J. Schmidt, & and S. Lakner (2017), "Is the CAP fit for purpose? An evidence-based fitness check assessment," 1824 German Centre for Integrative Biodiversity Research (iDiv) Halle-Jena-Leipzig, Leipzig, 2017.

Rural Payment Agency (2017), *Basic Payment Scheme: rules for 2017*, Defra. Surrey.

_____(2017), *The Guide to Cross Compliance in England* 2017 edition, Department for Environment, Food and Rural Affairs, Rural Payment Agency, London.

Tangermann, S. (2011), *Direct payments in the CAP post 2013*, DG for Internal Policies, European Parliament.

Westerink, J., R. Jongeneel, N. Polman, K. Prager, J. Franks, P. Dupraz, & E. Mettepenningen (2017), "Collaborative governance arrangements to deliver spatially coordinated agri-environmental management," *Land Use Policy*, 69: 176-192.

6장. 농정개혁과 2013년 직불제 개편

農林水産省(2010), 「農業者戸別所得補償制度の骨子 – 平成23年度予算概算決定 –」.

______(2011), 「農業者戸別所得補償制度に関する主要Q&A(未定稿)」, 2).

______(2013a), 「新たな農業·農村政策が始まります!! ~ 4つの改革 ~ 」.

______(2013b), 「地方農政局の50年の歩み」.

______(2014a), 「経営所得安定対策関係Q&A 未定稿」.

______(2014b), 『食料·農業·農村白書』.

______(2018a), 「平成29年度の經営所得安定対策等に関する立入調査の結果について」.

______(2018b), 「平成29年度 収入減少影響緩和対策(ナラシ対策)の支払実施について」.

______(2019a), 「經營所得安定対策等の概要(平成31年度)」.

______(2019b), 「平成30年度の經営所得安定対策等に関する立入調査の結果について」.

______(2020a), 「經營所得安定対策等の概要(令和2年度)」.

______(2020b), 「令和元年度の經營所得安定対策に関する立入調査の結果について」.

______(2020c), 「令和2年から4年産の畑作物の直接支払交付金(ゲタ対策)の交付単価が変わります」.

______(2021a), 「經營所得安定対策等の概要」.

______(2021b), 「令和2年度の經營所得安定対策の支払実績」.

______(2021c), 「令和2年産度の収入影響緩和交付金(ナラシ対策)の支払実績」.

石川武彦(2010), "農林水産行政の適正かつ効果的な遂行を目指す組織再編 –農林水産省設置法の一部を改正する法律案~", 「立法と調査」, No.303, 参議院事務局.

月本道彦(1963), "地方農政局の誕生とその運営", 「時の法令」, No. 465, 國立印刷局.

柳村俊介(2014), "経営所得安定対策の動向と新対策の特徵", 「農業と経済」, 臨時增刊號, 昭和堂.

政策統括官付 穀物課 水田農業対策室(2020), 「水田活用の直接支払交付金 令和2年度予算案に係るQ&A」.

天野英二郎·山下慶洋(2014), "経営所得安定対策の確立及び日本型直接支払制度の法制化 – 農政改革2法案をめぐる論議 –", 「立法と調査」, No.355, 参議院事務局).

「經營所得安定対策等推進事業実施要綱」.

「經営所得安定対策等実施要綱」.

www.maff.go.jp(農林水産省).

7장. 경영소득안정대책 등의 주요 내용과 실시 현황

鎌田純一·柿沼重志·中西信介(2013), "日本再興戦略の概要と今後の課題", 「立法と調査」 No.345, 参議院事務局.

谷口信和(2017), "アベノミクス農政の黄昏 – 官邸主導型から官邸専決型へ", 「農業と経済」, 臨時增刊號, 昭和堂.

谷口信和 編集代表(2018), 『米離脱後TPP11と官邸主導型「農政改革」 – 各品目への影響と対策「農政改革」の行方 –』, 日本農業年報63, 農林統計協會.

內閣官房TPP政府対策本部, 「TPP協定交渉の経緯について」.

內閣官房日本經濟總合事務局 편(2013), 『日本再興戦略—JAPAN is BACK』.

農林水産省(2011a), 「耕作放棄地の現状について」.

______(2011b), 「「荒廢農地」と「耕作放棄地」って同じもの?…違うようです」.

______(2013), 「農村社会の状況と農業農村整備について」.

______(2014), 『食料·農業·農村白書』.

______(2017), 「荒廃農地の現状と対策について」.

______(2020), 『食料·農業·農村白書』.

______(2021), 『食料·農業·農村白書』.

農林水産省 經營局(2019), 「現行の「農業構造の展望」の検証」.

農林水産業·地域の活力創造本部(2013), 「農林水産業·地域の活力創造プラン」.

農政ジャーナリストの会 編(2016), 『アベノミクスの農政改革とは』(日本農業の 動き191), 農林統計協会.

藤野信之(2014), "2014年農政改革と水田農業の課題", 「農林金融」, 2014.4, 農林中金總合硏究所.

藤井庸義(2014), "安倍政権下の農業政策はどう決められてきたのか", 「農業と経済」, 臨時增刊號, 昭和堂.

山田陽(2014), "熟議民主主義からみる官邸主導型意思決定システムの特質", 「農業と経済」, 臨時增刊號, 昭和堂.

山下一仁(2009), 『農協の大罪 –「農政トライアングル」が招く日本の食糧不安』, 宝島社.

______(2018), "農業政策はどこへ向かう? –スロガン政治からの決別を–", 「改革者」, 2018.2.

三浦秀之(2015), "日本のTPP参加決定過程 — 民主党政権から自民党政権への変化に着目して —", 「杏林社会科学研究」 31(1), 杏林大學 総合政策學部.

神田茂·寺林裕介(2013), "TPP交渉の經緯と交渉21分野の概要", 「立法と調査」, No. 346, 参議院事務局.

作山巧(2021), 『農政トライアングルの崩壊と官邸主導型農政改革 – 安培·菅政権下のTPPと農協改革の背景』, 農林統計協會.

『日本農業新聞』, 2012.12.7.

『日本農業新聞』, 2021.6.29.

www.maff.go.jp(農林水産省).

www.kantei.go.jp(일본 내각부).

8장. 일본형 직접지불제의 주요 내용과 실시 현황

김태연·이명헌·배민식(2019), 『공익형 직불제 이행체계 구축방안』, 농림축산식품부.

橋口卓也(2011a), "動き出す「日本型直接支払制度」", 「農業と経済」, 臨時增刊號, 昭和堂.

______(2011b), "中山間地域等直接支払制度の評価と展望", 「農業經濟研究」, 第82巻 第4号, 日本農業經濟學會.

農林水産省(각 연도a), 「多面的機能支払交付金の実施状況」.

______(각 연도b), 「中山間地域等直接支払交付金の実施状況」.

______(각 연도c), 「環境保全型農業直接支払交付金の実施状況」.

______(2010b), 「農地·水·環境保全向上対策の中間評価」.

______(2013c), 「中山間地域等直接支払制度 第3期対策のあらまし」.

______(2016), 「日本型直接支払について」.

______(2017a), 「「多面的機能支払交付金の中間評価」について」.

______(2018a), 「多面的機能支払交付金における施策評価の進め方(案)」.

______(2018b), 「日本型直接支払制度のうち環境保全型農業直接支払交付金 - 組の手引き」.

______(2018c), 「中山間地域等直接支払制度 中間年評価(第4期対策)」.

______(2019a), 「多面的機能支払交付金の施策の評価」.

______(2019b), 「多面的機能支払交付金の施策の評価のポイント」.

______(2019c), 「中山間地域等直接支払交付金の実施状況」.

______(2019d), 「中山間地域等直接支払制度(第4期対策)の最終評価」.

______(2019e), 「中山間地域等直接支払制度(第4期対策)の最終評価の概要」.

______(2019f), 「環境保全型農業直接支払交付金最終評価」.

______(2020a), 「多面的機能支払交付金の実施状況」.

______(2020b), 「令和2年度環境保全型農業直接支払交付金の概算決定の概要」.

______(2020c), 「日本型直接支払制度のうち環境保全型農業直接支払交付金 - 令和2年度取組の手引き」.

______(2020d), 「中山間地域等直接支払制度をめぐる事情」.

______(2020e), 「中山間地域等直接支払制度(第5期対策)」.

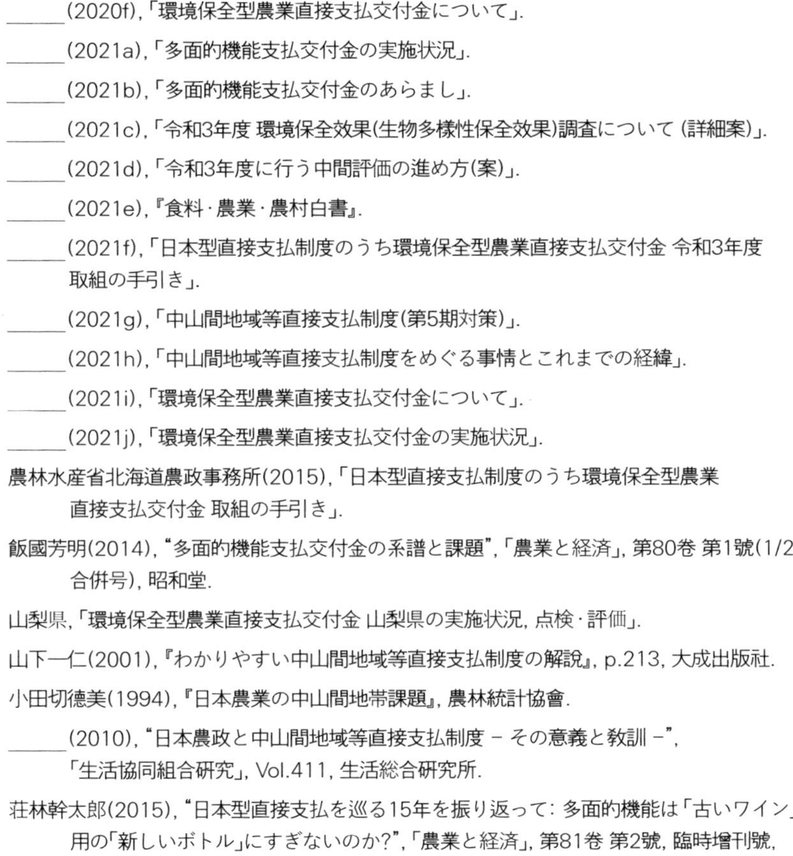

______(2020f),「環境保全型農業直接支払交付金について」.

______(2021a),「多面的機能支払交付金の実施状況」.

______(2021b),「多面的機能支払交付金のあらまし」.

______(2021c),「令和3年度 環境保全効果(生物多様性保全効果)調査について (詳細案)」.

______(2021d),「令和3年度に行う中間評価の進め方(案)」.

______(2021e),『食料·農業·農村白書』.

______(2021f),「日本型直接支払制度のうち環境保全型農業直接支払交付金 令和3年度 取組の手引き」.

______(2021g),「中山間地域等直接支払制度(第5期対策)」.

______(2021h),「中山間地域等直接支払制度をめぐる事情とこれまでの経緯」.

______(2021i),「環境保全型農業直接支払交付金について」.

______(2021j),「環境保全型農業直接支払交付金の実施状況」.

農林水産省北海道農政事務所(2015),「日本型直接支払制度のうち環境保全型農業直接支払交付金 取組の手引き」.

飯國芳明(2014), "多面的機能支払交付金の系譜と課題",「農業と経済」, 第80巻 第1號(1/2合併号), 昭和堂.

山梨県,「環境保全型農業直接支払交付金 山梨県の実施状況, 点検·評価」.

山下一仁(2001),『わかりやすい中山間地域等直接支払制度の解說』, p.213, 大成出版社.

小田切徳美(1994),『日本農業の中山間地帯課題』, 農林統計協會.

______(2010), "日本農政と中山間地域等直接支払制度 – その意義と教訓 –",「生活協同組合研究」, Vol.411, 生活総合研究所.

荘林幹太郎(2015), "日本型直接支払を巡る15年を振り返って: 多面的機能は「古いワイン」用の「新しいボトル」にすぎないのか?",「農業と経済」, 第81巻 第2號, 臨時增刊號, 昭和堂.

田代洋一·小田切徳美·池上甲一(2014),『ポストTPP農政』, 農文協.

天野英二郎(2014), "多面的機能支払制度の創設 – 農業の有する多面的機能の發揮の促進に関する法律案",「立法と調査」, No.352, 参議院事務局.

天野英二郎·山下慶洋(2014), "経営所得安定対策の確立及び日本型直接支払制度の 法制化 – 農政改革2法案をめぐる論議 –",「立法と調査」, No.355, 参議院事務局).

「農業の有する多面的機能の發揮の促進に関する法律」.

「農地·水·環境保全向上対策実施要綱」.

「多面的機能支払交付金実施要綱」.

「多面的機能支払交付金実施要領」.

「棚田地域振興法」.

「日本型直接支払推進交付金実施要綱」.
「日本型直接支払推進交付金実施要領」.
「中山間地域等直接支払交付金実施要綱」.
「中山間地域等直接支払交付金実施要領」.
「中山間地域等直接支払交付金実施要領の運用」.
「特定農山村地域における農林業等の活性化のための基盤整備の促進に関する法律」.
「環境保全型農業直接支払交付金実施要綱」.
「環境保全型農業直接支払交付金実施要領」.
www.maff.go.jp(農林水産省).